保险合同前沿问题研究

王卫国 著

中国财经出版传媒集团
中国财政经济出版社

图书在版编目（CIP）数据

保险合同前沿问题研究 / 王卫国著 .—北京：中国财政经济出版社，2017.8

ISBN 978-7-5095-7553-6

Ⅰ.①保… Ⅱ.①王… Ⅲ.①保险合同-合同法-研究-中国 Ⅳ.①D923.64

中国版本图书馆 CIP 数据核字（2017）第 150365 号

责任编辑：刘五书　　　　　　　责任校对：李　丽
封面设计：孙俪铭

中国财政经济出版社出版

URL：http://www.cfeph.cn
E-mail：cfeph@cfeph.cn

（版权所有　翻印必究）

社址：北京市海淀区阜成路甲 28 号　邮政编码：100142
发行处电话：88190406　财经书店电话：64033436
北京财经印刷厂印刷　各地新华书店经销
787×960 毫米　16 开　21.25 印张　348 000 字
2018 年 1 月第 1 版　2018 年 1 月北京第 1 次印刷
定价：75.00 元
ISBN 978-7-5095-7553-6
（图书出现印装问题，本社负责调换）
本社质量投诉电话：010-88190744
打击盗版举报热线：010-88190414　QQ：447268889

河北农业大学现代农业发展研究中心资助项目
河北省哲学社会科学研究基地（河北省农业经济发展战略研究基地）资助项目
河北省软科学研究基地（河北省"三农"问题研究基地）资助项目
河北省农业农村经济协同创新中心资助项目

目 录 Contents

第一部分 保险合同总则专题

保险合同究竟何时生效 / 3
保险合同"代签名"的效力 / 8
保险卡未激活,保险合同有效吗 / 11
论赠与保险的法律效力 / 14
投保人失踪未续费,保险合同的效力如何 / 19
保险法告知义务可从五方面细化 / 24
欺诈投保情形下保险公司需要理赔吗 / 27
论比例因果关系在保险理赔中的运用
　　——兼论《保险法司法解释》(三)第二十五条 / 35
老人车祸后自杀引发的保险难题 / 42
医疗费用保险赔偿是否适用损失补偿原则 / 50
维修费高于车辆实际价值如何理赔 / 56

第二部分 人身保险合同专题

正确理解意外伤害的含义
　　——从一起保险合同纠纷谈起 / 63
遗嘱变更保险受益人合法有效 / 68
受益人身份和姓名不一致,保险公司该不该赔 / 73

投保人之争　/ 77

畏罪自杀情形下保险人是否承担责任　/ 81

论意外险中"意外"的界定　/ 85

航班延误乘客猝死，保险公司赔不赔　/ 93

宫外孕不属于意外伤害　/ 100

离婚后，这笔保险金应归谁　/ 103

未到指定医院就医，保险赔吗　/ 106

一张车票引发的保险官司　/ 111

第三部分　财产保险合同专题

是直接损失还是间接损失　/ 117

是重复保险还是单独保险　/ 121

论《保险法》第五十七条的修改与完善　/ 126

交强险重复投保如何赔付　/ 131

"车辆贬值费"保险公司该不该赔　/ 136

肇事逃逸商业三者险一定不赔吗　/ 139

天价拖车费，保险赔不赔　/ 146

"无接触"交通事故如何进行保险赔偿　/ 153

"自家车"撞"自家车"，保险公司怎么赔　/ 157

"车狗相撞"与"交强险"赔付　/ 163

特种设备责任险，能否替代交强险　/ 169

实习司机独自驾车上高速肇事，保险公司赔不赔　/ 175

汽车轮胎爆炸之后　/ 180

鸣笛引发的保险赔偿　/ 185

论交强险中"第三者"的界定　/ 190

爆胎致补胎人死亡，保险公司赔不赔　/ 203

驾照扣满12分后出险，商业险赔吗　/ 208

驾校学员肇事交强险赔不赔　/ 212

行驶证过期与保险理赔　／217

发动机进水，车损险该不该赔　／224

多车连环相撞与"交强险"赔付　／230

吊车施工中致人伤亡，保险该怎么赔　／241

乘车人翻越高速公路隔离带坠亡，保险公司赔不赔　／245

车上货物掉落致人死亡，保险公司应承担多少赔偿责任　／248

车辆被盗未遂，损失谁来赔　／252

超出赔偿限额后保险公司还需要承担责任吗　／258

厂区卸货出意外，责任属于谁　／262

一只轮胎引发的保险纠纷　／267

"五保户"被撞与交强险赔付　／272

3.6万元拖车费谁来买单　／275

"无接触"交通事故如何进行保险赔偿　／279

保险公司应承担按份责任还是连带责任　／283

第四部分　保险业法专题

保险业法治建设的科学指南
　　——《中国保险业发展"十三五"规划纲要》解读　／291

论《保险法》的修改与完善
　　——以"保险合同法"为视角　／295

论保险"霸王条款"的治理　／304

五起反保险欺诈案例点评　／316

论我国保险资金运用法律监管的缺陷及完善　／322

后记　／330

第一部分

保险合同总则专题

保险合同究竟何时生效[1]

案情简介

【案例一】2013年9月,某电视台"今日说法"栏目播出过一期节目《不保险的保单》。案情是:投保人沈某为自己的机动车购买了"交强险"[2]和商业三者险,于2013年3月25日上午8点多通过某汽修厂(代办车辆保险)交纳保险费,下午4点多保险公司通知沈某已经出具了保单,晚上8点多沈某驾车发生交通事故。在事故发生前,保险公司没有告知沈某合同的内容,沈某交完保费就离开了汽修厂,直到发生事故后的第二天才拿到保险单。所以,沈某对保险何时生效一无所知,并且保险公司也没有告知沈某合同何时生效。但保单上载明"保险期间自2013年3月26日零时起",即发生事故的次日零时生效。保险公司认为,事故发生时,合同没有生效,故拒绝赔偿。双方发生纠纷,受害人将沈某和保险公司一并告到法院。

【案例二】2012年12月8日,家住江苏泰州的刘某看到自家车辆的交强险还有两天就要到期了,就急忙打电话给丈夫沈某,让他尽快把保险续上。沈某随后来到之前投保的甲保险公司,续上了将在2012年12月10日13时30分到期的交强险。保险单载明保险期间自2012年12月11日零时起至2013年12月10日24时止。2012年12月10日13时47分,刘某驾车出去办事,与黄某驾驶的货车发生碰撞。两车相撞后,黄某驾驶的货车因惯性撞上由西向东正常行驶的另一辆轿车,致该轿车乘员丁某受伤、车辆受损。经交警部门认定,刘某负事故主要责任,货车驾驶人胡某负次要责任,丁某无责任。丁某受伤后至泰州某医院住院治疗,后经鉴定构成十

---

[1] 王卫国、陈安然:《保险合同究竟何时生效?》,原发表在《中国保险报》,2016年1月12日。

[2] 即机动车交通事故责任强制保险。

级伤残。丁某住院治疗期间，刘某和丈夫沈某积极垫付了丁小乐的部分医药费16000元。货车车主胡某和事发时实际驾驶人黄某垫付了医药费24000元，但是丁某的治疗费以及损失缺口依然很大。丁某眼看无钱交医疗费，将刘某、沈某和保险公司以及货车车主胡某、事发时实际驾驶人黄某以及该车投保的乙保险公司告上了法院。刘某、沈某二人多次到甲保险公司询问，得到的答复都是：刘某驾驶的车辆（登记车主为丈夫沈某）交强险已过期，故公司不应在交强险范围内承担赔偿责任，拒绝赔偿。

争议焦点

交强险合同何时生效？

法理分析

一、案例一与案例二的区别

虽然两个案例都涉及交强险合同的生效问题，但是它们还是有区别的。案例一不涉及续保的问题，也就是说，案例一的车辆在投保前已经没有保险。可能是上一年度和下一年度投保的保险公司不同，上一年度的保险已经过期，下一年度的保险还没有购买这种情况。但案例二是在同一家保险公司投保，实际上是续保的问题。

二、交强险"即时生效"如何操作？

2009年4月1日，中国保险监督管理委员会（以下简称中国保监会）发布了《关于加强机动车交强险承保工作管理的通知》（以下简称《通知》），强调各公司可在交强险承保工作中采取以下适当方式，以维护被保险人利益：一是在保单中"特别约定"栏中，就保险期间作特别说明，写明或加盖"即时生效"等字样，使保单自出单时立即生效。二是公司系统能够支持打印体覆盖印刷体的，出单时在保单中打印"保险期间自×年×月×日×时……"覆盖原"保险期间自×年×月×日零时起……"字样，明确写明保险期间起止的具体时点。《通知》的目的很明确，要求各保险公司严格遵照《机动车交通事故责任强制保险条例》中有关规定，不得拒绝或者拖延承保，加强交强险承保工作管理，采取适当方式明确保险期间起止时点，以维护被保险人利益。根据上述《通知》精神，我们可知交强险应当自交纳保费并打印保单后立即生效，不应该存在"空档期"。

但案例一的情况有点特殊，它是通过汽修厂代办的保险。办理程序是，投保人提交驾驶证、行驶证及身份证复印件，交纳保险费，汽修厂将客户资料传真给保险公司，保险公司的业务员收到资料后，在保险公司打印出保单，然后再将保单交到投保人手里。沈某就是第二天拿到的保单。"保单自出单时立即生效"在案例一中难以实现，这是否意味着还是以保单上载明的日期为准呢？我们认为不能这样理解。《中华人民共和国保险法》（以下简称《保险法》）第十三条规定："投保人提出保险要求，经保险人同意承保，保险合同成立。保险人应当及时向投保人签发保险单或者其他保险凭证。保险单或者其他保险凭证应当载明当事人双方约定的合同内容。当事人也可以约定采用其他书面形式载明合同内容。依法成立的保险合同，自成立时生效。投保人和保险人可以对合同的效力约定附条件或者附期限。"根据该条款规定，一般而言保险合同成立即生效，除非双方有约定。而案例一中，汽修厂可以看做是代理人，保险公司属于被代理人，汽修厂的行为视为保险公司的行为。当沈某交纳保费后，汽修厂接受了沈某的投保，合同成立并生效了。此时，汽修厂并没有明确告知沈某合同的确切生效时间，那么就可以认定合同立即生效，后果由保险公司承担。

三、在同一家公司续保应不应该有"空档期"？

在案例二中，沈某在甲保险公司投保的交强险的截止时间是2012年12月10日13时30分，而他续保后保险单上的注明的生效时间为2012年12月11日零时，这样就出现了该车辆在长达10小时零30分的空档期。也就是说，此间该车辆处于无险可保的状态。

如果车辆不是在同一家保险公司投保，出现这种情况是可以理解的，这种保险上的"空白期"主要是投保人（被保险人）的疏忽造成的。但在同一家保险公司投保，无论如何是不应该出现这种情况的。在本案中，车主具有较强的保险意识，提前两天续保，即2012年12月8日就已经完成续保。所以在这一点上，沈某没有任何过错。

但保险公司的做法令人疑惑，像这种连续投保的合同，生效时间自然是前后衔接，也就是人们说的无缝连接，不可能再弄出个生效时间，况且是推迟生效时间的决定。续保的车辆信息在保险公司的数据库里是非常清楚的，也不存在重新调查核实的可能。所以，无论从哪个角度讲，这种人为造成的"空档期"实在是不应该的。

四、人为制造"空档期"违反了权利义务相一致原则

根据民法理论，权利与义务是相对等的。在案例二中，沈某已经履行

了交纳保险费的义务，那么他的权利理应得到保护。虽然我国《保险法》还没有明确建立"合理期待原则"，但是，根据签订合同的目的来看，显然是实现前后两个年度交强险保险期间的无缝衔接，以最大限度地分散事故风险，减轻赔偿责任，因此下一年度交强险的保险期间应从上一年度交强险保险期间到期后立即开始起算。

五、"次日零时生效"应认定为格式条款

有一种观点认为，保险期间条款不应属于免除保险人责任的条款，保险人对该条款未尽说明义务不应该导致该条款不生效或无效①。我们认为这种理解值得商榷。

保险条款从不同角度可以有不同的分类。根据保险人对保险条款应承担的说明义务之不同，可以把保险条款分为一般条款和免责条款。从《保险法》第十七条的规定来看，好像对一般条款和免责条款的要求不同，对一般条款没有尽到说明义务，并不必然导致该条款无效，但对免责条款没有尽到说明义务，该免责条款是无效的。因此有观点认为保险期间条款属于一般条款，不是免责条款，所以对保险期间条款没有尽到告知义务，并不必然导致合同不生效。这种观点是免责条款的机械性理解。虽然《保险法司法解释》（二）对免责条款作了列举，其中第九条规定："保险人提供的格式合同文本中的责任免除条款、免赔额、免赔率、比例赔付或者给付等免除或者减轻保险人责任的条款，可以认定为《保险法》第十七条第二款规定的'免除保险人责任的条款'"。该条文中有一个"等"字，另外还有一个限定词"免除或者减轻保险人责任的条款"。也就是说，不能孤立地看该条款规定。我们知道，采用列举的方式往往造成"挂一漏万"的后果。拿案例一来说，"次日零时生效"的约定，如果沈某投保时，汽修厂就明确告知在 26 日零时之前不要开车，那么沈某不听劝阻开车上路，而且肇事，那么由此引发的后果由沈某承担。可是，汽修厂并没有这样做，也就是说保险公司没有要求汽修厂那样做。这种后果让一个普通人去承担，公平吗？这难道不是"免除或者减轻保险人责任的条款吗？"再者，《保险法》第十七条要求对格式条款尽到说明义务，即使是一般条款，保险公司尽到义务了吗？从本案中没有看到保险公司履行了上述义务。

---

① 霍艳梅：《保险期间条款的含义及性质》，《中国保险》2014 年第 3 期。

六、保险合同生效与保险责任开始的关系

保险责任开始是保险合同约定的保险人开始承担保险责任的时间。

《保险法》第十四条规定："保险合同成立后，投保人按照约定交付保险费，保险人按照约定的时间开始承担保险责任。"从该条规定可以看出，保险人开始承担保险责任的时间可以与保险合同的成立时间不一致，而是按照约定的时间开始承担保险责任。但保险责任开始时间肯定迟于合同成立的时间。一般而言，合同成立即生效，所以合同生效了，但保险责任没开始也是正常的。比如甲已经与某保险公司缔结了机动车交强险合同，缴纳了保费，保险公司也出具了保单，保单上载明保险责任期间从下个月开始。该合同已经生效，但保险责任并未开始。合同生效意味着对双方都有约束力，任何一方不能随意解除合同（犹豫期内除外），否则要承担不利的后果。但保险责任开始意味着一旦发生合同约定的情事，保险人要承担责任。故这两个概念是不同的，但绝大多数情况下，合同生效意味着保险人开始承担保险责任。

七、结论

通常认为，保险合同属于格式合同，保险条款属于格式条款。

对格式条款法律有明文规定。《中华人民共和国合同法》（以下简称《合同法》）第四十条规定："提供格式条款一方免除其责任、加重对方责任、排除对方主要权利的，该条款无效。"《保险法》第十七条规定："订立保险合同，采用保险人提供的格式条款的，保险人向投保人提供的投保单应当附格式条款，保险人应当向投保人说明保险合同的内容。对保险合同中免除保险人责任的条款，保险人在订立合同时应当在投保单、保险单或者其他保险凭证上作出足以引起投保人注意的提示，并对该条款的内容以书面或者口头形式向投保人作出明确说明；未作提示或者明确说明的，该条款不产生效力。"

根据上述法律规定，我们认为，可以把握这样的尺度，即"保险合同成立即生效，除非双方有约定。保险人对保险责任期间要尽到明确告知义务。"按照这个标准，不管案例一还是案例二，还是多么复杂的案例，都能解决。

保险合同"代签名"的效力[①]

案情简介

本案涉及两份保险合同。第一份保险合同是在1998年4月签订的。老王的姐姐王云买了一份"八八鸿利终身保险",这份保险意味着如果被保险人(王云)死亡,她的家人可以获得5万元的保险金。

第二份保险合同也是在1998年4月签订的,老王给妻子买了一份"九九鸿福终身保险"。这份保险约定,如果被保险人(老王的妻子)死亡,她的家人可以获得1万元的保险金。

据老王回忆,签订合同的时候自己的姐姐和姐夫都在场,是姐夫代姐姐签的名。同时他自己的那份保险,也是自己代妻子签的名。老王指出,当时他还问过保险公司的业务员是不是可以代签,业务员说可以。老王拿出了当时的业务员做的记录作为证据。

2001年,被保险人王云因患乳腺癌病故。王云的家人向保险公司索赔,但遭到拒绝,为此双方闹上了法庭。不久,在法院确认第一份合同无效后,老王一气之下想退保,要求确认第二份保险合同也无效。

法院判决

法院认为,老王的姐姐王云购买的这份保险,是以死亡为给付保险金条件的合同,未经被保险人(王云)书面同意并认可保险金额的,合同无效。由于这份合同是老王的姐夫代他的姐姐签的字,所以合同无效。判决保险公司不必赔付5万元保险金,但要退还保险费。

对于老王要求确认第二份保险合同无效的请求,法院认为,由于有证据证明老王的妻子签订合同时在现场,所以合同有效,驳回了老王的诉讼请求。

[①] 王卫国、佟丽荣:《保险合同"代签名"的效力》,原发表在《中国保险报》,2008年12月1日。

法理分析

关于保险合同的代签名问题，主要有两种情况：一种是被保险人不在现场的代签名；第二种是被保险人在现场的代签名。本案争论的焦点就是确认被保险人当时是否在场的问题。

一、关于第一份保险合同的效力

在第一份保险合同中，我们注意到，保险公司的两名业务员到老王家里推销保险，老王以及他的姐姐在业务员的劝说下才决定购买这两份保险。由于是老王的姐夫代替自己的妻子签的名，所以，只要证明老王的姐姐（被保险人）当时在现场就可以了。保险公司一方认定老王的姐姐当时没有在场，但是拿不出确凿的证据来。而老王一方能够拿出保险公司的代理员出具的证明，证明老王的姐姐当时在现场。

代签行为事实上是一种代理行为，该代签行为是否经过了王云的同意，或者说当时王云是否在场，保险公司的代理员应该是最清楚的。而在保险合同上是否可以代签，什么情况下代签是有效的，代理员应当是知道的。所以在这场纠纷中，就代签行为是否征得了被保险人的同意的问题，代理员是存在过错的。而代理员与保险公司之间是一种代理关系，代理员是保险公司的代理人，代理的结果归属于被代理人，即保险公司，也就是责任应该由被代理人即保险公司承担。如果保险公司要追究代理员的这种过错，则属于保险公司与代理员之间的内部关系。

由于老王的姐姐王云已经死亡，双方对王云是否在场存在争议。在这种情况下，能否认定保险合同无效呢？我们认为，根据《保险法》第十七条第一款的规定，订立保险合同，保险人应当向投保人说明保险合同的条款内容，并可以就保险标的或者被保险人的有关情况提出询问，投保人应当如实告知①。该条款通常被认为是关于保险人说明义务和投保人如实告知义务的规定。也就是说，保险人必须正确、如实、全面地说明保险合同的有关条款。否则，就视为弃权，其不利后果将由保险人自己承担，而不能归罪于投保人或者被保险人。

就本案来说，保险公司的代理员为了自身利益，误导了投保人，本来应该明确告知要求被保险人亲笔签名或在被保险人同意的情况下由他人签名，但事实上却没有这样做，违反了法定的义务。该不利后果应该由保险

---

① 该条文是2002年《保险法》的规定，现为《保险法》第十六条、第十七条。

公司承担。对作为普通百姓的老王来说，对《保险法》的规定不懂，因而在本案中不存在任何过错。综上所述，法院应该判定该合同是有效的。但是，法院现在的判决是合同无效，该判决是值得商榷的！

二、关于第二份保险合同的效力

在法院判定老王的姐夫为其姐姐代签的保险合同无效后，老王又想到了自己代妻子签名的那份合同。按照法院的逻辑推断，既然姐夫代姐姐签名的合同无效，那么自己代妻子签名的合同也应该是无效的。于是，老王决定退保，并要求确认合同无效。但是，保险公司认为，这份合同是有效的。老王于是把保险公司告上法庭，但法院认为这份合同是有效的，因为老王的妻子当时在场，就是默认了老王的代签名行为。这样的判决让老王疑惑不解，人死了，合同无效，不予赔付。人活着，合同有效，不能退保。

关于第二份保险合同的效力，是不存在任何问题的，合同有效。老王的代签名行为，得到了妻子的认可，因而是合法的代理行为。而问题的关键在于，老王想退保。根据《保险法》第十五条的规定，除本法另有规定或者保险合同另有约定外，保险合同成立后，投保人可以解除保险合同。也就是说，老王没有必要请求法院判定合同无效，而应该直接向保险公司提出解除保险合同的请求。如果保险公司不同意解除合同，再向法院提起诉讼。

三、本案的启示

最大诚信原则是《保险法》的基本原则，它要求合同的当事人应该本着诚实、守信的原则，去履行自己的义务，不应该采取欺骗、误导等手段达到自己的目的。只有遵守诚信原则，才能使自己永远立于不败之地。从这个角度讲，信誉是企业的生命。

保险卡未激活，保险合同有效吗[①]

案情简介

2014年夏天，某人寿保险公司代理人王某向周某宣传面值为100元的"安享人生c款"激活式保险卡，称只需花100元保费在受到意外伤害后可得到50000元的意外伤害保险金和6000元的意外伤害医疗保险金。周某随即购买了保险卡一张，王某在保险卡上粘贴周某的签名。后由于周某本人文化水平有限，便委托王某代其激活保险卡。王某回到公司为周某激活保险卡时，发现自己所持保险卡上标注的投保年龄范围为1周岁至65周岁，而公司系统内的投保年龄范围为1周岁至60周岁。所以周某的年龄已超出投保年龄范围，无法激活，应当退还其保费。后因王某疏忽，忘记告知周某并退还其保费。2015年1月，周某因意外去世。其家属找到保险公司要求按照保险合同进行赔偿，保险公司核查后发现周某不符合投保条件且保险卡未激活，以此为由拒绝赔偿。周某家属遂找到保险业务员王某了解情况，此时王某虽已离职，但其证实由于自己的疏忽大意忘记告知周某并退还其保费。几经协商无果后，周某家属一纸诉状将保险代理人王某及某人寿保险公司告上法庭，要求按照保险合同给付保险金。

争议焦点

保险卡未激活，保险公司是否应承担赔偿责任？

法理分析

一、该保险合同是否成立？

对于合同是否成立有两种观点：

第一种观点认为：周某在投保时其年龄已超出保险卡准确的投保年龄

[①] 王卫国、付佳：《保险卡未激活，保险合同有效吗》，原发表在《中国保险报》，2015年8月4日。

范围1岁至60岁,不符合投保条件,其与保险公司的保险合同不成立,保险公司可以拒赔。

第二种观点认为:周某购买保险卡时其年龄符合保险卡标注的投保年龄范围1岁至65岁,在王某同意承保并同意为周某激活保险卡时,保险合同成立并生效,保险公司不得拒赔。

我们认为第二种观点是正确的。首先,投保人(同时也是被保险人)周某在合同订立过程中不存在任何过错,已经交纳了保费,而且委托王某代为激活保险卡,在近半年的时间内,王某并没有告知其不符合投保条件。所以,就周某而言,毫无疑问,合同已经成立并生效。

二、保险卡上标注的年龄与公司内部的规定冲突,以哪一个为准?

王某所持保险卡上标注的投保年龄范围为1周岁至65周岁,而公司系统内的投保年龄范围是1周岁至60周岁,这也是为什么周某的保险卡无法激活的原因。那么,两者冲突以哪一个为准呢?很显然,以保险卡标注的年龄段为准。

保险卡是代理人或业务员展业时使用的合同,如果投保人当场激活,那么合同即生效。公司内部系统设定的年龄范围对外没有法律效力。投保人无法知晓公司内部的规定,保险卡是保险公司印制的,上面的内容就是条款。投保人是基于保险卡标注的内容,决定是否订立合同的。所以,应以保险卡标注的年龄段为准。

另外,《保险法》第三十条规定:"采用保险人提供的格式条款订立的保险合同,保险人与投保人、被保险人或者受益人对合同条款有争议的,应当按照通常理解予以解释。对合同条款有两种以上解释的,人民法院或者仲裁机构应当作出有利于被保险人和受益人的解释。"根据上述规定,法院也会作出保险合同成立的结论。

三、周某家属可否向保险代理人王某追偿?

《保险法》第一百一十七条规定:"保险代理人是根据保险人的委托,向保险人收取佣金,并在保险人授权的范围内代为办理保险业务的机构或者个人"。由此可知,保险代理人与保险公司之间的关系为代理关系。代理人在合同授权的范围内,以保险公司的名义在市场上从事与保险产品销售有关的保险活动,其所产生的一切法律后果均由保险公司承担。故周某家属不可向保险代理人王某追偿。

在本案中，保险代理人王某接受委托激活保险卡，并在激活时发现周某不符合投保条件的情况下，因自身原因未及时告知并退还保费，其对周某造成的损失，由保险公司承担。当然，公司可以追究王某的责任，但与周某无关。

结　　论

保险卡虽然未激活，但合同成立并生效了，保险公司应承担给付保险金责任。

论赠与保险的法律效力[①]

案情简介

某年 5 月，某策划公司为推动高考书籍和光盘的销售，向保险公司投保了人身意外伤害保险，对每购买一套书籍和光盘的顾客，赠送一份保额为 10 万元的保险。同年 12 月，获赠保险的客户中有 1 名被保险人发生意外事故死亡，其受益人到保险公司要求赔付保险金 10 万元。保险公司接到报案后发现，投保人对被保险人并不具有保险利益，并且也没有被保险人的签字同意。以此为由，保险公司发出了拒赔通知书。受益人不服，诉至法院。法院经审理认为，投保人对该保险合同不具有保险利益，判决保险合同无效，保险公司返还保险费。

观点之争

围绕本案赠与保险合同的效力，有以下几种观点：

第一种观点认为，对赠与的保险，由于没有经过被保险人的同意，保险合同无效。保险公司只退还保费。

第二种观点认为，对赠与的保险，即使没有经过被保险人的同意，合同也有效。可以视为保险人的弃权，即保险人明知投保人对被保险人不具有保险利益，仍然接受投保。故应承担弃权的法律后果。

第三种观点认为，对赠与的保险，虽然没有经过被保险人的签字，但被保险人接受了该保险合同，视为以默认的方式同意投保。那么投保人就对被保险人具有了保险利益。但具有保险利益并不意味着合同有效，只有当被保险人的信息得到了保险公司的认可，合同才生效。如果是保险人的原因造成合同不成立或无效的，保险公司须承担缔约过失责任。

争议焦点

一、赠与保险合同是否有效？

[①] 凌湄、王卫国：《论赠与保险的法律效力》，原发表在《中国保险》2014 年第 5 期。

二、法院判决是否合理？

法理分析

一、赠与保险的性质

在本案中，策划公司与购书者之间是赠与合同，购书者与保险公司之间是附条件的保险合同。因为只有当被保险人（购书者）确定时，再履行相关手续后，合同才生效。搞清楚该问题才能进一步讨论下面的问题。

二、如何认定投保人对被保险人具有保险利益

由于本案某策划公司向保险公司投保的是人身意外伤害保险，所以应根据《保险法》第三十一条的规定来判断投保人对被保险人是否具有保险利益。第三十一条规定："投保人对下列人员具有保险利益：（一）本人；（二）配偶、子女、父母；（三）前项以外与投保人有抚养、赡养或者扶养关系的家庭其他成员、近亲属；（四）与投保人有劳动关系的劳动者。除前款规定外，被保险人同意投保人为其订立合同的，视为投保人对被保险人具有保险利益。订立合同时，投保人对被保险人不具有保险利益的，合同无效。"根据上述法律规定，被保险人同意投保人为其订立合同的，视为投保人对被保险人具有保险利益。

如何理解"同意"二字？此处的"同意"并没有强调必须是"书面同意"，换句话说，口头同意也有效，当然须有证据证明被保险人已经同意。

三、"同意"的性质及判断标准

"同意"在民法上可以定性为"意思表示"。王利明教授认为："意思表示既可以通过言语、书面等明示的方式作出，也可以通过行为等默示的方式作出。至于以行为作出表示，如点头、举手、起立、拍板等，是否为意思表示，必须依据交易习惯或社会一般观念来予以确定。一方当事人向对方当事人提出订约的要求，对方未用语言或者文字明确表示意见，但其行为表明已接受的，可以认定为默示。意思表示在特殊情况下，也可以以默示方式完成。但应当注意的是，不作为的默示只能在法律有特别规定或者当事人有特别约定的情况下，才能够构成意思表示。"①

---

① 王利明：《民法总则研究》，中国人民大学出版社2003年12月版，第539页。

在本案中，购书者（被保险人）接受了保险，是否意味着以默示的方式同意投保人的投保行为，即某策划公司对购书者具有保险利益呢？我们认为应认定策划公司对购书者具有了保险利益。因为按照《保险法》第三十四条规定："以死亡为给付保险金条件的合同，未经被保险人同意并认可保险金额的，合同无效。"此处的"同意"没有强调必须书面，默示的同意也是合法的。对购书者而言，购书时可以接受保险，也可以拒绝保险。一旦接受就视为同意，符合法律规定。

四、被保险人同意，合同是否一定生效

一般情况下，投保人向保险人提出投保申请，保险人同意承保，合同成立。但在本案中，保险是当作赠品赠送的，事先不可能知道购书者的姓名。某策划公司交给购书者的保险是一张空白保险单，只有保险公司的名称和公章，没有被保险人的姓名。具体谁是被保险人，都是无法确定的。这样的保险单因缺乏合同的主体，显然是不能生效的。我们把它看做是附条件的合同。附条件是指一旦购书者确定，再履行相关手续后，合同才能生效。

如果在"保险单"上面注明本保险单待消费者将信息填写完整后邮寄到或发送到保险公司，待保险公司下发正式的保单，并以保险单上面确定的日期承担保险责任。如果做到这点，这张保险单有可能生效。因为它是一张附条件的合同，是否履行该说明义务，将决定保险公司是否承担相应的责任。

五、法院的判决是否正确

法院认为，本案投保人对该保险合同不具有保险利益，判决保险合同无效，保险公司返还保险费。

笔者认为法院的观点值得商榷。本案中赠与保险没有生效的原因是未履行合同订立的程序，而非无保险利益。判决保险公司返还保险费也是值得商榷的。在本案中，保险公司需要承担的责任是返还保险费，还是承担缔约过失责任？值得进一步研究。

六、保险公司应否承担缔约过失责任

本案的特殊性在于，投保人是某策划公司，投保人即赠与人，不是保险公司。保险公司在与策划公司订立合同的过程中是否履行了说明义务是

本案的关键所在。根据《保险法》的规定，说明义务的对象是保险人，即保险公司，而不是被保险人，即购书者。如果保险公司在与策划公司订立合同的过程中，没有尽到说明义务的话，那么它应当承担的是缔约过失责任。

所谓缔约过失责任是指在合同订立过程中，一方因违背其依据诚实信用原则所产生的义务，而致另一方的信赖利益的损失，并应承担损害赔偿责任[①]。缔约过失责任理论由德国法学家耶林于1861年首次系统地提出来，它解决了在合同不成立或被确认无效、被撤销后，遭受损失的一方可以据此寻求救济。

缔约过失责任的构成必须具备几个要件：（1）缔约上的过失发生在合同订立过程中，这是缔约过失责任与违约责任的根本区别，违约责任发生在合同成立之后。（2）一方违背其依诚实信用原则所应负的义务。根据诚实信用原则的要求，当事人在订立合同时负有一定的义务，称之为先合同义务。在本案中表现为保险公司应向投保人策划公司说明订立合同的一些要求，如需要被保险人同意等。（3）造成他人信赖利益的损失。所谓信赖利益是指因另一方的缔约过失行为而使合同不能成立或无效，导致信赖人所支付的各种费用和其他损失不能得到弥补。当然，这些利益必须在可以客观预见的范围内。（4）缔约过失行为与损失之间有因果关系。不同时具备前述四要件的，不构成缔约过失责任。《合同法》第四十二条、第四十三条规定了缔约过失责任的几种情形：假借订立合同，恶意进行磋商；故意隐瞒与订立合同有关的重要事实或提供虚假情况；有其他违背诚实信用原则的行为；违反保密义务。

七、缔约过失责任的赔偿范围

本案中某策划公司对每购买一套书籍和光盘的顾客，赠送一份保额为10万元的保险。如果因为保险公司的原因导致合同不成立或无效，那么保险公司应承担多大的赔偿责任？这涉及期待利益与信赖利益的区别。

第一，两者的内涵不同。期待利益是指当事人在订立合同时期望通过合同履行获得的各种利益的总和，包括合同履行后可以获得的利益和因违约而导致的现有财产的减损灭失和费用的支出。信赖利益是指无过错的一方当事人信赖合同完满履行，在订立和履行合同中支出的费用和代价。

---

① 王利明：《合同法研究》（第一卷），中国人民大学出版社2002年11月版，第310页。

第二，对两者保护达到的状态不同。对于期待利益的保护可使合同在被违反的情况下达到合同被履行的状态，保护期待利益可替代合同的履行。而保护信赖利益旨在使非违约方因信赖合同的履行而支付的各种费用得到返还，从而使当事人恢复到合同订立之前的良好状态。

第三，违约损害赔偿一般应适用期待利益，缔约过失责任赔偿适用信赖利益。

信赖利益的损失限于直接损失，直接损失就是指因为信赖合同的成立和生效所指出的各种费用，具体包括：与对方联系、赴实地考察所支出的合理费用；为缔结合同做各种准备工作并为此所支出的费用；为谈判所支出的劳务以及为支出上述各种费用所失去的利息等。间接损失一般不予赔偿。

综上所述，我们认为第三种观点是正确的，受益要求人保险公司赔付保险金 10 万元的请求不应该得到支持。但法院作出退还保险费的判决也是不合理的。

投保人失踪未续费，保险合同的效力如何[①]

案情简介

刘佳明（化名）在某地拥有很多产业。2002年2月5日，刘佳明在某人寿保险股份有限公司四川分公司购买了一份险种为"吉祥相伴"的定期保险，保险金额为49万元，保险期限为10年。刘佳明将受益人约定为他的大女儿思思（化名）。双方约定，交费频率为每年一次。但当年9月6日，刘佳明与妻子赵萍（化名）开车外出收账，就此失踪，警方努力查找仍无结果。刘佳明的家人想起了这份人身保险，联系上了当时签订保单的业务人员周某，告知刘佳明失踪的情况。随后，周某也打电话向公司报告了该情况。该过程，也都经过了公证处的公证。

但由于刘佳明夫妇失踪案没有充分证据证明是刑事案，因此公安机关最终未正式立案。其家人只好依法律程序，向某法院申请宣告刘佳明、赵萍死亡，终于在2008年2月21日，法院依法宣告刘佳明、赵萍死亡。

在判决书中，法院确认了刘佳明、赵萍的失踪时间是2002年9月6日。收到判决书后，思思依据和保险公司的约定，要求其赔付保险金。没想到，却遭到了拒付。保险公司的理由是：刘佳明失踪后这几年，未按期交纳每年1794.60元的保费。

无奈之下，刘佳明的大女儿思思，将保险公司诉至法院。

争议焦点

庭审中，究竟何时才是保险事故的发生时间？成为双方争论的主要焦点。

原告律师表示，在这份保险合同的第13条"失踪处理"条款中，有专门约定："在本合同有效期内被保险人失踪，经人民法院宣告死亡，本公司依据判决所确定的死亡日期按身故给付保险金。"她表示，刘佳明是

[①] 本文发表在《中国保险》2009年第3期。

在 2002 年 9 月 6 日失踪的，属于合同有效期内。并且，刘佳明的死亡宣告日，有法院判决书为证。

对此，保险公司的代理律师则认为，应以 2008 年 2 月 21 日，法院宣告刘佳明死亡的日期认定为事故发生日，而此时保险合同早已经失效了。理由是，在合同的第 6 条、第 9 条分别约定，投保人次年未交纳第二期保费后，有 60 天的"宽限期"。如果投保人还未交保费，则合同中止；中止后两年内，双方仍未达成有效协议，则保险公司有权终止该合同。投保人失踪、死亡，不能豁免交费义务。

案例评析

本案的实质是，投保人失踪未续费，保险合同的效力如何？

（一）保险合同效力的中止、复效问题

《保险法》第五十七条规定："投保人于合同成立后，可以向保险人一次支付全部保险费，也可以按照合同约定分期支付保险费。合同约定分期支付保险费的，投保人应当于合同成立时支付首期保险费，并应当按期支付其余各期的保险费。"[1] 该条规定了分期交付保费的问题，是人寿保险的常见条款。

《保险法》第五十八条规定："合同约定分期支付保险费，投保人支付首期保险费后，除合同另有约定外，投保人超过规定的期限六十日未支付当期保险费的，合同效力中止，或者由保险人按照合同约定的条件减少保险金额。"[2]该条规定的是保险合同的效力中止问题。六十日通常被称为"宽限期"。

《保险法》第五十九条规定："依照前条规定合同效力中止的，经保险人与投保人协商并达成协议，在投保人补交保险费后，合同效力恢复。但是，自合同效力中止之日起二年内双方未达成协议的，保险人有权解除合同。保险人依照前款规定解除合同，投保人已交足二年以上保险费的，保险人应当按照合同约定退还保险单的现金价值；投保人未交足二年保险费的，保险人应当在扣除手续费后，退还保险费。"[3] 该条规定的是保险合同的复效以及合同解除问题。

---

[1] 现为《保险法》第三十五条，有改动。
[2] 现为《保险法》第三十六条，有改动。
[3] 现为《保险法》第三十七条，有改动。

本案与上述法律规定既有相近的地方，也有不同之处。相近之处是在合同的第 6 条、第 9 条分别约定，投保人次年未交纳第二期保费后，有 60 天的"宽限期"。如果投保人还未交保费，则合同中止；中止后两年内，双方仍未达成有效协议，则保险公司有权终止该合同。这两条规定是按照《保险法》第五十八条、① 第五十九条②的规定起草的，实际上约定了合同的中止、复效以及解除合同的情况；不同之处是刘佳明同为投保人和被保险人，他失踪了，无法交纳保费，而不是主观上不愿交，或者客观上由于经济困难而无法交纳。这也是本案的特殊之处。

（二）刘佳明的家人履行了出险的通知义务

刘佳明与妻子失踪后，其家人在第一时间报警，并通知了保险公司的业务员周某，周某又打电话向公司报告了该情况。该过程，也都经过了公证处的公证。由此看来，刘佳明的家人对保险公司已经履行了通知义务，不存在任何过错。

（三）保险公司没有及时解除合同

《合同法》第九十五条规定："法律规定或者当事人约定解除权行使期限，期限届满当事人不行使的，该权利消灭。法律没有规定或者当事人没有约定解除权行使期限，经对方催告后在合理期限内不行使的，该权利消灭。"该条款规定了合同的解除权及其使的期限。

《合同法》第九十六条规定："当事人一方依照本法第九十三条第二款、第九十四条的规定主张解除合同的，应当通知对方。合同自通知到达对方时解除。对方有异议的，可以请求人民法院或者仲裁机构确认解除合同的效力。"该条款规定了解除合同应履行通知义务，该义务属于法定义务。

在本案中，保险公司完全可以依据双方的约定解除合同，但是，从 2002 年 9 月 6 日刘佳明失踪之日起一直到 2008 年 2 月 21 日法院宣告刘佳明死亡之日止，其间经过了长达 5 年多的时间，保险公司没有行使合同的解除权。根据《保险法》第五十九条③和《合同法》第九十五条的相关规定，保险公司已经丧失了解除合同的权利，该合同继续有效，保险公司应

---

① 现为《保险法》第三十六条。
② 现为《保险法》第三十七条。
③ 现为《保险法》第三十七条。

当按照合同约定履行自己的义务。

(四) 保险事故的发生时间

2008年2月21日,法院宣告刘佳明、赵萍死亡。在判决书中,法院确认了刘佳明、赵萍的失踪时间是在2002年9月6日。既然法院认定刘佳明的失踪时间是在2002年9月6日,那么保险事故的发生时间就是2002年9月6日,是在合同有效期内,保险公司应该按照合同约定进行赔付。

针对保险公司认为的保险事故的发生时间应以2008年2月21日,法院宣告刘佳明死亡的日期认定为事故发生日的观点,根据上面的分析,保险公司已经放弃解除合同的权利,该合同仍然有效,所以,不存在合同失效的问题。

即使认定保险公司的说法有一定的道理,但是,按照《合同法》第四十一条的规定,对格式条款的理解发生争议的,应当按照通常理解予以解释。对格式条款有两种以上解释的,应当作出不利于提供格式条款一方的解释。又根据《保险法》第三十一条的规定,对于保险合同的条款,保险人与投保人、被保险人或者受益人有争议时,人民法院或者仲裁机关应当作有利于被保险人和受益人的解释①。结合本案,法院还是会作出有利于受益人一方的解释。

结 论

根据《最高人民法院关于贯彻执行〈民法通则〉若干问题的意见(试行)》第三十六条的规定,被宣告死亡的人,判决宣告之日为其死亡的日期。所以,刘佳明的死亡日期应为法院的判决之日,即2008年2月21日。

由于合同约定交费频率为每年一次,也就是说,刘佳明第二次交费时间应该是2003年2月5日,虽然由于其失踪没能继续交费,但直到2008年2月21日才被宣告死亡,这期间又间隔了五年。五年中刘佳明是没有交保费的,这是客观事实,在处理本案时是应该考虑的一个因素。

关于保险合同的第十三条"失踪处理"条款,即在本合同有效期内被保险人失踪,经人民法院宣告死亡,本公司依据判决所确定的死亡日期按身故给付保险金。该条款也存在不完善之处,死亡按身故给付保险金,那么失踪应该赔还是不赔,如果赔的话应该赔多少,并没有明确的规定。这

---

① 现为《保险法》第三十条。

难免会产生疑义，为日后纠纷的出现埋下了隐患。

综上所述，根据相关的法律规定及法理，如果让保险公司给付全额保险金 49 万元，有违公平原则，故可在一定数额内给付。这样做既保护了受益人的利益，也兼顾了保险公司的利益，是符合民法公平原则精神的。

保险法告知义务可从五方面细化

告知义务是投保人或被保险人在订立保险合同时必须履行的义务，也是《保险法》最大诚信原则的重要组成部分。《保险法》第十七条对此作出了相关规定，笔者试就该问题展开探讨。

一、关于告知义务主体的范围

告知义务人的主体原则上为投保人，因为他是订立保险合同时保险人的相对人，所以《保险法》第十七条规定，投保人负有如实告知义务。笔者认为，在保险活动中，对投保人和被保险人均应课以告知义务。首先，就财产保险而言，被保险人为保险事故发生时的受损人及受益人，根据权利和义务一致原则，被保险人负告知义务理所当然。同时，财产保险的被保险人往往最了解保险标的物的状况及危险发生情况，便于告知义务的履行。其次，在人身保险中，被保险人对自己身体状况的了解更为透彻，比投保人负担告知义务的理由更加充分。再次，考虑到投保人和被保险人不是同一人的情形，被保险人对保险标的之危险事项有比投保人更为透彻的了解，特别是有关被保险人的个人或者隐秘事项，除被保险人本人以外，投保人难以知晓。

二、关于告知义务的内容

告知的内容主要是指重要事实的告知，通常包括两种情况：一种是足以影响保险人决定是否同意承保的重要事实；第二种是足以影响保险人决定是否提高保险费率的重要事实。

判断"重要事实"的标准是什么？美国的保险法律中有两种证明重要

---

① 王卫国、韩秀峰：《保险法告知义务可从五方面细化》，《检察日报》，2007年1月26日。另：本文《保险法》是指2002年的《保险法》。

性的方法：一是风险增加法；二是影响损失法。我们认为，判断事实重要性的标准不能依义务人或保险人的主观意志决定，须依事实的性质综合各种情况进行客观的、全面的考察。假如该事实足以影响保险人承受危险的决定时即为重要事实，而义务人主观上认为不重要，在询问时未作出告知，也产生告知义务的违反。对于有关事项的未告知或告知不实，保险人须证明其重要性。假如发生争执时应当由法院就危险的性质加以判断。但是如果保险人对此问题已以书面标明的，可以视为重要事项；反之如果保险人只概括地在书面上询问"是否有其他疾病？"或类似的语句，则不得视为该问题已经"书面标明"。投保人对之是否有违反如实告知义务的情形，仍须由其所未告知或不实告知的事实是否为重要事项而定。

三、关于告知义务的履行方式

各国的保险法都规定了投保人在订立保险合同时有如实告知的义务，如果不如实告知，投保人、被保险人及受益人要承担相应的法律后果。由于各国的法律传统和保险业的发展水平不同，告知存在两种制度：一种是询问告知制，即只有在保险公司询问的情况下，投保人才有义务如实告知；另一种是主动告知制，即不经过询问，投保人也应当将与保险公司决定是否承保及费率高低有关的重要情况告知保险公司，如果有隐瞒不告知或者告知不实，投保人、被保险人和受益人要承担相应的法律后果。

在保险关系中，保险人居于有利地位，对于哪些事项事关保险危险的发生或其程度，在判断上具有丰富的经验，应当由其就这些事项对投保人作出询问也在情理之中。据此，我们认为，对《保险法》第十七条应解释为询问告知制，即如果保险人没有询问投保人的事项，投保人没有必要告知保险人。

四、关于告知义务的免除

投保人告知义务的免除，是指在某些情况下，根据法律规定可以免除投保人的告知义务。对于保险人没有询问的事项，投保人没有义务告知保险人，但对于保险人询问的事项，投保人并不负担无限告知的义务。投保人应当如实告知的事项，应当为投保人或者被保险人知道的有关保险标的危险情况的重要事项（即直接影响保险费率的确定和危险发生的程度的事项），以保险人在投保书中列明或者在订立保险合同时询问的事项为限。例如，投保人在订立人寿保险时，有关被保险人的年龄、性别、住所、职业、收入、健康状况、有无重大疾病、心理健康状况、家族病史等事项，应当为重要事项。保险人已经询问的事项，投保人和被保险人不知道的，投保人或者被保险人没有告知义务。

关于告知义务的免除制度，我国保险立法尚未确立，不过，许多国家的保险立法已倾向于由保险人自身承担因过失而放弃或不知本应知道的事实的责任。我们认为，从保障投保人和被保险人利益的角度，我国保险法应该增加告知义务免除条款。

五、关于违反告知义务的法律后果

告知义务人违反告知义务的法律后果，各国立法的规定不尽相同，有规定合同无效者（如俄罗斯、法国），有规定合同终止者（如韩国），有规定合同撤销者（如意大利），但多数国家均规定由保险人享有合同解除权，我国保险法亦作如此规定。投保人违反如实告知义务，保险人应当取得相应的补救。

需要说明的是，因违反告知义务所产生的解除权，在保险合同成立的同时即已发生，不论保险人的保险责任是否已经开始。另外，此项解除权不限于保险事故发生前才能行使，在保险事故发生后也可以行使。保险人多在保险事故发生后，才发现有违反的事实，此时即有解除的必要。但为使法律关系早日确定起见，保险法应规定解除权的除斥期间。

欺诈投保情形下保险公司需要理赔吗[1]

一、案情简介

【案例一】[2] 2009年11月26日,甲为其妻子乙向某保险公司投保终身寿险一份,附加重大疾病和意外伤害保险各一份。约定基本保险金额6万元,受益人为甲以及他们的女儿丙。2011年12月21日,被保险人乙因肾功能障碍综合征,慢性粒细胞白血病住院治疗,于2011年12月23日经抢救无效死亡。之后,甲和丙要求保险公司支付保险金6万元。保险公司到当地医院查阅病例发现,乙在投保前的2009年2月6日、2月17日、3月6日即已在当地医院三次住院,被诊断为慢性粒细胞白血病,而且病例中多处有甲的知情签字。然而,甲在为乙投保时隐瞒了乙患病的情况。此外经调查还得知,甲为乙在多家保险公司均投保,同样隐瞒了乙患白血病的事实。甲和丙以受益人的身份申请理赔遭拒,诉至法院。

【案例二】[3] 2009年12月2日,李某与某保险公司签订合同,投保人和被保险人均为李某,保险公司承保"关爱专家定期重疾个人疾病保险";保险金额为20万元,保险期间20年,保险费1020元。缴费频次为年缴。合同生效日为2009年12月10日0时。合同签订后,保险公司向李某交付了保险单、保险条款、投保单。李某交纳了2009年至2011年的保费。保险条款中关于重大疾病的名词释义第12项载明:终末期肾病(或称慢性肾功能衰竭尿毒症期)是指,双肾功能慢性不可逆性衰竭,达到尿毒症

---

[1] 王卫国、张鸿鹏:《欺诈投保情形下保险公司需要理赔吗》,《中国保险报》,2015年9月1日。

[2] 案例一来源于任以顺:《论投保欺诈背景下的保险人合同撤销权》,《保险研究》2015年第3期。

[3] 案例二来源于《中国法院2015年度案例——保险纠纷》,中国法制出版社2015年4月版,第191页。

期,经诊断后已经进行了至少 90 天的规律性透析治疗或实施了肾脏移植手术。保险责任载明:自保险合同生效之日起因意外伤害原因,或自保险合同生效之日起 180 天后因意外伤害之外的其他原因,被保险人初次发生本合同约定的重大疾病,本公司按照保险金额给付重大疾病保险金,本合同效力终止。在投保单的告知事项中针对"是否曾住院检查或治疗""是否有其他未告知的疾病或功能不全"等问题,李某均回答"否"。在投保书"声明与授权"栏中,保险公司印制了以下文字:本人声明已经书面告知并回答投保书所列之询问。如本人违反告知义务,并足以影响承保决定,贵公司有权根据保险法的规定处理,其中包括解除本合同和拒绝赔付。李某在该栏目内签字确认。

2012 年 12 月 26 日,李某向保险公司申请理赔。2013 年 1 月 8 日,保险公司在处理理赔时发现,2007 年李某在某医院被诊断为慢性肾小球炎、慢性肾功能衰竭尿毒症期等,2008 年至 2010 年期间,李某在某医院被诊断为慢性肾小球炎、慢性肾功能衰竭尿毒症期等;2012 年某医院病情诊断证明书写明:李某患有慢性肾炎、尿毒症、高血压、贫血、长期维持血液透析及对症治疗。保险公司认为李某的申请属于投保前所患有疾病,故拒绝对李某进行理赔。李某认为保险法规定的保险公司的解除权行使时间仅为两年,现合同成立已逾两年,保险公司已经丧失了抗辩权,故保险公司应当理赔。保险公司则认为李某的行为违反了保险法的最大诚信原则,因此不应当理赔。

二、法院判决及理由

【案例一】一审法院判决驳回原告的诉讼请求,判被告返还原告保险费。判决理由是:投保人甲隐瞒被保险人乙患白血病事实的欺诈行为,对保险人是否同意承保或者提高保险费率足以产生重大影响,以致保险人在违背其真实意思情况下与投保人订立了保险合同。保险人以投保人甲未履行如实告知义务存在欺诈行为而拒绝赔付保险金的理由成立,对甲丙要求保险人赔偿 6 万元的主张不予支持。本案符合《合同法》第五十四条规定的当事人因受欺诈撤销合同的情形,同时,本案属于保险人的法定解除权与因受欺诈而享有的撤销权的竞合。保险人可以选择适用解除权也可适用撤销权,虽然本合同订立已超过 2 年,但是,合同法中撤销权的目的在于保护当事人意思表示真实的自由,而保险法解除权的目的在于督促投保人履行如实告知义务,故《合同法》中撤销权的规定和保险法中解除权的规定并不是普通法与特别法的关系，故本院对甲辩称的"本案应适用保险法的解除权不能适用合同的撤销权"的理由不予采信。

一审判决后甲提起上述，二审法院认为，虽然甲隐瞒了乙曾经因患病住院治疗的事实，但根据《保险法》第十六条第二款、第三款之规定，保险法中对未如实告知的范围是《合同法》上对欺诈的特别规定。《保险法》作为特别法，其保险合同的解除权优先于合同法中可撤销合同的撤销权。保险法在规定不可抗辩条款时并没有规定其适用例外。不论投保人是故意还是过失的不如实告知或隐瞒欺诈，只要经过两年时间，保险公司就不能对之进行抗辩，本案上诉人的保险合同已超过两年，因此，依据《保险法》的相关规定，被上诉人应当承担赔偿或者给付保险金的责任。2012年12月14日作出终审判决：撤销一审判决，被上诉人人给付上诉人保险金6万元。

【案例二】一审法院认为，保险在本质上是危险的分散和转移与被保险人有关的危险，基于保险合同的成立，由保险人按照合同的约定予以承担。所谓危险，具有两方面的特征：其一为危险客观存在；其二为危险是否转化为现实具有不确定性。在保险合同成立之后，保险公司以收取保险费为对价所承保的危险现实发生，则构成保险事故。《保险法》第十六条第七款规定："保险事故是指保险合同约定的保险责任范围内的事故。"在保险合同成立之前已经现实发生的致损事件，由于该事件所造成结果的确定性，因而既不属于保险意义上的危险，也不构成保险事故。该案即属于此种情形，李某与保险公司所订立的合同成立于2009年12月，而李某在2008年即被确诊患慢性肾功能衰竭尿毒症期，远在合同成立之前。因此，慢性肾功能衰竭尿毒症期这一疾病对于李某而言，是在合同成立之前已经发生的事实，该事实由于其具有确定性和现实性，因而既不是保险意义上的危险，也不是保险意义上的事故。于是作出驳回李某诉讼请求的判决。

李某不服一审判决提起上诉，二审法院以同样的理由判决维持一审判决。

三、案件的比较

（一）共同点

案例一和案例二都是欺诈投保，即明知不符合投保条件，故意隐瞒病情，作虚假告知欺骗保险公司。保险公司没有尽到审查义务，直到合同生效两年之后，被保险人或受益人申请理赔时才发现问题。

（二）区别

一是投保险种不同。案例一是寿险、案例二是健康保险（重大疾病保险）。

二是法院判决依据不同。案例一的二审判决依据《保险法》第十六条第三款，案例二两级法院判决的依据是保险学原理。

四、争议焦点

不可抗辩条款的适用。

五、法理分析

（一）是否存在解除权与撤销权的竞合？

学者们对投保人违反如实告知义务后，保险人享有的是"解除权"还是"撤销权"展开激烈争论，始终达不成一致意见。

最高人民法院关于适用《中华人民共和国保险法》若干问题的解释（三）（征求意见稿）第十条规定："投保人在订立保险合同时未履行如实告知义务，保险人解除保险合同的权利超过保险法第十六条第三款规定的行使期限，保险人以投保人存在欺诈为由要求撤销保险合同，符合《合同法》第五十四条规定的，人民法院应予支持。而另一种意见是，投保人在订立保险合同时未履行如实告知义务，保险人根据《合同法》第五十四条规定要求撤销保险合同，人民法院不予支持。"可见，对欺诈投保保险人是否享有撤销权是存在不同看法的。

《合同法》第五十四条规定："下列合同，当事人一方有权请求人民法院或者仲裁机构变更或者撤销：（一）因重大误解订立的；（二）在订立合同时显失公平的。一方以欺诈、胁迫的手段或者乘人之危，使对方在违背真实意思的情况下订立的合同，受损害方有权请求人民法院或者仲裁机构变更或者撤销。当事人请求变更的，人民法院或者仲裁机构不得撤销。"

《保险法》第十六条赋予保险人合同的解除权，《合同法》第五十四条赋予撤销权，这两种权利发生竞合。那么，对保险人而言，究竟应该行使哪个权利，存在三种观点：

第一种观点，解除权优先。因为按照特别法优于一般法的规定，保险法相对于合同法而言，属于特别法。因此，优先适用保险法的规定。

第二种观点，解除权和撤销权可自由选择。两者在立法目的、构成要件和法律效果方面均不相同，故保险人可自由选择。

第三种观点，应该区分不同情况。如果投保人是以欺诈的形式违反告知义务，保险人除了可以根据保险法的规定解除合同外，也可以根据民法意思表示瑕疵的规定撤销合同；如果投保人主观上并没有恶意的，则保险人只能根据保险法的规定寻求救济。

从平衡保险人与投保人双方利益关系来看，第三种观点可能较为合理。一方面，体现了对投保人欺诈行为的惩罚，有利于维护诚信的保险市场环境；另一方面，保险人也不得任意寻求民法上意思表示瑕疵制度的规定，逃避保险法中对保险人解除权的限制[①]。

（二）是权利竞合还是权利限制？

中国青年政治学院梁鹏教授认为，自民法理论看，继续性合同的解除权与撤销权不可能竞合。保险合同是典型的继续性合同，依照上述民法理论，其解除只能向着将来发生效力，而不能溯及既往，因此，对已经发生的保险事故，保险人不能依据行使解除权而拒赔。

那么，保险人能否依据撤销权拒绝赔付呢？即使保险人可以行使所谓之撤销权，其权利亦应受到严格限制。除了《合同法》对撤销期限所作一年限制外，在保险法上又对这一权利进行了限制，即《保险法》第十六条第三款中规定的"自合同成立之日起超过两年的，保险人不得解除合同；发生保险事故的，保险人应当承担赔偿或者给付保险金的责任。"通常认为，这句话是对保险人解除权的限制，但是，为人们所忽略的是，这句话其实亦包含对保险人所谓"撤销权"的限制。前半句"保险人不得解除合同"当然是对解除权的限制。后半句则是对保险人基于投保人欺诈所作抗辩的限制，亦即，即使投保人存在欺诈，保险人也不能拒赔，将其看作对保险人行使撤销权的抗辩，似乎并无大碍。因此，关于保险人不得解除合同的规定只能保证合同继续存在，而不能保证保险人依据别的事由，譬如行使撤销权而拒赔，恰恰是后半句的规定对保险人所谓的撤销权形成限制。

本案中，投保人对被保险人患病之事实作不实告知，显然存在欺诈故

[①] 奚晓明主编：《〈中华人民共和国保险法〉保险合同章——条文理解与适用》，中国法制出版社2010年8月版，第98页。

意,保险人本可以依据所谓之"撤销权"拒赔,但是,由于发生保险事故之时,保险合同成立已经超过两年,所谓之"撤销权"因受限而不得行使,这就是不可抗辩条款对所谓"撤销权"之限制。

(三) 我国"不可抗辩条款"是否存在漏洞?

按照现行《保险法》第十六条规定:"订立保险合同,保险人就保险标的或者被保险人的有关情况提出询问的,投保人应当如实告知。投保人故意或者因重大过失未履行前款规定的如实告知义务,足以影响保险人决定是否同意承保或者提高保险费率的,保险人有权解除合同。前款规定的合同解除权,自保险人知道有解除事由之日起,超过三十日不行使而消灭。自合同成立之日起超过两年的,保险人不得解除合同;发生保险事故的,保险人应当承担赔偿或者给付保险金的责任。"上述规定称之为"不可抗辩条款"。按照该规定,乙在投保前患有白血病,但甲隐瞒了乙患病的情况。合同生效已经超过两年,保险公司应该赔付。

本案引发的问题是,保险法设立的不可抗辩条款是否存在漏洞?需不需要进行修改完善?

在本案中,依照《保险法》第十六条的规定,保险公司应该赔付。但带来的问题是显而易见的。甲隐瞒了乙患白血病的情况,属于恶意投保。因为保险法存在漏洞,反而得到赔偿。这违反了法的公平正义、公序良俗以及最大诚信原则,表面看侵害了保险公司的利益,实际上侵害了所有投保人的利益,对正常的保险市场秩序是一种破坏。

有学者研究了国外的相关立法例。德国已明确规定,对于恶性投保欺诈,即使在可争辩期限届满后,保险公司仍可以主张保险合同无效,美国有些州已开始规定恶性投保欺诈不受不可争辩条款制度保护[①]。鉴于此,我国立法应吸取他国实践经验,对不可抗辩条款制度予以修改完善。

(四) 如何完善我国的不可争辩条款制度?

对外经贸大学的李青武教授在研究了国外不可抗争条款制度,特别是美国和德国的制度之后,结合我国不可争辩条款制度的漏洞,提出了完善建议。

一是明确规定不可抗争条款制度适用的保险合同范围。主张借鉴美国

---

① 李青武:《我国保险法不可争辩条款制度:问题与对策》,《保险研究》2013年第6期。

的立法条例，规定不可抗争条款适用于人寿险、健康险、残疾险和年金险；

二是明确规定可争辩期限。将可争辩期限规定为 5 年或 10 年；

三是规定不可抗争条款制度适用的除外情形。包括未支付保费、恶意投保欺诈等情形；

四是明确规定保险公司应将不可抗辩条款写入保险合同，强化保险公司的说明义务；

五是将解除权修正为撤销权，与我国《合同法》的规定一致；

六是鉴于年龄、身份和工作岗位的特殊性或易变性，应作出例外规定。

以上立法建议开阔了我们的思路，为我们深入研究该问题提供了有价值的参考。从最高人民法院关于适用《中华人民共和国保险法》若干问题的解释（三）（征求意见稿）的相关条文来看，已经吸收了学者们的部分研究成果。

（五）现行法律背景下的抉择

以上我们对我国的不可抗辩条款制度进行了分析研究，提出了修改完善的意见或建议，但是，面对已经出现的案例，我们必须依据现行的法律法规司法解释来解决问题。

从体系解释的角度，不可抗辩条款位于《保险法》的第二章第一节中，合同撤销权位于《合同法》第三章中，它们都属于合同法总论的范畴。从部门法的角度，保险法归属于商法，《合同法》归属于民法。由于商法是民法的特别法，所以，优先适用商法的特别规定没有错误。如果抛弃特别法的具体规定，而适用一般法的规定，恐造成法律适用的混乱。

不可抗辩条款制度，主要是通过限制保险公司以投保人或被保险人违反如实告知义务为由，撤销保险合同或主张合同无效的权利，从而保障被保险人或受益人在缴纳多年保费后，能获得保险保障。保险法既然规定了不可抗辩条款，就应该严格遵守。况且给了保险人两年的核查时间，在两年中对投保人告知的被保险人的情况不做核查，听之任之，这种过错不应该由投保人承担。诚然，对欺诈投保的行为确实不应该支持，但当下还是遵循法律规定为好。待时机成熟，通过修改法律或出台司法解释，对不可抗辩条款适用的例外情况予以明确规定，避免类似问题的发生。

（六）案例二的判案思路能否适用于案例一？

在案例二的审理过程中，法院绕开了《保险法》第十六条的相关规定，特别是回避了不可抗辩条款的规定，直接运用保险学的常识来判案。这种思路能否复制到案例一中？

案例一投保的险种是终身寿险，被保险人乙患有白血病。即便患病，经过治疗有康复的可能性，不能说一旦得上这种病就必然死亡或在多长时间内死亡。因为寿险承保的危险是生存或死亡，所以在投保时并没有出现保险事故。换句话说，如果把案例二的判决理由复制到案例一中，恐怕并不能成立。

那么案例二的判决理由能否成立呢？因为案例二涉及的险种是重大疾病保险，也就是说，承保的危险是重大疾病。在投保之前，被保险人已经患有重大疾病了，所以，如同法院所讲，保险事故确定已经发生了。这种情况下，当然不符合保险的本来含义。通常来讲，风险具有客观性、普遍性、损害性、不确定性等特征。在案例二中，风险已经确定，所以不具有保险意义。法院的判决理由成立。

像案例二的情形，最高人民法院在关于适用《中华人民共和国保险法》若干问题的解释（三）（征求意见稿）第七条中已经有所考虑。"订立保险合同时，保险合同约定的事故已经发生或者确定不发生的，保险合同无效，但当事人双方均不知道的除外。保险合同无效，投保人请求保险人返还其已经支付的保险费的，人民法院应予支持，但投保人订立保险合同时明知事故已经发生的除外。"虽说该司法解释没有生效，但处理类似问题的裁判思路已经明确，为以后解决该类纠纷指明了方向。

论比例因果关系在保险理赔中的运用[①]
——兼论《保险法司法解释》（三）第二十五条

《最高人民法院关于适用〈中华人民共和国保险法〉若干问题的解释（三）》（以下简称《司法解释三》）第二十五条规定："被保险人的损失系由承保事故或者非承保事故、免责事由造成难以确定，当事人请求保险人给付保险金的，人民法院可以按照相应比例予以支持。"虽说近因原则是保险法四大基本原则之一，但是近因原则在我国保险法中仍未明确，处于立法空白，《司法解释三》第二十五条是对传统近因理论的一大突破。

一、据以讨论的案例

【案例一】2013年4月，蒋某投保了团体人身意外伤害保险。2013年10月，被保险人蒋某不慎从藤椅上摔倒，当日医院摄片显示左股骨骨折后被收住医院，因蒋某年事已高（92岁），不能手术，遂导致其卧床不起，由此引起多脏器功能衰竭，于2013年11月身故。医院的出院记录及居民死亡医学证明书表明蒋某的死亡原因是多脏器功能衰竭，并非意外摔伤所致，且蒋某有多年病史，做过多次手术。保险公司按约定于2015年5月给付了被保险人蒋某的意外伤害医疗费，至今尚未支付蒋某意外伤害事故的保险金。因此蒋某家人将保险公司诉至法院。鉴于骨折、肺部感染及其他慢性疾病与蒋某死亡结果之间存在联系，骨折构成了死亡的主要诱因，法院判决保险公司应承担给付意外身故保险金30%的责任[②]。

【案例二】被保险人周某在意外伤害保险合同有效期内，在建设工程施工现场从事管理和作业过程中遭受意外伤害致死，根据司法鉴定中心司

[①] 王卫国、王子惠：《"三七开"还是"七三开"：保险赔偿有讲究》，发表在《中国保险报》，2016年5月19日。

[②] 《杨伯年、杨树初等与中国人民财产保险股份有限公司常州市分公司人身保险合同纠纷一审民事判决书》，中国裁判文书网，2015年12月。

法鉴定意见书，周某患有主动脉夹层瘤，突然惊吓是导致主动脉夹层瘤突然破裂的诱因，并非近因。因此保险公司认为应承担次要责任，即30%的赔偿责任，原告不同意保险公司的赔偿责任划分，遂将保险公司诉至法院。经审查，"近因"与"诱因"是法学理论上关于事故原因的学理分析，法律或司法解释对上述概念并没有明确规定和界定，施工过程中的突然惊吓与周某死亡之间存在直接因果联系，一审、二审法院据此认定保险公司应承担该保险事故70%的赔偿责任①。

以上两个案例均是由意外事故作为诱因，然后导致自身疾病的加重，最后由疾病造成最终的死亡。几乎同样的案情，但是最终的判决却差别很大，案例一中法院判决保险公司承担这次事故的次要责任，案例二中法院则判决保险公司承担事故的主要责任。

二、观点之争

对于意外事故导致自身疾病加重，最终因病死亡的这种情形，保险公司是否应该承担责任？承担责任的比例又如何确定？

第一种观点，根据除外优先原则，也就是如果与承保危险发生竞合的是保险合同或法律明确排除不保的危险，则保险人不负赔偿责任。以上两个案例中，与意外事故发生竞合的是受害人自身的疾病，而受害人自身的疾病属于保险合同明确排除不保的危险，因此认为保险公司不承担赔偿责任。

第二种观点，根据相当因果关系规则，只要承保危险和保险损害之间具有相当因果关系，保险人赔偿责任的要件就已具备，而不论该危险是否可以单独造成该损害，也不论其所占比例。以上两个案例中，受害人的死亡与意外事故之间具有相当因果关系，并且以上案例中的意外事故属于承保风险，因此认为保险公司应承担赔偿责任。

第三种观点，认为保险公司应该按照比例分摊原则，赔偿属于可保风险的那一部分责任，对不属于承保风险的那一部分则不承担赔偿责任。以上两个案例中，摔倒和受到惊吓都属于意外伤害保险的保险责任范围，保险公司应对这一部分进行赔偿，相反，受害人自身的疾病引发的死亡，属于免责事由，保险公司对疾病造成的损失不承担赔偿责任。

---

① 《阳光人寿保险股份有限公司巴彦淖尔中心支公司与周航保险合同纠纷再审民事裁定书》，中国裁判文书网，2016年4月。

三、传统近因理论及其局限性

关于因果关系的研究有很多,对它的判断标准也有较多的说法,其中有条件说、相当因果关系说、比例因果关系说、最近因果关系说等等。什么是近因?最高人民法院曾在 2003 年 12 月 9 日发布的《关于人民法院审理保险纠纷案件若干问题的解释(征求意见稿)》第十九条规定:"人民法院对保险人提出的其赔偿责任限于以承保风险为近因造成的损失的主张应当支持。近因是指对造成承保损失起决定性、有效性的原因。"由于该司法解释最终没有通过,所以在我国目前的保险立法中还没有对近因进行界定。

《保险法》对近因没有定义,但不妨碍学界和实务界对近因理论的运用。近因是指对造成承保损失起决定性、有效性、直接性的原因①。但保险公司设计的条款中往往强调"直接且单独"的原因,这样的定义显然强调其唯一性。但是,在多因一果或多因多果中,很难确定到底是哪一个原因导致损失的发生。所以,保险条款对近因的定义有强人所难之嫌。

如果把近因定义为在风险和损害之间,导致损害发生的最直接、最有效、起决定作用的原因,就会导致对近因的判断过于绝对化。按照这一观点,保险公司对因果关系进行判定,只有两种可能,就是"有"因果关系,还是"没有"因果关系,不存在第三种结论,即某种原因不是导致损害发生的最直接的原因,而是某种诱因,它对损害结果的发生虽然不是最直接,但绝不是一点关系也没有。没有诱因,就不可能导致后来的事故的发生。换句话说,这种诱因在整个事件的原因中是占有一定比例的。

"传统的保险近因理论认为,其来源于民法的近因理论,尤其来源于侵权因果关系理论,研究保险的近因应当以侵权法的因果关系理论为基础。确实,保险的近因与侵权的近因同属近因,都是对结果具有决定性作用的原因,又都足以引发法律责任的产生。但是,保险与侵权分属商法与民法领域,在制度设计与法律价值等方面都存在差异。"② 但关键是这种差异表现在因果关系上究竟有何不同?是否意味着不能把侵权法上的因果关系运用到保险上面?保险公司在设计条款或厘定费率时是否考虑到了这种差异?

---

① 王卫国:《保险法》,中国财政经济出版社 2009 年 8 月版,第 43 页。
② 杜万华主编:《最高人民法院关于保险法司法解释(三)理解与适用》,人民法院出版社 2015 年 12 月版,第 580 页。

传统近因判断方法存在着明显缺陷，对被保险人而言是非常不公平的。因为因果关系理论本身就很复杂，加之社会生活千变万化，所以，简单地用"有"因果关系，还是"没有"因果关系来判定是不合理的，应该具体问题具体分析，结合不同案情进行分析判断。

四、比例分摊原则的提出

鉴于"全有全无原则"存在的弊端，人们开始尝试将"比例分摊原则"运用于保险理赔。该规则认为：当保险标的损失是由多个不同原因造成时，其中有一项或多项不属于承保风险范围的，应当依据各个风险对保险标的损害程度进行推定，由各个风险分摊损失，最后保险公司仅就自身承保的风险所造成的那部分损失进行赔偿。也就是当承保危险和未承保危险共同导致损害时，按比例给付保险金。这种创新冲击了传统近因原则的主导地位，充分考虑了各种风险对于最终损害的原因力大小来进一步确定保险人的赔偿比例。

在许多司法实践中，有的法院已经将分摊原则运用于保险案件当中，如《广东省高级人民法院关于审理保险合同纠纷案件若干问题的指导意见》（粤高法发〔2011〕44号，2011年9月2日印发）第十七条即规定："多个原因造成保险事故，其中有承保风险又有非承保风险的，被保险人主张保险人按承保风险占事故原因的比例或程度承担保险责任的，人民法院应予以支持。"上海某法院在某保险案件中同样适用了比例分摊原则，按照保险人承保风险与非承保风险对于损害结果的参与度比例来确定保险人的具体赔付责任[①]。

五、比例分摊原则适用的前提条件

比例分摊原则只能是被保险人的损害是由承保风险和非承保风险等多种原因共同造成的情形下，才能适用。同时，比例分摊原则的适用还要受制于保险条款的具体规定，如果保险条款采用的是如"由于下列原因造成保险标的损失的，保险人不承担赔偿责任"之类的描述，属于原因免责条款，需要判断除外风险与损失之间是否具有因果关系保险人才能免责；如果保险条款采用的是如"出现下列任一情形时，保险人不负责赔偿"之类

---

① 参见《上海名家敬老院诉都邦财产保险股份有限公司上海分公司人身保险理赔纠纷案》，《人民司法》2010年第10期。

的表述，则属于状态免责条款，此时并不需要除外风险与损失之间存在因果关系才能免责。同时也有观点认为，保险条款中的保险责任范围表述为"被保险人因遭受意外伤害，并自事故发生之日起 180 日内，以此事故为直接且单独原因身故的"等诸如"直接、单独、唯一"的原因引起的损害之类的来严格限制保险给付责任的，也不适用比例分摊原则①。

如果保险公司的意外保险条款中强调"直接、单独、唯一"的原因的话，是否绝对不能适用比例分摊原则？即使是商业保险，强调双方合意，保险人已经履行了说明义务，那么这种免责条款就必然有效吗？我们认为不一定。关键看这种条款是否违反了《合同法》第四十条之规定，格式条款具有本法第五十二条和第五十三条规定情形的，或者提供格式条款一方免除其责任、加重对方责任、排除对方主要权利的，该条款无效。解决该争议的办法是可以参照《司法解释（三）》第十八条之规定，由保险人证明该保险产品在厘定保险费率时已经将其他原因导致的损失排除在外，按照扣减后的标准收取保险费。只有这样对被保险人才是公平的。

那么意外保险合同将保险人的承保范围限定为以意外伤害为唯一原因且直接导致的死亡，并明确排除疾病、特殊体质等原因，这样一类条款是否具有合理性、是否应得到法院的承认。正如有的法官所指出的那样，如果我们采纳了他们的观点，那么，结果将是除非被保险人在意外事故现场当场死亡，否则很难使保险人负赔付责任。因此对于这一规定，法官应该辩证地来看。保险合同是由保险人单方制定的附合合同，而被保险人是对保险知识缺乏了解的普通人，因此法院在认定因果关系时，应遵循保护被保险人合理期待的原则②。

六、日本相关判例：比例因果关系的运用

近年来，日本等国家的司法实践发展出了比例因果关系学说。所谓比例因果关系说，是指在判断承保危险与承保损失之间是否具有因果关系上，不采用"有"还是"没有"的做法，而是根据事实关系判断在具体的事件中，承保危险对承保损失之发生在原因力上占有多大比例，并根据该比例来决定保险公司的保险赔偿责任。

---

① 王静：《保险案件司法观点集成》，法律出版社 2016 年 1 月版，第 203 页。
② 周学峰，《保险法上的因果关系认定与司法推理——以意外死亡保险为例》，《政法论丛》，2011 年第 2 期。

下面通过一个判例来研究什么是比例因果关系①。

A（受害者）驾驶的两轮摩托车在进入一个弯道口时，遇到 Y_1（加害者，被告）驾驶的装有货物的卡车从正面疾驶而来。由于 Y_1 在进入弯道时车速过快，抢入对方行驶的车道，撞上正常行驶中的 A。

A 在事故中身受重伤，经抢救脱险。但是，腿部遭到重创，腰部的肌肉受到损伤，这些伤害直接引起了急性肾功能衰竭。接着，由于大腿的肌肉坏死引起的感染无法控制，被迫截肢以求保命。

由于 A 在遇到交通事故之前，患有严重的肝功能不全的疾病，因此，遇车祸后，原病各项指标急速上升。A 在饱受车祸带来的痛苦和原疾病并发的情况下，在事故发生一年半后死亡。

X（A 的家属，原告）向 Y_2（保险公司，被告）提出要求支付保险金的请求。保险公司以 A 的死因是源于肝脏病，死因与交通事故造成的伤害之间没有直接的因果关系为由拒绝支付保险金。X 以 Y_1 和 Y_2 为被告向地方裁判所提起诉讼。

关于 A 的死因和交通事故所造成的伤害之间有无因果关系，成为本案原、被告之间争论的焦点。由于本案的事实关系错综复杂，因为 A 是由于上消化道出血、肺炎、肾脏、肝脏、心脏功能衰竭、败血症等并发最后导致死亡，所以从医学角度也比较难以作出十分权威的结论。

裁判所对上述事实进行了分析：第一，由于右腿开放性骨折造成了 A 的右下肢血流不畅，导致败血症的感染，形成肌肉坏死。为了保全生命而进行了截肢，但是，手术后并没有阻止败血症的进一步感染，导致死亡。第二，肝脏功能不全的加重，GTO 指标的急增是由于右腿肌肉坏死导致败血症感染而致。第三，由于 Y_2 无法证实 A 的死亡是直接源于肝脏疾病，但是不排除加速死亡的可能性。

裁判所从主要病因着手，从中找到主要原因和次要原因，借助比例因果关系的理论，认定 A 的死因与交通事故所造成的伤害之间有因果关系，但不是全部，只有 80%。另外 20% 的死因与交通事故所造成的伤害之间没有因果关系。因此判决保险公司应该赔付 80% 的保险金。而剩下的 20% 的请求则予以驳回。对 X 的大部分的请求予以认可，一部分要求不予支持。Y_1 和 Y_2 不服，向高等裁判所提起控诉。

二审裁判所支持了一审裁判所的判决，这是一个运用比例因果关系来

---

① 沙银华著：《日本经典保险判例评释》，法律出版社 2002 年 10 月版，第 111 页。

处理案件的一个比较成功的案例。

七、分摊原则在本案中的适用

对于以上两个案例，一方面，受害人在遭受意外事故之前就患有较为严重的疾病；另一方面，意外事故使其自身疾病加重也是不争的事实。假如受害人在意外事故前并没有严重的疾病，在发生意外事故后，可能仅仅造成皮外伤，不会导致病情的加重，甚至最后导致死亡。相反，假如受害人 A 没有遭遇意外事故，仅仅是自身存在的疾病也还不至于马上导致其死亡。因此，我们认为意外事故和疾病与最终的死亡都存在因果关系，意外事故是导致其疾病加重的诱因，这两个原因不能把他们分割开来，在很多时候，某种损害是由多种原因共同造成的。其中意外事故属于承保风险的情形，自身疾病属于免责事由，如果没有承保风险和除外风险中的任何一个，损失可能都不会发生，两者对于结果的出现都具有不可或缺的作用，不存在"效果"的强弱大小之分。如果采用"全有或全无"的近因原则，在承保风险和除外风险同时存在的案件中，不同的国家或地区对于相同的案件，可能会作出不一样的判决，如何处理被保险人和保险人的利益均衡就成了关键的问题，为了达到两者相对均衡的状态，完全可以认定多个原因同时作用产生了损失，实现利益在双方当事人之间的均摊。鉴于传统近因理论的局限性，同时本案的案情符合比例分摊原则的前提条件，即受害人的死亡是由承保风险和非承保风险等多种原因共同造成的，因此采用比例分摊原则是公平合理合法的。

老人车祸后自杀引发的保险难题[1]

案情简介[2]

2006年12月30日，60多岁的老人汤某被管某所雇司机姜某驾驶的轿车撞倒受了重伤，交警部门认定姜某对事故负有全部责任。2007年1月，老人治疗好转后出院，医生嘱咐休息3个月。3个月后，医生检查发现老人骨折没有痊愈、动脉供血不足，建议再休息3个月。2007年7月，老人因动脉供血不足等原因再次住院治疗，半个月后好转出院。2007年9月21日，老人在家中服毒自杀身亡。

2007年12月25日，老人亲属提起诉讼，认为老人的死亡是由交通事故引起的，要求姜某、管某承担主要责任并赔偿相关费用。

车主和司机则辩称，老人死亡原因是服毒自杀，与车祸受伤没有关系，不应该承担责任。

〔一审判决：车主赔30%〕

2008年3月6日，经当事人申请，某精神卫生中心司法鉴定所调查认为，老人生前存在创伤性事件，且病程超过3个月，已患有创伤后精神应激障碍。

2008年5月15日，原审法院将司法鉴定结论作为定案依据，认为汤某自杀与其患有创伤后应激障碍有一定的因果关系，姜某、管某应当承担相应的责任。但创伤后应激障碍仅是汤某服毒自杀的诱因而非直接死亡原因，姜某与管某对汤某的死亡负有30%的赔偿责任。赔偿原告医疗费、误工费、营养费、交通费3.9万余元；赔偿死亡赔偿金、丧葬费8.3万余元；

---

[1] 王卫国、陈玮芝：《老人车祸后自杀引发的保险难题》，发表在《中国保险》2011年第10期。

[2] 案例来源于：2009年2月6日中央电视台《经济与法》栏目"老人自杀之谜"。

赔偿精神损害抚慰金 6000 元。

〔车主向保险公司追讨理赔款〕

2008 年 6 月 12 日，车主管某提起诉讼称，其对汤某的死亡承担 30% 的赔偿责任，因肇事车辆已经投保，保险公司应支付相应理赔款。保险公司则认为汤某的死亡与交通事故没有相应的联系，是其自杀所造成，对汤某死亡引起的费用不予认可；精神损害抚慰金属免责条款，不予理赔。

法院查明，2006 年 6 月 27 日，车主管某向保险公司投保了第三者责任险，保险金额为 20 万元，保险期限自 2006 年 6 月 28 日起至 2007 年 6 月 27 日止。同时，在保险条款中约定，保险事故引起的任何有关精神损害赔偿，保险人不负责赔偿。法院审理认为，管某与保险公司签订的保险合同合法有效，双方均应按约履行义务，保险公司应依照保险合同的约定予以赔偿。因本次交通事故造成给汤某亲属的各项损失，已被发生法律效力的民事判决确认，具有既判力。保险公司虽对其中的丧葬费等有异议，但没有提供相反的证据足以推翻生效民事判决所确认的事实。同时认为，根据双方的保险条款约定，精神损害抚慰金属责任免除范围，不属保险责任范围，保险公司不予赔偿。宣判后，保险公司对判决不服并提起上诉。

〔终审判决：保险公司应当承担保险责任〕

某中级人民法院经审理认为，管某与保险公司签订的保险合同合法有效，双方当事人均应按照合同约定严格履行。保险合同明确约定，被保险人或其允许的合格驾驶员在使用保险车辆过程中，致使第三者遭受人身伤亡和财产的直接损毁，依法应当由被保险人支付的保险金额，保险人依照法律法规和保险合同的规定给予赔偿。

同时认为，原审法院生效判决认定汤某服毒自杀与其患创伤后应激障碍具有一定的因果关系，因此交通事故的发生与汤某自杀存在一定的因果关系，管某为此应承担相应的赔偿责任。管某应支付的赔偿金额属于保险条款约定的在保险事故中依法应当由被保险人支付的保险金额，保险公司应当对此承担保险责任。

法理分析

本案例涉及保险近因的认定与适用问题。

一、近因原则的含义

近因原则是保险法的基本原则之一。所谓近因原则是指判断风险事故与保险标的损害之间的因果关系,从而确定保险赔偿责任或给付责任的一项基本原则。近因是指在风险和损害之间,导致损害发生的直接的、有效的、起决定作用的原因,而不是指时间上或空间上最近的原因。人们通常把近因理解为"最直接的因果关系"。

我国《保险法》并没有明确规定该原则,但这并不妨碍保险公司以及法院对因果关系的判断。在保险实务和司法实务中,运用广泛。

二、近因的认定方法

近因的认定方法有顺序法和逆向法。

1. 顺序法

在原因和结果之间,必然存在时间上的顺序性。凡原因现象必然先于结果现象出现。该方法就是按照逻辑推理,从前向后推。即从第一个事件出发,分析判断下一个事件可能是什么;然后再从下一个事件出发,分析判断再下一个事件是什么;如此下去,直至分析到损失为止。如果最初事件是损失发生的第一个原因,则最初事件即是损失的近因。如果最初事件是保险责任范围内的事件,则保险人应当承担赔偿责任。例如工厂因停电而放假,员工决定外出旅游,途中遭遇车祸而死亡。那么,死亡的近因是什么?我们按照事件发生的先后顺序来分析,停电→放假→旅游→车祸→死亡。如果不停电,工厂就不会放假,则员工不会外出旅游,不外出旅游,则不会发生车祸,不发生车祸员工不会死亡。这一连串的事件到底哪一个是近因呢?车祸是近因,其他都是条件。换句话说,停电并不必然导致放假,放假并不必然导致旅游,旅游并不必然导致车祸,但是,车祸导致了死亡。所以,车祸是死亡的直接原因,是近因。

2. 逆向法

该方法从最后的事件出发,按照逻辑顺序,从后往前推。即从分析损失开始,分析引起损失的原因是否是前一事件,如果是,则继续再分析导致前一事件发生的原因,直至最初事件为止。如果最初事件是保险风险所致,则为保险责任范围内的原因,保险人应当承担保险责任。如暴风引起电杆倒塌,电线短路引起火花,火花引燃房屋,从而导致财产受损。这里,暴风→电杆倒塌→火花→房屋燃烧→财产损失这一连串的事件,采用逆向法可以得知,暴风是近因。

三、近因原则的认定规则

虽然我国立法并未明确规定近因原则,但是,在审判实践中却大量运用近因原则处理保险纠纷。具体而言,在单一原因引起的损害结果的情况下,只要判断此原因是否属于保险人的保险责任范围,便能确定保险人的赔偿责任。但在多种原因引发损害结果的情况下,便要区分不同情况判断其近因。

1. 多种原因连续发生致损

所谓连续发生,是指危险事故的发生具有不间断性,且没有新的因素介入。如在 Mardorf v. Accident Ins. Co. 一案中,被保险人下班回家,脱袜子时大拇指甲划破了腿。6 天后,医生告诉他伤口已变为脓毒了。第 10 天他得了败血症,尽管医生做了努力,第 20 天他死于败血症伤寒[①]。本案中,在被保险人身上发生了一系列事件:腿受伤→腿发炎→败血症→感染伤寒→死亡。

多种原因连续发生致损,具体又分为以下情况:

第一,连续发生的原因都是被保风险,保险人承担全部保险责任。假如在财产险中,地震、火灾都属于保险责任,如对地震引起火灾、火灾导致财产损失这样一个因果关系过程,保险人应赔偿损失。

第二,连续发生的多项原因中含有除外风险或未保风险,若前因是被保风险,后因是除外风险或未保风险,且后因是前因的必然结果,保险人负全部保险责任。

例如英国有一个著名的案例:有一艘装载皮革和烟草的船舶,遭遇海难,大量海水浸入船舱,导致皮革腐烂。海水虽未直接接触包装烟草的捆包,但由于腐烂皮革的恶臭,使烟草完全变质。当时被保险人以海难为近因要求保险人全部赔付,但保险人却以烟草包装没有水渍的痕迹为由而拒赔。最后法院判决,本案烟草全损的近因是海难,保险人应负赔偿责任。

第三,连续发生的多项原因中含有除外风险或未保风险,若前因是除外风险或未保风险,后因是承保风险,后因是前因的必然结果,保险人不负保险责任。如:某地发生地震,造成某工厂内火炉翻倒,引发火灾,烧毁财产。保险单保火灾,不保地震。法院判决:火灾不是近因,地震是,保险公司不赔。

2. 多种原因同时发生致损

所谓多种原因同时发生致损,即各原因的发生无先后之分,且对损害结果的形成都有直接与实质性的影响效果,那么原则上它们都是损失的近

---

① Malcolm A. Clarke 著:《保险合同法》,北京大学出版社 2002 年 5 月版,第 691 页。

因。至于是否承担保险责任，可分为两种情况。

一种情况是，多种原因均属被保风险，保险人负责赔偿全部损失。例如洪水和风暴均属保险责任，洪水和风暴同时造成企业财产损失，保险人负责赔偿全部损失。

另一种情况是，在多种原因中，既有被保风险，又有除外责任风险或未保风险，保险人的责任应视损害的可分性如何确定。如果损害是可以划分的，保险人就只负责被保风险所致损失部分的赔偿。

例如，在 Reischer v. Borwick 案中，船只投保了碰撞损失险而未投保海上危险。该船在多瑙河撞到沉树，被撞破后开始下沉。船长勉强将漏洞塞上，如果船停留在静水中再加上抽水机的使用，船可能不会下沉，但由于被拖去修理时受到的额外水压，一个塞子脱了出来，结果水势不可阻挡，船只沉没。上诉法院判决认为，碰撞和海上危险（指海水涌入）都是造成船舶损失的近因，其中，碰撞是承保危险，而海上危险并未在保单中明文排除，保险人应当赔偿①。

3. 多种原因间断发生致损

在一连串发生的原因中，有一项新的独立的原因介入导致损害，且新的独立的原因不是前因直接、必然的结果。若新的独立的原因为被保风险，保险人承担保险责任；反之，保险人不承担保险责任。例如某人投保了意外伤害保险后被车撞倒，造成伤残，并住院治疗，在治疗过程中因感染死亡。由于意外伤害与感染没有内在联系，死亡并非意外伤害的结果。感染是死亡的近因，属于疾病范畴，不包括在意外伤害保险责任范围内，故保险人对被保险人死亡不负保险责任，只对意外伤害伤致残支付了保险金。

4. 表面看是多种原因致损，实际上是一个原因致损

许多案例，表面看好像是两个原因共同作用造成了损失，但实际上是一个原因造成的。

例如一病人因严重肾病住院，昼夜需人护理。因病人还伴有严重肺气肿、哮喘，医生嘱咐护理人员，病人喝水时不能用茶杯直接喝，只能用小勺子舀水往嘴里送，否则易呛水。晚上，夜班护工接班时白天护理家属未将医生嘱咐告诉夜班护工。入夜，病人口渴要水喝，护工用茶杯倒水给病人，病人一喝就呛咳不止，经抢救无效死亡。保险单只保意外事故，不保

---

① Malcolm A. Clarke 著：《保险合同法》，北京大学出版社 2002 年 5 月版，第 686 页。

疾病。有人认为病人死亡是疾病和意外事故共同作用造成的。但实际情况并不是这样。尸检查明：病人死亡与肾病无关，是窒息而死的。这样，死亡就不是两个原因共同作用造成的，而是窒息造成的，呛咳不只是近因，保险公司要赔①。

再如暴风吹坏某仓库屋顶，雨水进入仓库，造成仓库内货物严重毁损。暴风已达到自然灾害等级；雨量并未达到，属正常自然现象。保险单只保自然灾害，不保雨淋。有人认为货物损失是暴风和雨水共同作用造成的。但事实并非如此。仓库屋顶损坏与雨水进入仓库互有因果关系，雨水进入仓库是仓库屋顶受损造成的，但如果没有下雨，也谈不上雨水进入仓库。"屋漏"和"下雨"两者缺一不可。正所谓"屋漏偏逢雨"。但是，"屋漏"和"下雨"共同作用，一下子还导致不了货损，中间有一个雨水进入仓库的环节。"屋漏"和"下雨"共同作用，造成雨水进入仓库；雨水进入仓库，再造成货物损失，雨水进入仓库是近因，保险公司不赔。

四、近因原则的新发展

传统的因果关系理论主张对因果关系进行判定，只有两种可能，就是"有"因果关系，还是"没有"因果关系，不主张可能有第三种结论。这种判断方法存在着明显缺陷，因为因果关系理论本身就很复杂，加之社会生活千变万化，所以，简单地用"有"因果关系，还是"没有"因果关系来判定是不合理的，对保险合同当事人也是不公平的。应该具体问题具体分析，结合不同案情进行分析判断。

1. 比例因果关系的运用

近年来，日本等国家的司法实践还发展出了比例因果关系学说。所谓比例因果关系说，是指在判断承保危险与承保损失之间是否具有因果关系上，不采用"有"还是"没有"的做法，而是根据事实关系判断在具体的事件中，承保危险对承保损失之发生在原因力上占有多大比例，并根据该比例来决定保险公司的保险赔偿责任。

下面我们通过一个判例来研究什么是比例因果关系②。

A（受害者）驾驶的两轮摩托车在进入一个弯道口时，遇到 Y_1（加害者，被告）驾驶的装有货物的卡车从正面疾驶而来。由于 Y_1 在进入弯道

---

① 此案例来源于朱新才：《保险近因原则初探》，《上海保险》2006 年 2 期。
② 沙银华著：《日本经典保险判例评释》，法律出版社 2002 年 10 月版，第 111 页。

时车速过快，抢入对方行驶的车道，撞上正常行驶中的 A。

A 在事故中身受重伤，经抢救脱险。但是，腿部遭到重创，腰部的肌肉受到损伤，这些伤害直接引起了急性肾功能衰竭。接着，由于大腿的肌肉坏死引起的感染无法控制，被迫截肢以求保命。

由于 A 在遇到交通事故之前，患有严重的肝功能不全的疾病，因此，遇车祸后，原病各项指标急速上升。A 在饱受车祸带来的痛苦和原疾病并发的情况下，在事故发生一年半后死亡。

X（A 的家属，原告）向 Y_2（保险公司，被告）提出要求支付保险金的请求。保险公司以 A 的死因是源于肝脏病，死因与交通事故造成的伤害之间没有直接的因果关系为由拒绝支付保险金。X 以 Y_1 和 Y_2 为被告向地方裁判所提起诉讼。

关于 A 的死因和交通事故所造成的伤害之间有无因果关系，成为本案原、被告之间争论的焦点。由于本案的事实关系错综复杂，因为，A 是由于上消化道出血、肺炎、肾脏、肝脏、心脏功能衰竭、败血症等并发最后导致死亡，所以从医学角度也比较难以作出十分权威的结论。

裁判所对上述事实进行了分析：第一，由于右腿开放性骨折造成了 A 的右下肢血流不畅，导致败血症的感染，形成肌肉坏死。为了保全生命而进行了截肢，但是，手术后并没有阻止败血症的进一步感染，导致死亡。第二，肝脏功能不全的加重，GTO 指标的急增是由于右腿肌肉坏死导致败血症感染而致。第三，由于 Y 无法证实 A 的死亡是直接源于肝脏疾病，但是不排除加速死亡的可能性。

裁判所从主要病因着手，从中找到主要原因和次要原因，借助比例因果关系的理论，认定 A 的死因与交通事故所造成的伤害之间有因果关系，但不是全部，只有 80%。另外 20% 的死因与交通事故所造成的伤害之间没有因果关系。因此判决保险公司应该赔付 80% 的保险金。而剩下的 20% 的请求则予以驳回。

对 X 的大部分的请求予以认可，一部分要求不予支持。

Y_1 和 Y_2 不服，向高等裁判所提起控诉。

二审裁判所支持了一审裁判所的判决。

这是一个运用比例因果关系来处理案件的一个比较成功的事例，如何正确运用因果关系的理论来处理实际生活中发生保险事件，是一个值得我们思考的问题。

2. 原因力理论在认定因果关系中的作用

在多因一果或多因多果因果关系形态的侵权案件中，数人的行为不结合为一个整体的原因引起损害结果的发生,而是数人的行为分别对损害结果的发生起不同程度的作用。各行为对损害结果所起作用大小不同,其"原因力"就不一样。原因力是指在引起同一损害结果的数个原因中,每个原因对于该损害结果发生或扩大所发挥的作用力[①]。

原因力理论适用于多因情况下各行为人侵权责任份额的承担或赔偿义务人与受害人之间对损害后果的分担。一般说来,其行为原因力大的,承担更多份额的赔偿份额,反之则承担较少份额的赔偿份额。

日本通过判例提出的"比例因果关系"就是这一理论在保险法中的运用。我们认为,原因力理论可以作为判断近因的补充方法,以弥补传统方法的不足。

五、法院创造性地运用了"比例因果关系"原则

在保险实务中,保险公司对近因的适用遵守这样一种思维惯式,要么赔,要么不赔。两者选其一,不存在按照比例进行赔偿的做法。这种做法对保险公司是有利无害的。因为如果按照"比例因果关系",保险公司或多或少要进行赔偿。但是,采用最直接、最有效、起决定作用的原因的方法进行判断,就可以不赔。拿本案来说,汤某死亡的最直接原因是自杀,不是车祸。所以,保险公司不予赔付的说法是能够成立的。

但是,在本案中,法院创造性地运用了"比例因果关系"原则,打破了保险业垄断多年的近因原则理论。这种做法开创了"比例因果关系"原则的先河,具有重大的理论和实践意义。虽然我们国家不属于判例法国家,但是,该判例具有示范作用,其理念完全可以推广使用。

当然,在本案中让司机和车主承担30%的赔偿责任,最终还是由保险公司承担了,30%的比例是否合适还是值得探讨的。虽然车祸导致这位老人患精神障碍而选择自杀,但本案有极特殊的地方。一般人患精神障碍,6个月时间就会痊愈,而本案中的老人9个月仍然没有治好,这个因素应该考虑进去。另外,当车祸发生后,司机和车主马上垫付了治疗费,还到医院看望老人,配合老人的治疗,可以说已经做得非常到位了,没有做任何引起老人及家属不满的事情,这也可以适当减轻责任。综上所述,笔者认为,让司机和车主承担10%—20%的责任是合适的。

---

① 张新宝著:《中国侵权行为法》,中国社会科学出版社1998年第2版,第473页。

医疗费用保险赔偿是否适用损失补偿原则[①]

案情简介

【案例一】2004年12月8日,某中学校门附近,一辆出租车撞上了初一女生李某,女孩左脚粉碎性骨折。此后,李某在某医院住院治疗78天,花了25071元医疗费。经交警队认定:肇事司机承担事故95%责任,肇事司机随即支付了23818元医药费。

在车祸发生前的2004年9月28日,李某的母亲给她买了一份学生幼儿平安保险,其中意外伤害金5000元,意外医疗金5000元,住院医疗金60000元,保险期限为一年。

关于李某的这份保险,李某母亲和保险公司的判断迥然不同。李某母亲认为,学生幼儿平安保险属于人身保险。事故处理完后,李某母亲找到保险公司理赔,要求根据保险合同支付意外伤害金5000元和住院医疗金16002元。

保险公司则拒绝赔付,理由是:学生幼儿平安保险以及附加住院医疗险、附加意外伤害医疗险都属于医疗保险合同,具有补偿性的特征,适用损害填补的原则。保险公司只赔偿李某的实际损失,而且以不超过保险金额为限。因此,李某花了25071元医疗费,肇事司机已经赔偿了23818元,李某实际支付的医疗费是1253元。保险公司只同意将1253元纳入理赔计算范围。

双方争论不休,李某母亲一纸诉状将保险公司告上法庭,要求保险公司承担全部赔付责任。

【案例二】2000年3月7日,李某与湖北省襄樊市襄城区某保险公司签订了一份人身保险合同,主险为某保险公司《康泰终身保险》,附加险

[①] 王卫国、黎建飞:《医疗费用保险赔偿是否适用损失补偿原则》,发表在《中国保险报》,2008年8月18日。

为《住院医疗、安心、意外伤害及意外医疗》，年保费为2700余元。2001年、2002年原告均按时办理了续保手续，交纳了保险费，合同有效期至2003年3月7日。2003年2月12日，李某因上呼吸道感染住院，花去医疗费1800余元，原告以现金支付979元，社会医疗统筹支付824元。出院后原告要求保险公司按照保险合同给付保险金。3月19日，某保险公司进行了理赔，但在理赔款中减去了"医保"支付的824元，其理由是该笔费用不是原告实际支付的。为此，双方发生纠纷，诉至法院。

争议焦点

商业医疗费用报销型保险是否适用损失补偿原则？

评析

商业医疗费用报销型保险是否具有补偿性质，在理论界和实务界存在两种观点：

一种观点主张适用损失补偿原则，即保险公司仅对社会保险机构报销后或第三者承担赔偿责任后剩余的费用承担给付保险金责任。

另一种观点主张不能适用损失补偿原则，保险公司对社会保险机构可报销的费用和第三者承担赔偿责任的部分也不能免责。

我们认为商业医疗费用报销型保险不应当适用损失补偿原则。理由如下：

一、从法律规定来看

（一）从我国现行《保险法》的规定来看，财产保险合同属于补偿性合同，适用损失补偿原则

损失补偿原则派生出重复保险和代位求偿权两个原则，《保险法》第五十六条规定了重复保险制度，第六十条规定了代位求偿制度。这两项制度都规定在第三章财产保险合同中，从体系解释的角度讲，财产保险是适用损失补偿原则的。

《保险法》第六十条规定："因第三者对保险标的的损害而造成保险事故的，保险人自向被保险人赔偿保险金之日起，在赔偿金额范围内代位行使被保险人对第三者请求赔偿的权利。前款规定的保险事故发生后，被保险人已经从第三者取得损害赔偿的，保险人赔偿保险金时，可以相应扣减被保险人从第三者已取得的赔偿金额。保险人依照本条第一款规定行使代位请求赔偿的权利，不影响被保险人就未取得赔偿的部分向第三者请求赔偿的权利。"

《保险法》第六十一条规定："保险事故发生后，保险人未赔偿保险金之前，被保险人放弃对第三者请求赔偿的权利的，保险人不承担赔偿保险金的责任。保险人向被保险人赔偿保险金后，被保险人未经保险人同意放弃对第三者请求赔偿的权利的，该行为无效。被保险人故意或者因重大过失致使保险人不能行使代位请求赔偿的权利的，保险人可以扣减或者要求返还相应的保险金。"

（二）而人身保险合同，包括人寿保险、意外伤害保险和健康保险等保险业务，属于定额保险合同，不适用损失补偿原则

从我国《保险法》的现行规定来看，保险代位权不适用于人身保险合同。对于这一点，从我国《保险法》第四十六条的规定中可以得到证明。

《保险法》第四十六条规定："人身保险的被保险人因第三者的行为而发生死亡、伤残或者疾病等保险事故的，保险人向被保险人或者受益人给付保险金后，不得享有向第三者追偿的权利。但被保险人或者受益人仍有权向第三者请求赔偿。"该条但书部分"被保险人或受益人仍有权追偿"的规定，强化了被保险人和受益人享有的对第三者的追偿权，使被保险人或受益人享有的向第三者的追偿权更加明确。

二、从相关部门的规定来看

第一，中国保监会在 2001 年 7 月 25 日曾下发过《关于商业医疗保险是否适用补偿原则的复函》，在该复函中指出：根据《保险法》第十七条规定"对保险合同中免除保险人责任的条款，保险人在订立合同时应当在投保单、保险单或者其他保险凭证上作出足以引起投保人注意的提示，并对该条款的内容以书面或者口头形式向投保人作出明确说明；未作提示或者明确说明的，该条款不产生效力。""对于条款中没有明确说明不赔的保险责任，保险公司应当赔偿"。

从中国保监会的复函中明确看出，中国保监会的观点是：如果保险合同中没有明确规定什么情况下保险公司可以不赔，保险公司都应当承担赔偿责任。

第二，2007 年 3 月 12 日，北京市高级人民法院通过了《审理民商事案件若干问题的解答之五（试行）》，在第五部分保险法律制度中的实务问题中，明确"人身保险所属的健康保险、意外伤害保险中关于医疗费用的保险，不适用补偿原则。保险合同另有约定的除外。"也就是说，除保险合同另有约定的以外，今后北京地区法院审理的医疗费用保险纠纷案件，均应当遵照该解答的规定，不再适用损失补偿原则。

我们认为，北京市高院上述解答的出台，不仅是对投保人和被保险人利益的最大保护，而且说明了法律对保险合同关系的一种有效保护。投保人和被保险人购买商业医疗保险是一种纯商业行为，与保险公司建立的是一种合同法律关系，保险公司作为格式条款的提供方，应当在合同中对免除自身责任的条款作出明确规定，并依法履行明确说明义务，否则该条款对投保人或被保险人不产生法律效力。

三、从保险合同的性质来看

被保险人参加的社会医疗保险（医保）是国家强制性保险，而其购买的健康保险是一种商业保险合同关系，两者的法律性质是不同的。

根据《国务院关于建立城镇职工基本医疗保险制度的决定》规定，基本医疗费用由用人单位和职工共同缴纳。用人单位缴费比例为在职职工工资总额的7.5%，职工缴费比例为本人工资收入的2%。随着经济发展，用人单位和职工缴费比例可作相应调整。由此可见，参保人员因疾病住院后，社会保险机构为其支付的医疗费用，是参保职工在履行了相应的义务后才享有的权利。

根据权利义务相一致原则，在交纳了保险费之后，被保险人和保险公司之间形成商业保险合同关系。一旦发生医疗费用，被保险人就有权利要求保险公司承担给付义务。另外，医疗保险属于人身保险中的健康保险，人身保险在法律上是不禁止重复保险的。所以，保险公司不能以被保险人享受了社会保险中的权利而减轻或不履行其在商业保险中应尽的义务，更不能以此来免除其应承担的保险责任。

四、关于不利解释原则的适用问题

关于保险合同中约定的只赔偿实际损失的条款，争议双方的理解是不同的。保险公司认为，社会医疗保险基金支付的费用并非原告实际支出的费用，故该部分不属理赔范围，应当在理赔时扣除，即全部医疗支出减去医保报销的部分，剩下的部分才属于实际损失；而理赔申请方则认为医保支付的费用是实际支出的费用。由于保险公司在签订合同时没有明确说明实际损失的确切含义，所以在这种情况下，适用《保险法》第三十条的规定，作出不利于保险公司的解释。故对实际支出的合理费用条款，应当理解为被保险人住院花费的全部医疗费用，包括自费部分和统筹医疗费用部分。我们认为理赔申请方的观点是正确的。

五、关于原始报销凭证的问题

有些医疗保险条款规定，被保险人在申请医疗保险金时，必须提供医疗费用原始单据，如果不能提供原始单据，就不能符合保险合同约定的保险金给付条件，保险公司有权不予赔付。我们认为，保险条款约定理赔所需的医疗费用原始凭证是为了证明支出医疗费的真实性和确凿性，只起证据作用。如果其他凭证或原件线索亦能足以证明保险事故发生和损失程度的真实性和确凿性，如医院、交警等相关部门的证明足以证实该医疗费用的真实性，那么保险公司就不能拒绝赔付。

需要说明的是，如果一味地强调原始凭证的话，那么，被保险人首先找保险公司索赔，那么保险公司就没有任何理由拒绝了。这种做法影响到投保人的热情，长此以往，对保险公司的信誉是不利的。保险公司应该考虑到这一点。

六、关于享受医保和不享受医保的区分问题

如果按照保险公司的说法，对参加了医保的索赔申请人保险公司不赔，对没有参加医保的申请人保险公司才会赔付。这就造成申请人在保险公司享受的待遇是不一样的，显然违反了民法的公平原则。所以，该规定是无效的。

需要强调的是，按照保险公司的逻辑，参加了医保的就不予赔付的，我想这样的保险对参加医保的人来讲，就失去了意义，又有谁还再购买这样的保险呢？

七、《司法解释》（三）的规定

最高人民法院关于适用《〈中华人民共和国保险法〉若干问题的解释（三）》（简称《司法解释》（三））第十八条规定："保险人给付费用补偿型的医疗费用保险金时，主张扣减被保险人从公费医疗或者社会医疗保险取得的赔偿金额的，应当证明该保险产品在厘定医疗费用保险费率时已经将公费医疗或者社会医疗保险部分相应扣除，并按照扣减后的标准收取保险费。"

根据上述规定，我们认为，定额给付型医疗保险不适用损失补偿原

则。保险人给付费用补偿型的医疗费用保险金时，主张扣减被保险人从公费医疗或者社会医疗保险取得的赔偿金额的，应当证明该保险产品在厘定医疗费用保险费率时已经将公费医疗或者社会医疗保险部分相应扣除，并按照扣减后的标准收取保险费。如果该保险产品开发设计时扣除了公费医疗或社会医疗保险部分，但实际上是按照未扣除的保险产品的费率收取保险费，则存在销售误导的可能性，保险人的主张不能得到支持。

维修费高于车辆实际价值如何理赔

案情简介

【案例一】消费者林女士的小轿车与大货车剐蹭,大货车全责,修车花费 3.6 万元,肇事车辆投保的保险公司却以修车费高于车辆实际价值为由不同意理赔修车费,仅同意按照 2 万元的车辆评估价值理赔。故林女士诉至法院要求肇事车辆所在公司和保险公司支付修车费。某法院二审判决保险公司支付 3.6 万元修车费。

【案例二】魏某为其所有的小轿车向某保险公司投保车辆损失险,保险金额人民币 75978 元。在保险期限内,魏某的投保车发生交通事故致使车辆受损。事故发生后,魏某报警同时向保险公司报险,事故经交警部门认定,魏某负全部责任。事后,魏某委托某物价局价格认证中心对该车的损失价格进行鉴定,鉴定结论是:该车换件及维修的损失价格为人民币 46004 元,而保险公司委托某鉴定评估公司进行评估,鉴定结论为该车出险时的市场价值为人民币 37630 元。魏某要求保险公司按维修价格 46004 元进行理赔,保险公司拒赔,遂诉至法院。法院判决支持保险公司的主张。

争议焦点

发生事故后,车辆维修费高于车辆实际价值如何理赔?

观点之争

第一种意见认为:根据《中华人民共和国侵权责任法》(以下简称《侵权责任法》)第六条规定:"行为人因过错侵害他人民事权益,应当承担侵权责任。"第十五条规定:"承担侵权责任的方式有:(四)返还财产;(五)恢复原状;(六)赔偿损失。"林某和魏某在其财产遭受损害后,有权要求保险公司承担恢复原状的全部费用。因此,修理费用应该得到全额赔偿。

第二种意见认为:根据《侵权责任法》第十九条规定:"侵害他人财

产的，财产损失按照损失发生时的市场价格或者其他方式计算。"《保险法》第五十五条规定："投保人和保险人约定保险标的的保险价值并在合同中载明的，保险标的发生损失时，以约定的保险价值为赔偿计算标准。投保人和保险人未约定保险标的的保险价值的，保险标的发生损失时，以保险事故发生时保险标的的实际价值为赔偿计算标准。保险金额不得超过保险价值。超过保险价值的，超过部分无效，保险人应当退还相应的保险费。"由于车险是不定值保险，根据上述规定，保险公司应以事故发生时车辆的实际价值为限承担赔偿责任。

法理分析

案例一涉及商业三者险的赔偿问题，案例二涉及车辆损失险的赔偿问题。

一、损失补偿原则的含义和适用条件

损失补偿原则是指保险合同生效后，如果发生保险责任范围内的损失，被保险人有权按照合同的约定，获得全面、充分的赔偿。该原则体现了保险的经济补偿职能。

被保险人请求损失补偿的条件是：

1. 只有投保人或被保险人发生了实际损害，保险人才予以补偿。

2. 保险人仅补偿实际损害。实际损失是根据损失财产的实际价值来确定的，而财产的价值与市价有关，所以实际损失的确定通常要根据损失时财产的市价（定值保险和重置价值保险例外）。例如，某幢建筑物按实际价值100万元投保，因火灾遭受全损，损失时市场房价跌落，该建筑物的市价为80万元，则保险人只能按市价，即实际损失赔偿被保险人80万元。

3. 补偿额受保险金额的限制。保险金额是保险人承担赔偿责任的最高限额，所以保险赔偿不能超过保险金额，只能低于或等于保险金额。如某幢建筑物按实际价值100万元投保，因火灾遭受全损，假设损失当时市场房价上涨，该建筑物的市价是120万元，这时虽然被保险人的实际损失是120万元，但由于保险金额是100万元，所以，保险人只能以保险金额为限，赔付100万元。

二、车险中保险金额的确定

《中国保险行业协会机动车综合商业保险示范条款》（2014版）第十二条中关于保险金额的确定是这样描述的："保险金额按投保时被保险机

动车的实际价值确定。投保时被保险机动车的实际价值由投保人与保险人根据投保时的新车购置价减去折旧金额后的价格协商确定或其他市场公允价值协商确定。折旧金额可根据本保险合同列明的参考折旧系数表确定。"

按照上述规定，案例二中存在高保低赔的嫌疑，投保时保险金额 7.5 万元，出险时价值 3.7 万元，车辆价值在一年内折旧不可能变化这么大。因为涉及车辆损失险，所以，投保时的保险金额应该就是机动车的实际价值。但对于案例一则不同，因为涉及第三者责任险，所以，车辆的实际价值只能是事故发生之前的价值。

三、维修费高于车辆实际价值的处理

《最高人民法院关于审理道路交通事故损害赔偿案件适用法律若干问题的解释》第十五条规定："因道路交通事故造成下列财产损失，当事人请求侵权人赔偿的，人民法院应予支持：（一）维修被损坏车辆所支出的费用、车辆所载物品的损失、车辆施救费用；（二）因车辆灭失或者无法修复，为购买交通事故发生时与被损坏车辆价值相当的车辆重置费用。"

案例一和案例二都不存在无法修复的问题，只能对受损车辆进行修复。那么，维修费将不可避免。而本文讨论的问题是，当修理费高于车辆的实际价值时，应如何处理？

1. 维修和评估机构谁来确定

如果由争议一方确定，另一方肯定不予认可。为避免纠纷，先由双方协商一致，确定维修和评估机构。如果达不成一致意见，由法院从有资质的评估机构中随机选定，双方必须认可评估的结果。

2. 维修费的标准谁来定

这在司法实践中也是一个争议较大的问题。争论焦点主要集中在究竟应当以保险公司核定的损失为标准，还是以受害人实际支付的修理费为标准，还是依据其他标准。

司法实践中则主要有三种不同的做法：一是以受害人实际支出的修理费为标准。二是以保险公司核定并经受害人确定的损失金额为准。三是以有关部门的鉴定结论为准。

对于司法实践的上述做法，我们认为，由于肇事车辆的保险公司本身就是赔偿义务人，不排除其在定损时故意降低金额以减少其赔偿责任的可能性，因此，对于保险公司单独核定的损失不能作为修理费赔偿的标准。但如果仅仅依受害人实际支出的维修费作为赔偿标准的话，则因受害人有

可能过度修理而扩大损失金额，也难谓妥当。故较为合理的做法是，在保险公司的定损经过了受害人同意的情形下，则原则上应以定损金额为准。如果无法认定损失金额，或者双方分歧较大时，则应当以有关部门的鉴定报告所认定的损失金额为准。

3. 维修费太高怎么办

根据《保险法》第五十五条的规定以及损失补偿原则的精神，维修费应限制在合理的范围内。如果维修费高于车辆的实际价值，将给加害人造成不合理的负担，法院不应支持。在案例一中，车辆的实际价值是 2 万元，而维修费是 3.6 万元。假如对车辆实际价值的评估是合理的，那么，保险公司只需赔偿 2 万元即可。所以，法院的判决值得商榷。

在案例二中，涉及车辆损失险。现行的车损险条款规定，保险金额按投保时被保险机动车的实际价值确定。如果严格执行的话，车辆的价值不会差距巨大。因为车损险是一年一保，车辆存在折旧的问题，价值往往比较容易确定。法院判决支持保险公司的主张，我们认为是正确的。

四、对恢复原状的理解

车辆发生事故后，如果没有达到完全报废的程度，往往对车辆进行修复，就会产生维修费的问题。如果是单方事故，维修费低，保险公司可以全权负责，免去了车主的辛劳。待车辆修好后，去维修店提车即可。这是比较理想的状态。

当发生重大事故，维修费用高昂，涉及多方主体时，问题往往复杂起来。假定一辆新车出险，修理费用容易确定，车辆的价值容易确定，保险赔偿往往不会出现纠纷。如果是一辆旧车，开了 5 年的车、开了 7 年的车、开了 9 年的车，一旦遇到维修问题，往往矛盾很大。这类问题的处理非常棘手。

为了说明问题，我们假定下面这种情况：

一辆使用 5 年的车辆发生交通事故，对方全责。发动机严重受损，需要更换发动机。此时，人们会毫不犹豫地认为，更换的发动机肯定是新发动机。没有人会认为找一个同样使用了 5 年的同型号发动机更换一下就可以了。那么问题就出来了。发生交通事故造成车辆受损后，法律支持恢复原状即可。但是，恢复原状的含义是恢复到车辆没有发生事故时的状态，也就是说，找一个同样使用了 5 年的同型号发动机换上就等于恢复原状了，那为什么要求加害人必须承担更换新发动机的责任呢？这种要求合理吗？

恢复原状到底指将车辆恢复到发生事故前的状态（性能），还是哪个零件损坏更换哪个零件？是更换新的零件还是更换与损坏之前同品质的零件？这些问题没有明确的说法。大多数情况下，人们想到的是换新配件，不会想到更换一个旧的、但仍然能够使用，并能保证安全使用的配件。

上述做法加重了责任方的负担，违反了公平原则，是不合理的。如果案件进入司法程序，法院应该贯彻损失补偿原则的精神和公平原则的精神，公正的作出裁判，不应加重保险公司或责任方的负担。结合上面的例子，我们认为，如果更换新发动机，那么对差价部分（新旧发动机之间的差价）由车主（受益方）承担。

车辆维修费高于车辆实际价值的部分，保险公司不予赔偿。

第二部分

人身保险合同专题

正确理解意外伤害的含义[1]

——从一起保险合同纠纷谈起

案情简介[2]

2003年1月5日，甲趁乙（甲的情人）的丈夫外出工作不在家之机，来到乙家与其约会，没想到乙的丈夫在这时却回家来了，甲为了不让乙的丈夫发现，当即选择从三楼窗口跳下离开。结果被摔死。经查，甲的单位曾为职工统一购买了人身意外伤害保险，保险金额为5万元人民币。甲妻于是以受益人的身份，向保险公司提出索赔，但遭到保险公司的拒绝。甲妻向法院提起诉讼，请求法院判决保险公司给付保险金5万元。

〔对本案的不同意见〕

甲妻认为，根据现场勘查可以看出，其丈夫的本意是想从三楼跳到二楼平台，然后再由二楼平台跳到地面，但是当甲跳到二楼平台时，没有站稳，摔到地上，头先着地而死，应属意外，属于保险公司的承保范围，应该赔偿。

保险公司认为，在保险合同中对意外有一个很明确的解释，意外事故是指突然的、外来的、非本意的、非疾病的伤害事故。这四点必须同时具备才能符合意外伤害的赔付条件。甲是从三楼的窗口往下跳致死的，是他主观自愿的，是故意的，不符合保险条款中"非本意"这一点。由于事故的发生不是意外，所以保险公司不应赔付。

法院认为：甲与保险公司签订的是人身意外伤害保险合同。根据双方签订的保险条款，甲的行为不属于保险事故，因此，保险公司拒绝赔偿符合法律规定。

---

[1] 王卫国、凌湄：《正确理解意外伤害的含义》，发表在《保险研究》2005年第2期。
[2] 本案例来源于中央电视台《今日说法》栏目播出的节目"意外之争"。

本案评析

本案涉及意外伤害保险合同的构成要素以及近因原则的运用问题。

意外伤害保险，简称"意外险"，是人身保险制度的一种。它是指在保险效力期间内，被保险人由于外来的、突发的、剧烈的意外事故造成身体的伤害，并致使被保险人死亡、残疾或需就医治疗，由保险人按照合同规定给付死亡保险金、残疾保险金或医疗保险金的一种保险。要深入理解意外伤害保险，首先必须掌握意外伤害的内涵。

意外伤害，是指在被保险人没有预见到或与意愿相左的情况下，突然发生的外来侵害对被保险人的身体明显、剧烈地造成损伤的客观事实。意外伤害的构成包括意外和伤害两个必要条件，缺一不可。所谓伤害，是指被保险人身体遭受外来事故的侵害发生了损失、损伤的客观事实；所谓意外，是指被保险人主观上没有预见到会发生致伤的事故或是虽然预计到灾害的发生，但由于各种约束、限制不得不接受与自己本来的主观意愿——回避外来侵害相反的现实结果。意外伤害强调两个方面，仅有主观上的意外而无伤害的客观事实，有惊无险，不能构成意外伤害，反之，有伤害的客观事实发生而无主观上的意外支持，只能是"必然伤害"或是"故意伤害"，与所说的"意外伤害"仍有差距。因此在表述意外伤害的含义时必须同时反映主观和客观两个方面，避免理解上的偏差和实际工作中的失误。

意外伤害的构成要件是：

（一）伤害必须是人体的伤害

意外伤害中，意外伤害对象是被保险人的身体。这里的身体，是指人的天然躯体。意外伤害所伤害的就是这种人的天然躯体，如撞车折断手臂，操纵机械损伤右脚等。人工装置以代替人体功能的假肢、假眼、假牙等，不是人身天然躯体的组成部分，不能作意外伤害保险合同的保险对象。

（二）伤害是意外事故所致

所谓意外事故是指外来的剧烈的突然发生的事故。只有同时具备"非本意"、"外来"、"偶然性"或"突然性"三个条件，才能构成保险事故。

1. 非本意

它是指意外事件的发生非被保险人的主观愿望，也不是被保险人所能预见的。

例如,一架正常航行的飞机因机械失灵坠毁发生空难,这种结果违背乘客乘坐飞机的主观愿望,也不是乘客在搭乘飞机时能够预见的,故属于意外事件。特别是有的意外事件,尽管本人能够预见到事件将要发生,也可以采取防范措施加以避免,但基于法律的规定或恪守职业道德不能躲避。例如一家银行职工面对持刀抢钱的歹徒为保护国家财产挺身而出与歹徒搏斗受伤,仍属于意外事件导致的伤害。

"非本意"一词是指当事人的心理状态而言,而人的内心世界微妙复杂、瞬息万变,这也是纠纷中争论最炽的一个焦点。所谓本意,应理解为两个方面:一方面是当事人希望某一事件的发生,或说追求某一目的的达成;另一方面,当事人预见到了或应当预见到了某一结果的发生,仍然放任、不去阻止此种结果的发生。前一方面可视为当事人对损失结果的主动行为而少有争议,对后一方面的确定标准则多有口角。有专家认为,当事人应当预见损失后果而其因疏忽大意、过于轻信而未能预见的,仍应排除在意外事故范围之外。

2. 所谓"外来"是指伤害纯系由被保险人人身外部的因素作用所致

如被保险人因交通事故致伤、不慎落水致死、遭雷击而致残、蛇咬而致死以及煤气中毒等等即是。如果伤害由自身疾病而起,如因贫血而跌倒致伤,则不属意外事故,而为健康原因。

3. 所谓"偶然性"是相对于必然性而言的

在通常情况下不会发生的事件称为偶然性事件,正因为通常情况下不发生,所以才无法预见。必然性事件或几乎是必然的事件,被保险人就应该能够预见,而且可以防备,不属于意外事件。比如被保险人在城市中被狂犬咬伤和被蚊虫叮咬就是两种不同性质的事件,在城市中被疯狗咬伤一般是少见的、偶然发生的事件,被保险人事先无法预见,属于意外伤害;而在一定地区、一定季节被蚊虫叮咬几乎是必然发生的事件,被保险人理应预见的到,则不属于意外事件。又比如某地区夏季持续高温,中暑事件经常发生,那么就算不上什么意外;但如果某地区本来是避暑胜地,但这一年气温与历年同期气温有明显差异,过高的气温导致了被保险人中暑,因为是被保险人根据一般常识无法预见的偶然事件,所以后者属于意外事件。

所谓"突然性"是指事件的发生对被保险人来讲,来不及预防,即指事件发生的原因和结果之间仅具有直接瞬间的关系。例如爆炸、飞机失事、空中坠落物等引起的人身伤亡均属于意外。但在生产劳动中发生的铅中毒和矽肺，尽管也属于非本意、外来的因素所造成的，但由于上述两种情况均属于长期接触有毒物质而形成的职业病，结果和原因之间不具有瞬时联系，故不属于意外事件。

（三）伤害是非故意诱发的

意外伤害保险中强调所承保的意外伤害是偶然的、突然发生的意外事件，是被保险人主观上不曾预见或违背其主观意愿而发生的身体上的伤害事实。其实质是要杜绝被保险人故意伤害自己、有意诱发意外或是用保险有效期以外的意外伤害来欺骗保险人的行为发生。

故意自我伤害是指被保险人故意使自己的身体遭受伤害，比如自残、自虐行为，这不符合意外伤害的定义，因此也不属于意外伤害的承保范围。故意诱发意外伤害是指伤害的最终发生是由于被保险人的主观意识、主动行为的诱发或推动，比如故意穿得很少在冬季进行户外活动引起冻伤。

但在特殊的情况下，被保险人为了自身利益必须作出某种行为，亦构成意外伤害。如被保险人居住的三层楼房失火，火从二楼向楼上蔓延。被保险人迫不得已从侧边窗户跳下去，造成残疾。从中可以看出，造成被保险人残疾的事故，是被保险人故意跳楼造成的，但被保险人故意跳楼是出于当时形势所迫，在别无选择的情况下采取的求生行为。就其真实意愿来说，是非本意的，也属于不可抗拒的情况造成的，应属于意外事故，保险人应承担意外伤害保险责任，而不能以故意行为或自杀行为为由，拒绝承担意外伤害保险责任。

所谓近因原则，是指判断风险事故与保险标的损害之间的因果关系从而确定保险赔偿责任或给付责任的一项基本原则。近因是指在风险和损害之间，导致损害发生的起直接性、有效性、决定性作用的原因，而不是指时间上或空间上最近的原因。

结合本案，笔者认为，依据保险法近因原则，甲死亡的直接原因是跳楼，结合当时的情况，甲跳楼离开并不是唯一的选择，不符合意外伤害中的"非本意"、"外来性"的特征。此外，甲作为具有完全民事行为能力人，应当预见到从三楼跳下的严重后果，虽然甲的本意不想死，但在本案中，他的行为是一种故意行为。不符合意外伤害保险合同的"意外"的含义，因此保险公司拒绝赔偿是合理合法的。

如果被保险人居住的三层楼房失火，火从二楼向楼上蔓延。被保险人迫不得已从侧边窗户跳下去，造成残疾的话，是否属于意外伤害的承保范围呢？我们认为，由于跳楼是出于当时形势所迫，在别无选择的情况下采取的求生行为，所以就属于意外伤害。那么，这两者之间有什么区别？本书认为区分标准有两点：一是看跳楼是否是唯一的选择；二是看伤害发生的时间、地点、状态是否是一种正常的生活、学习、工作、娱乐状态。本案中，甲到乙家约会，约会地点不属于正常的生活、工作、娱乐场所。

在本案中，保险公司是否把道德层面的因素考虑进去了呢？这是原告方一直怀疑的问题。本书认为，维护公序良俗是民法的基本原则。保险法是民法的特别法，民法的基本原则对保险法是适用的。但依据法理，如果特别法中没有具体规定，那么可以引用一般法中的基本原则判案。但结合本案，由于意外伤害保险对承保范围规定得很具体、很明确，所以无须引用基本原则。

综上所述，笔者认为法院的判决是正确的。

遗嘱变更保险受益人合法有效[①]

一、案例简介

【案例一】[②] 2005年5月,陈先生投保了生死两全人寿保险,投保时,考虑自己大儿子家庭生活困难,便指定其为受益人。2009年初,陈先生患癌症住院,大儿子只是偶尔去医院看望父亲,而小儿子日夜在医院护理,陈先生知道自己不久于人世,考虑到小儿子对自己很孝顺,且尚未成家,就立下遗嘱指定保险受益人为小儿子。陈先生去世后,两个儿子为10万元的保险金发生争议,大儿子认为保险合同已经明确自己是父亲指定的唯一身故受益人,应当由自己来领取保险金;小儿子则认为父亲临终前已立遗嘱将受益人变更为自己,自己才是合法的受益人。但保险公司却将保险金支付给了大儿子,小儿子不服,将保险公司起诉到法院。法院经审理,驳回了小儿子的诉讼请求。

【案例二】[③] 2009年,企业家张某为自己投保终身寿险一份,保额300万元,受益人为儿子张丁。2013年9月张某突然生病住院,想到自己来日不多,多年来也没有给父母多少照顾,于是留下遗言一份,其中提到所买的人寿保险,受益人改为,儿子、妻子、父母,各三分之一分配。不久张某去世,办完丧事后,张某父亲就拿着张某遗言通知保险公司理赔。就在一家人商量保险金的领取与分配的时候,张某妻子向保险公司也发出说明一份,认为张某的遗言属于遗嘱,不符合变更受益人的要求,认为儿子张

[①] 王卫国、赵美颖:《遗嘱变更保险受益人合法有效》,发表在《中国保险报》,2016年4月12日。

[②] 案例来源:潘赞名:《投保人用遗嘱变更保险受益人,法院判无效》,《鲁中晨报》,2011年12月23日。

[③] 案例来源:吴振举:《遗嘱变更保险受益人,能否获得支持的法理分析?》,110法律咨询网,2015年3月27日。

丁是唯一受益人。张某父母则认为，张某生病期间对将来的保险金进行了重新分配，且在遗言中对受益人进行了变更，在通知了保险公司后，保险公司就应按照变更后的受益人支付赔偿金。

二、争议焦点

遗嘱变更保险受益人的法律效力。

三、法理分析

本文讨论的前提是，假如上面两个案子发生在《保险法司法解释三》施行后。

案例一属于在遗嘱中直接把保险受益人变更成另外一个人，案例二属于在原来受益人的基础上追加受益人。

（一）受益人变更的相关规定

1. 《保险法》第十八条第三款规定："受益人是指人身保险合同中由被保险人或者投保人指定的享有保险金请求权的人"。

2. 《保险法》第四十一条规定："被保险人或者投保人可以变更受益人并书面通知保险人。保险人收到变更受益人的书面通知后，应当在保险单或者其他保险凭证上批注或者附贴批单。"

3. 《最高人民法院关于适用〈中华人民共和国保险法〉若干问题的解释（三）》（以下简称《保险法解释三》）第十条规定："投保人或者被保险人变更受益人，当事人主张变更行为自变更意思表示发出时生效的，人民法院应予支持。投保人或者被保险人变更受益人未通知保险人，保险人主张变更对其不发生效力的，人民法院应予支持。投保人变更受益人未经被保险人同意，人民法院应认定变更行为无效。"

（二）受益人变更的性质

学术界通说认为，受益人变更行为的性质是单方民事法律行为。所谓单方民事法律行为，是指无须他方同意，根据当事人一方的意思表示就可以成立的民事法律行为。单方法律行为大体上可以分为两种：一是因行使个人权利而实施的单方行为，而该行为仅仅发生个人的权利变动。如无主物先占、抛弃所有权和其他物权等。二是该行为涉及他人权利的发生、变更或消灭等，如授予代理权、授予处分权、立遗嘱和抛弃继承、委托代理的撤销以及行使解除合同权、选择权、择定权等①。

被保险人变更受益人，无须他人同意。因为保险金请求权是被保险人的固有权利，被保险人变更受益人，实际上是将自己的保险金请求权授予受益人。是一种单方处分自己权利的行为，别人无权干涉。

（三）变更受益人是否须经保险人同意

从保险合同原理来看，变更受益人是被保险人根据其单方意志通过指定或变更受益人处分其保险合同中保险金权益的个人行为，属于私法自治的范畴，不会对保险人的利益产生不利影响，不需要经过保险人同意。另外，保险受益人在此法律行为中是纯获利之人，不需要承担保险合同的义务，因此变更受益人也不需要原受益人同意。所以变更受益人是被保险人单方个人意思的表示，不需要得到保险人或者原受益人的同意。

（四）受益人变更通知保险人的方式

《保险法》第四十一条规定，被保险人或者投保人可以变更受益人并书面通知保险人，这里强调变更方式是书面形式。而《保险法解释三》第十条规定，投保人或者被保险人变更受益人未通知保险人，保险人主张变更对其不发生效力的，人民法院应予支持。可以看出，《保险法解释三》对通知形式作出了变更，即可以采用书面通知，也可以采用口头通知。这种变化能最大限度地保护被保险人的利益，是值得肯定的。

我国台湾地区《保险法》第一百一十一条规定，受益人经指定后，要保人对其保险利益，除声明放弃处分权者外，仍得以契约或遗嘱处分之。也就是说，遗嘱可以变更受益人。

由于遗嘱分为自书遗嘱、代书遗嘱、录音遗嘱、口头遗嘱和公证遗嘱五种，既包括书面形式，也包括口头形式，是符合《保险法解释三》第十条规定的。

（五）受益人变更通知保险人的时间

遗嘱变更受益人后通知保险人的时间，《保险法》也未规定。我们认为，应在理赔前或理赔时提出即可，不应限定为必须在被保险人生前到达

---

① 【德】卡尔·拉伦茨著、邵建东译：《德国民法通论》（下册），法律出版社2003年版，431页。

保险人为条件，只要其生前作出真实的变更的意思表示，自己或由他人代为通知保险公司即可。

当遗言（遗嘱）变更后的受益人（新受益人）持遗嘱或遗言向保险人申领赔偿金时，是否构成通知保险人呢？从《保险法解释三》第十条的规定看，并没有限定为投保人或被保险人，其他人员也可以。只要是根据被保险人的真实意思表示变更受益人，保险人就应该接受，保险人应向变更后的受益人支付保险金。

（六）"保险人批注行为"的性质

保险人的批注行为，应属于保险人应履行的义务，不可作为变更合同（"更换或追加受益人"）的成立条件。

变更受益人属单方法律行为，无需与保险人达成合意，故批注也不应视为变更受益人之生效要件，否则批注就赋予了保险人反对变更受益人的权利。我们认为，保险人在保险单或者其他保险凭证上批注或者附贴批单的行为是为了进一步固化变更受益人的意思表示，以便给付保险金时有据可查，避免在变更受益人问题上发生纠纷，不影响变更受益人行为的生效。故批注与否不影响合同变更（受益人变更）的效力，该批注行为是否完成与变更行为是否成立的效力无关。

（七）遗嘱变更受益人的法律效力

首先，遗嘱变更受益人是对私法自治原则的极大遵从。私法自治是指民事权利和义务关系的设立、变更和消灭，均取决于当事人自己的意思，原则上国家不作干预。私法自治原则在合同中则表现为订立合同的自由、变更和解除合同的自由等。保险合同作为属于私法的领域，应当遵从私法自治原则的要求。因此，被保险人在法律未禁止的前提下以遗嘱的形式变更受益人是应当得到支持的。

其次，遗嘱变更受益人属单方法律行为，保险人不得干涉。变更受益人是被保险人单方法律行为，即变更受益人的权利完全属于被保险人，无需经保险人同意。因此采用遗嘱而不是与保险人协商的方式变更受益人的方式并无不妥。

再次，新受益人持遗嘱请求支付保险金的行为，可视为履行通知义务，符合《保险法》以及《保险法解释三》的规定程序，此外，《保险法》并未规定书面通知的具体形式和时间。从形式上，遗嘱、信件、公证等文件可以视作书面形式,向保险人递交书面遗嘱也应视为书面通知的一种形式。从时间上,只要受益人在保险人给付保险金之前将书面遗嘱送达,变更受益人之行为就应当生效。

四、结论

被保险人在遗嘱中变更受益人应认定其合法有效,新受益人持遗嘱要求保险人支付保险金的行为视为已通知保险人。

受益人身份和姓名不一致，保险公司该不该赔？[1]

案情简介

【案例一】[2]：江苏的石某给自己买了一份人寿保险，受益人是自己的女友钟某。不幸的是，几个月后的 2016 年 9 月石某因事故去世。其死亡符合保险赔偿条件，但保险公司拒绝向钟某理赔，理由是投保人石某虽然指定钟某为受益人，但在保单上注明受益人关系为配偶，可钟某与他并没有领取结婚证，不存在法律意义上的配偶关系。法院经过审理后认定，本案自合同成立至保险事故发生时，被保险人与受益人的事实身份关系并未发生变化，且石某指定受益人为钟某意思比较明确，保险公司理应支付保险赔偿金。

【案例二】郑某与田某原来是夫妻，1999 年 10 月，郑某在某保险公司投保终身寿险，被保险人为田某，未指定受益人。2005 年两人离婚。2014 年 11 月，被保险人田某将保险合同的身故保险金受益人变更为郑某，并注明与被保险人的关系为配偶。2016 年 6 月田某因病死亡，郑某向保险公司申领保险金。保险公司以受益人身份和姓名不一致，认为被保险人指定受益人无效而拒绝赔付保险金。郑某将保险公司告上法庭。最后法院审理后认为，被告以原告不是受益人拒绝赔付保险金，不符合法律规定，该保险公司应按照保险合同约定赔付郑某保险金。

争议焦点

保险合同中受益人身份和姓名不一致，保险公司该不该赔？

---

[1] 王卫国、张城赫：《受益人身份和姓名不一致，保险公司该不该赔？》，发表在《中国保险报》，2017 年 7 月 27 日。

[2] 案例一来源于《今日说法》2017 年 7 月 21 日节目"'丈夫'的保单"。

法理分析

1. 两个案例的异同

相同点：案例一和案例二的案情有较大的相似性，在两个案例中都涉及人身保险合同中受益人身份和受益人姓名不一致的情况，且保险公司都以此为由拒绝赔偿。

不同点：在案例一中，受益人与投保人同时也是被保险人的石某自始至终不存在法律意义上的配偶关系；在案例二中，被保险人与投保人在婚姻关系存续期间购买的保险，但没有指定受益人，解除婚姻关系后，被保险人田某变更投保人郑某为受益人，直至被保险人死亡。

2. 受益人的资格

《保险法》第十八条第三款规定：受益人是指人身保险合同中由被保险人或者投保人指定的享有保险金请求权的人。投保人和被保险人也可以成为受益人。

指定他人为受益人的保险合同在民法上称为第三人利益订立的合同。法律对受益人的资格并没有具体的规定，受益人既可以是自然人，也可以是法人或其他组织；既可以是一人，也可以是数人。受益人是人身保险合同所特有的主体，在保险合同中有着特殊的地位。除保险合同约定的事件发生时有及时通知保险人以及索赔时提供证明和资料的义务外，受益人不承担任何其他义务。

一般来说，受益人必须是享有保险金请求权的人。他并非保险合同当事人，故不负交付保险费的义务。由于受益人的赔偿请求权属于固有权，并非继受而来，因而受益人所应领取的保险金不能作为被保险人的遗产。在案例一中，如果指定受益人的行为有效，保险金应该给付钟女士，石先生的儿子无权分得该笔保险金。

3. 受益人的指定

《保险法》第三十九条规定："人身保险的受益人由被保险人或投保人指定。投保人指定受益人时须经被保险人同意。投保人为与其有劳动关系的劳动者投保人身保险，不得指定被保险人及其近亲属以外的人为受益人。被保险人为无民事行为能力人或者限制民事行为能力人的，可以由其监护人指定受益人。"《保险法》第四十条第一款规定："被保险人或者投保人可以指定一人或者数人为受益人。"《保险法》第四十一条规定："被保险人或者投保人可以变更受益人并书面通知保险人。保险人收到变更受益人的书面通知后，应当在保险单或者其他保险凭证上批注或者附贴批单。投保人变更受益人时须经被保险人同意。"

结合本文两个案例，我们发现有以下几个特点：一是两个合同都属于以生存或死亡为给付条件的人身保险合同，受益人的存在是必要的，如果不指定受益人则保险金由被保险人的法定继承人继承。二是被保险人对指定受益人享有绝对权利。除了法律规定的"无民事行为能力和限制民事行为能力的人"，无论是指定受益人还是变更受益人，被保险人都享有决定权，必须经过其同意。因此，案例一和案例二中被保险人有权指定受益人和变更受益人是毫无疑问的。三是对于谁是受益人，并没有法律上身份的限制。《保险法》中并无任何一条说明，被保险人指定受益人必须是何种关系。无论受益人与被保险人是不是亲属关系，就算是普通朋友关系在法律上也是可行的。因此案例一和案例二的受益人的指定是符合相关法律规定的。四是两个案例中其指定都比较明确，没有使用模糊语言，无论在案例一还是案例二，被保险人均直接写出了受益人的姓名。

4. 受益人身份和姓名不一致，法院该如何处理？

两个案例争论的核心问题是当受益人身份和姓名不一致，法院该如何处理？前面我们谈到根据《保险法》规定，受益人由被保险人或投保人指定。对于谁是受益人，受益人与被保险人或投保人有什么关系，并没有法律上身份的限制。任何一个人，只要你愿意，他都可以被指定为被保险人的受益人。所以在法律层面，指定任何一个受益人都是可以的。

在案例一中，石某指定受益人的时候，既写了女友钟某的名字，又写了一个配偶关系，因此存在一个受益人身份与姓名不匹配的问题，钟某实际上不是石某的配偶。这种情况下如何认定？《最高人民法院关于适用〈中华人民共和国保险法〉若干问题的解释（三）》（以下简称《解释三》）第九条规定："当事人对保险合同约定的受益人存在争议，除投保人、被保险人在保险合同之外另有约定外，按以下情形分别处理：……（三）约定的受益人包括姓名和身份关系，保险事故发生时身份关系发生变化的，认定为未指定受益人。"在本案中保险合同签订时，被保险人石某和受益人钟某是男女朋友关系，没有领取结婚证，不属于配偶关系，直至石某发生保险事故时，他们之间非配偶的身份关系也没有发生改变。也就是说在本案例中受益人身份关系和姓名不一致的情况并不存在，所以就不能适用该法条。那么石某指定受益人钟某的行为是否有效呢？我们认为要看订立合同时的情况，指定郑某是受益人是否是石某当时的真实意思表示。根据案件证据材料可知，石某指定的意图是相当明确的，是怕自己万一有个好夭，也能留下一笔金钱来保障女友钟某的生活。石某在指定受益人的时候没有在意配偶这个身份，他在意的是这个名字。石某属于完全民事行为能力人，他在签订保险合同时，一定知道他与钟某从来没有领过结婚证的事实。他应当知道，他指定的是受益人是钟某这个人，而不是受益人的身份关系是否是配偶。基于以上分析，我们认为指定受益人的行为有效。

在案例二中，保险合同成立并生效的时候，被保险人田某没有指定受益人，此刻郑某和田某还没有离婚。假如保险合同生效后田某病故，没有指定受益人的结果是这笔保险金将作为死者的遗产来分配，领取保险金的应该是法定第一顺序继承人，即父母、配偶、子女。郑某作为其配偶也可以领一部分，这是毫无疑问的。2005年二人离婚后，保险合同仍旧有效。《解释三》第九条规定："当事人对保险合同约定的受益人存在争议，除投保人、被保险人在保险合同之外另有约定外，按以下情形分别处理：……（三）约定的受益人包括姓名和身份关系，保险事故发生时身份关系发生变化的，认定为未指定受益人。"在2014年被保险人田某变更受益人为郑某时，二人早已离婚。2016年田某病故之际，即保险事故发生时郑某与田某仍处于离婚状态。从保险合同的受益人指定和变更为郑某到保险事故发生的时候，他们之间非配偶身份关系没有发生改变。因此，我们可以得知，在这个案例中受益人身份和姓名不一致的情况也不适用于本法条。但是田某变更指定受益人的意图是清晰明了的。当田某在2014年指定前夫郑某为受益人时，他一定也知道二人已经离婚的事实，他们之间并不是配偶关系。因此田某变更保险合同受益人的时候，其本意就是确定受益人为郑某。综上所述，保险公司应该支付保险金。

5. 结论

经过分析我们可以看出，上面两个案例法院的判决都是正确的，符合法律的规定和保险原理。

那么如何理解《解释三》第九条之规定，约定的受益人包括姓名和身份关系，保险事故发生时身份关系发生变化的，认定为未指定受益人。下面这个案例可以适用该法条：A先生与B女士是夫妻关系，A先生给B女士买了一份以死亡为给付保险金条件的人身保险，经过B女士的同意，受益人的名字写的是A先生，受益人身份关系写的配偶。后来二人离婚，则受益人身份关系发生了改变。假设后来B女士死亡，此时则可以适用《解释三》第九条的规定，保险事故发生时受益人身份关系发生变化，视为没有指定受益人，因此A先生就不能得到保险金。

投保人之争[①]

案情简介[②]

2013年3月，李某为其刚结婚不久的妻子廖某通过互联网购买了一份某保险公司300万元的意外伤害保险，被保险人为廖某，受益人为法定受益人。半个月后，保险公司收到变更受益人的申请，并打电话核实确认了廖某同意变更受益人为其丈夫李某。随后李某与周某串通，由周某对廖某实施杀害。李某和周某被抓获后供述了杀人骗保的犯罪事实。事件发生后，廖某父亲陈某请求保险公司赔偿，保险公司以投保人李某故意造成廖某死亡为由拒绝赔偿。陈某遂将保险公司告上法庭，请求判令该保险公司支付300万元保险赔偿金，支付相应的利息，并承担本案诉讼费。

争议焦点

本案争议焦点是投保人的确定。

法理分析

1. 投保人是丈夫还是妻子

本案中丈夫李某通过网络与保险公司进行沟通，根据网络投保流程进行投保并支付了保险费，保险公司根据李某填写的投保信息生成网络电子保单。保单明确记载投保人和被保险人为廖某，受益人为法定受益人，随后经被保险人廖某同意变更受益人为其丈夫李某。原告陈某认为投保人应当为廖某，被告保险公司则认为保单没有廖某的亲笔签名，通过当时保险公司客服人员和李某沟通的电话录音、网上聊天记录等，证明实际投保人是李某。

那么投保人究竟是谁呢？我们认为在网络保险中，保单的内容是根据投保人在网上提供和填写的内容生成，是投保人投保意愿和投保信息的最

---

① 王卫国、高睿：《投保人之争》，发表在《中国保险报》，2017年8月10日。
② 案例来源于2017年7月17日《经济与法》栏目："妻子背后的巨额保险"。

终表现形式。对于谁是投保人，应当以保险合同载明的为准。本案中被告确认在收到被保险人签名为廖某的变更申请表后，打电话核实情况，廖某确认同意变更受益人为其丈夫。被告在系统里做了相应变更，并将变更受益人的批单发送给廖某，并电话通知了她，可见投保是廖某的真实意愿。本案保单虽没有廖某亲笔签名，但其电子保单明确记载了投保人为廖某。同时对于网上投保，保险单内容均基于投保人在网上填写内容而生成，故可推定投保流程中记载的投保人亦为廖某。保险公司提供的电话录音、聊天记录等，仅能证明操作过程为李某。虽然投保是丈夫李某代劳的，但不能因此认定李某就是投保人。在很多情况下，由于投保人不懂电脑，只能由别人帮忙。所以，不能将实际操作人等同于投保人。可见，本案真正的投保人应当为妻子廖某。

2. 是否构成以合法形式掩盖非法目的

本案中保险公司认为李某的投保行为仅为表面行为，其实际目的是企图通过投保的合法形式掩盖其非法目的，最终骗取保险金，因此保险公司主张保险合同无效。那么李某的行为是否构成以合法形式掩盖非法目的呢？

《合同法》第五十二条规定："有下列情形之一的，合同无效：……（三）以合法形式掩盖非法目的。"以合法形式掩盖非法目的是指当事人通过实施合法的行为而掩盖其非法的目的，或其从事的行为形式上是合法的，而在内容上非法。这种行为又称为隐匿行为。在实施这种行为中，当事人故意表现出来的形式或故意实施的行为并不是其想达到的目的，也不是其真实意志，而只是希望通过这种形式和行为而掩盖和达到非法的目的。

构成以合法形式掩盖非法目的应当具备以下条件：一是行为的主体应当是合同的当事人。二是当事人所要达到的真实目的应具有非法性，行为本质具有危害性。三是当事人主观上出于故意，明知其行为本质上违反法律规定仍继续实施以达到非法目的。四是当事人为规避法律、行政法规的强制性规定而采用了合法的形式对非法目的进行了掩盖。

那么，本案是否属于以合法形式掩盖非法目的的情形呢？我们认为不能简单地考虑案件主观上是否了违反法律规定，是否对非法目的进行了掩盖，更应该对为实现非法目的的行为主体进行分析，合法形式掩盖了谁的非法目的同样至关重要。《保险法》规定第十条规定："保险合同是投保人与保险人约定保险权利义务关系的协议。"投保人和保险人构成了保险合同的当事人。本案中法院认定投保人为廖某，廖某当初购买保险时并不知道有人要谋害她，她购买保险的目的不是骗保，所以，不符合以合法形式掩盖非法目的的情形。因此，保险公司主张保险合同无效是不成立的。

3. 受益人故意造成被保险人死亡的后果

《保险法》第四十三条第二款规定："受益人故意造成被保险人死亡、伤残、疾病的，或者故意杀害被保险人未遂的，该受益人丧失受益权。"

由上述规定可知，受益人故意造成被保险人死亡、伤残、疾病的，该受益人丧失其受益权，其他受益人的权利不丧失，所以保险人仍需承担赔偿责任。本案中受益人李某故意造成被保险人廖某死亡，企图骗取保险金，根据《保险法》第四十三条第二款规定丧失受益权。由于本案只有一个受益人，李某被剥夺受益人资格后，出现没有受益人的情形。

《保险法》第四十二条规定："被保险人死亡后，有下列情形之一的，保险金作为被保险人的遗产，由保险人依照《中华人民共和国继承法》的规定履行给付保险金的义务：（一）没有指定受益人，或者受益人指定不明无法确定的；（二）受益人先于被保险人死亡，没有其他受益人的；（三）受益人依法丧失受益权或者放弃受益权，没有其他受益人的。受益人与被保险人在同一事件中死亡，且不能确定死亡先后顺序的，推定受益人死亡在先。"

根据《保险法》第四十二条规定，在没有其他的受益人情况下，保险金应当作为被保险人的遗产，按照继承法的规定，由其法定继承人来继承。所以廖某的父亲陈某要求保险公司履行支付保险金的义务是合理的。

4. 网络投保的不足和建议

本案属于网络投保引发对于谁是投保人的争议。网络保险是指实现保险信息咨询、保险计划书设计、投保、缴费、核保、承保、保单信息查询、保单变更、续期缴费、理赔和给付等保险全过程的网络化。具有虚拟化、快捷性、无纸化、信息数字化等特点，随着互联网＋的广泛普及，相信网络保险会得到更好的发展。

网络保险在为人们提供方便的同时，也存在着许多不足之处。例如在网络保险中，投保人的如实告知义务和保险人的说明义务不能得到准确确认，容易引发保险合同纠纷。

在整个投保流程中，暴露出来的问题较多。如投保须知、保险条款、产品说明书以及电子保险平台线上服务协议均以链接的方式给出，并没有做任何的特别提示，而且打开此链接并非是进入下一步的必经过程，即投保人可以不看这些就可以进行下一步。又如在投保过程中，当投保人与被保险人不是同一人，问及被保险人是否有下列情况时，投保人可能会故意隐瞒而回答"否"使交易继续。关于投保人的职业类型，保险公司仅仅在第三方网站的宣传页中提示只有几类职业可投保，但并未在投保过程中体现，这就容易导致投保人道德风险的发生。再如在购买保险成功后的72小时内，保险公司没有进行任何形式的回访，即保险公司并没有对投保人的信息进行进一步的核实。

对投保环节存在的问题，我们认为保险公司应当采取以下措施予以完善：

（1）重要条款特别是免责条款强制化阅读。保险公司在网站建设或条款提供时将重要条款，特别是免责条款进行加粗或标红，在网络投保过程中，将阅读这些条款作为操作下一步的必经步骤，且规定一定的阅读时间才可进行下一步，这样可以充分体现保险人履行了对重要条款的说明义务，同时也给投保人充足的时间理解保险条款，特别是免责条款的内容，避免因误解导致投保。

（2）以视频或语音方式对重要信息进行解释和强调。由于保险专业性较强，一些术语对于普通公众来讲不容易理解，这就需要借助视频或语音的方式，形象地通俗易懂地将条款中的专业术语或重要信息予以表达。这不仅方便投保人理解，也能减轻保险公司客服人员的工作量，从而提高服务质量和效率。

（3）加强回访。投保成功后，保险公司要把电话回访作为服务客户的一部分，通过回访可以及时发现问题、解决问题，所以电话回访环节非常必要。电话这种形式有时也存在不足，因为客户有时不方便接听电话。那么可以寻求其他联系方式，随着微信的普及，保险公司可以建立微信群，加强与客户的联系。

畏罪自杀情形下保险人是否承担责任

案情简介[①]

2009年4月，刘某以其儿子张甲为被保险人，投保某保险公司某款分红型两全保险产品，保额为10万元，受益人为刘某和张甲的父亲张某。保险合同订立后，投保人刘某缴纳了三期的保险费。2012年2月，被保险人张甲在自家将妻子高某杀死，后畏罪自杀。张甲父母以被保险人自杀为由，向某保险公司提出索赔申请，要求保险公司按照被保险人自杀给付保险金10万元。某保险公司认为被保险人的该种身故情形并不符合《保险法》中关于被保险人自杀的规定，应当按照《保险法》的相关规定退还保险单的现金价值。考虑到该案情况特殊，某保险公司对该份保单的保险费予以全额退还，返还金额为7125元。张甲的父母不服，遂起诉至法院。

法院判决

一审法院认为，被保险人张甲在自家将妻子高某杀死，后畏罪自杀，其行为符合《保险法》第四十五条关于被保险人故意犯罪导致其死亡的情形。关于刘某、张某提出依据《保险法》第四十四条规定，在合同生效之日起二年之后自杀的，保险公司有义务理赔的观点。因被保险人张甲故意杀人，其故意犯罪行为是该款两全保险（分红型）条款约定的责任免除范围，虽保险合同已满二年，但被保险人张甲之前的故意犯罪行为与之后的畏罪自杀死亡后果之间存在直接的因果关系。因此，不能适用《保险法》第四十四条规定，刘某、张某的诉讼请求不能成立，本院不予支持。

二审法院认为，一审法院认定的被保险人张甲之前的故意犯罪行为与之后的畏罪自杀死亡后果之间存在直接的因果关系的结论是有相关材料证明的。经查，公安机关的出警证明以及某机关出具的鉴定文书，能够证明

[①] 案例来源于中国保险行业协会编：《保险诉讼典型案例年度报告》第六辑，法律出版社2014年12月版，第118页。

被保险人张甲实施杀妻与自杀之间存在必然的因果关系。因此，一审法院认定事实清楚，适用法律正确，作出维持一审判决的决定。

争议焦点

保险合同成立已满二年的，被保险人在杀害他人之后自杀的，是否适用《保险法》第四十四条关于自杀的规定，受益人是否有权要求保险人给付保险金。

法理分析

1. 《保险法》第四十四条、第四十五条的规定

《保险法》第四十四条规定："以被保险人死亡为给付保险金条件的合同，自合同成立或者合同效力恢复之日起二年内，被保险人自杀的，保险人不承担给付保险金的责任，但被保险人自杀时为无民事行为能力人的除外。保险人依照前款规定不承担给付保险金责任的，应当按照合同约定退还保险单的现金价值。"

《保险法》第四十五条规定："因被保险人故意犯罪或者抗拒依法采取的刑事强制措施导致其伤残或者死亡的，保险人不承担给付保险金的责任。投保人已交足二年以上保险费的，保险人应当按照合同约定退还保险单的现金价值。"

保险法将故意犯罪行为和两年内自杀行为列为免除保险人赔偿责任的目的是避免道德危险的发生，遏制被保险人通过保险获得经济利益的企图。

2. 自杀与犯罪条款之冲突

对照《保险法》第四十四条和第四十五条的规定，会发现两者存在矛盾之处。拿本案来说，如果按照《保险法》第四十四条规定，被保险人张甲属于自杀，且合同成立已超过两年，所以，保险公司应该给付保险金。但如果按照《保险法》第四十五条规定，被保险人张甲属于故意犯罪行为，保险人不承担给付保险金的责任。由于其已交足二年以上保险费，所以保险人应当按照合同约定退还保险单的现金价值。那么，本案到底是适用《保险法》第四十四条还是第四十五条的规定呢？

3. 畏罪自杀是否等同于故意犯罪导致死亡

由最高人民法院保险法司法解释起草小组编写的《中华人民共和国保险法保险合同章条文理解与适用》一书中指出，被保险人故意犯罪导致其伤残或者死亡，是指犯罪实施阶段发生的死亡或伤残，而不是在犯罪预备阶段、犯罪中止阶段或者犯罪行为结束后发生的死亡或伤残。

故意犯罪过程包括发生、发展和完成三个阶段。被保险人张甲杀死妻子并离开现场，犯罪行为已经结束。张甲畏罪自杀，我国刑法没有禁止，所以不构成犯罪。而《保险法》第四十五条规定的因被保险人故意犯罪或者抗拒依法采取的刑事强制措施导致其伤残或者死亡的，保险人不承担给付保险金的责任，是指被保险人在犯罪过程中死亡。而张甲犯罪完成之后服毒自杀，不是在犯罪过程中死亡的，因此，他的行为不属故意犯罪。

在判定保险人是否因被保险人故意犯罪而免除保险责任时，尤其要强调被保险人实施的犯罪行为与其自身伤亡结果之间因果关系的直接性和必然性。

结合本案，公安机关已经认定张甲的杀妻行为与自杀行为具有直接的因果关系。那么，公安机关的结论是否具有证据效力，也就是说，法院能否认可呢。

4. 被保险人已经死亡，无法追究其刑事责任，如何认定被保险人因故意犯罪而死亡

《中华人民共和国刑事诉讼法》第十二条规定："未经人民法院依法判决，对任何人都不得确定有罪。"

在很多情况下，受益人往往以"无罪推定"、"未经审判程序不得认定被保险人有罪"为由，否认被保险人具有故意犯罪的行为。

针对这种情况，最高人民法院的倾向性意见是，公安机关作为行使侦查权的行政机关，其在侦查过程中收集到的各种证据以及依据这些证据所作出的侦查结论，就其性质而言，虽然不是生效的刑事判决，但是公安机关的侦查结论以及刑事侦查案卷中的其他证据，同样可以作为民事诉讼中的证据使用，审理保险合同纠纷这一民事案件的法院虽然不能凭借上述证据作出被保险人有罪的结论，但可以凭借这些证据认定被保险人实施了故意犯罪的行为。

结合本案，公安机关的出警证明以及某机关出具的鉴定文书，能够证明被保险人张甲实施杀妻与自杀之间存在必然的因果关系。故被保险人张甲的行为属于故意犯罪。可见，刑法上的故意犯罪与保险法上的故意犯罪有时可能存在差异，但不影响法律适用的统一性，而是追求立法原意的需要。

5. 自杀与故意犯罪的竞合

对照《保险法》第四十四条和第四十五条的规定后，会发现在某些情况下，被保险人自杀与被保险人因故意犯罪而造成其自身死亡存在竞合现

象。例如被保险人因对生活失去信心而决定自杀，为扩大影响，被保险人在乘坐公共汽车过程中引燃汽油自焚，除导致自身死亡外还造成大量人员伤亡。一般而言，被保险人的自杀行为，虽然不符合社会道德的通常要求，但尚不构成犯罪。不过，如果被保险人在实施自杀时造成其他严重危害社会的后果，该自杀行为即构成犯罪。在此情形下，不能认定该被保险人死于自杀，进而根据该自杀行为是否发生在保险合同成立或者效力恢复之日起两年内，判断保险人是否应当承担保险责任。此时应当认定该被保险人因故意犯罪导致其自身死亡，进而判定保险人免除保险责任。

但本案与张甲案有明显不同，本案自杀行为与犯罪行为同时发生，不存在先后的问题。张甲案先是实施犯罪行为，而后是自杀行为。之所以认定张甲畏罪自杀的性质是故意犯罪，主要考虑到杀妻与自杀具有直接的因果关系。

6. 结论

综上所述，应适用《保险法》第四十五条，认定被保险人张甲属于故意犯罪行为，保险人不承担给付保险金的责任。由于其已交足二年以上保险费，所以保险人应当按照合同约定退还保险单的现金价值。

论意外险中"意外"的界定[①]

《现代汉语词典》给"意外"下的定义是意料之外、意料之外的不幸事件。在意外伤害保险中的定义是指受外来的、突发的、非本意的、非疾病的使身体受到伤害的客观事件。从表面看,"意外"的含义已经非常明确了,但是,无论从学理上还是实务中,对"意外"的认定都存在较大争议。近年来,随着意外伤害保险的发展,理赔中的种种矛盾也日益突出,这些纠纷影响着保险公司甚至整个保险行业在公众心目中的形象。如何准确界定意外伤害,特别是如何界定"意外",成为理论界和实务界无法回避的重大问题。

一、"意外"的构成要素

意外伤害由意外和伤害构成,无论学术界还是实务界,对伤害的认定争议较小,但对意外的界定争议很大。"意外"是指就被保险人的主观状态而言,侵害的发生是被保险人事先没有预见到的,或违背被保险人主观意愿的。无法预见是公认的特征,在这一点上不存在争议。国内保险公司在保单中将"意外伤害"定义为"外来的、突发的、非本意的、非疾病的使被保险人的身体遭受伤害的客观事实。"但这种界定是否科学值得探讨。

(一)"外来性"与"非疾病"是否重复

外来性强调某种危险或事故来源于人体外部,用以区别以内生疾病为保险对象的健康保险。实际上,选择了"外来性"就排除了"非疾病",两者属于非此即彼的关系。没有必要把他们并列开来。实际上犯了语义重复的毛病。

在日本,"伤害保险事故的三要件分别是:偶然性、外来性、急剧性"。

[①] 王卫国、贾少涵:《论意外险中"意外"的界定》,发表在《中国保险》2011年第4期。

三个要件是一个整体,具有不可分性,缺一不可①。上述规定具有合理性,避免了用词的重复。

(二)"突发性"可否代替"偶然性"

偶然性是相对于必然性而言的,在通常情况下不会发生的事件称为偶然性事件。它强调伤害的发生是被保险人事先不能预见或无法预见的,比如飞机因机械失灵坠毁发生空难,这种结果违背乘客乘坐飞机的主观愿望,也不是乘客在搭乘飞机时能够预见的,故属于意外事件。

突发性是相对于缓慢发生的事件而言的。伤害是在短时间里骤然发生的剧烈行为,使得被保险人来不及预见就已经遭受了伤害事实。例如爆炸、飞机失事、空中坠落物等引起的人身伤亡均属于意外。如果是在较长时间里缓慢发生,比如长期接触汞逐渐发生汞中毒,长期接触粉尘慢慢地发生尘肺,这些都是被保险人可以预见的,一般不认为属于意外伤害。

通过比较,可以看出两者的核心都是强调不可预见性。所以,可以相互替代,没有必要独立出来,选取其一即可。在韩国商法典中,是这样来界定意外伤害的:"伤害保险人以被保险人因激烈的外部偶然原因而致身体受伤为保险事故。"② 可见,此处使用了偶然性这个特征,与日本的立法是相同的。由于国内保险公司都习惯上使用"突发性"一词,所以,用"突发性"代替"偶然性"是可行的。

(三)"剧烈性"要不要独立

在日本、韩国的保险立法中,都强调"急剧性"是意外事故的构成要件之一。急剧性是指人体受到猛烈而突然的侵袭造成的伤害,是相对于缓慢发生的事故而言的。"事故是突然发生的,且在瞬间完成,来不及预防,表现为伤害原因与结果之间具有直接瞬间关系,而非长期积累形成的结果。"③ 但在实践中,有些伤害存在所谓的潜伏期,比如剧烈的碰撞使得内脏或头部受伤,当时没有任何过度不适的反应,但实质上已造成脑震荡或内脏位置偏离。在以后的某个时候会突然发作。这种现象也应该作为意外伤害事故处理。在多数情况下,"剧烈性"包含在"突发性"中,因此笔者认为没有必要让"剧烈性"独立出来成为构成要件之一。

---

① 沙银华:《日本经典保险判例评释》,法律出版社 2002 年 10 月版,第 167 页。
② 韩国商法典第 737 条。
③ 孙积禄:《保险法》,高等教育出版社 2008 年 4 月版,第 184 页。

(四) 意外的特殊形式——故意

因为按照常理，故意造成保险事故，保险公司是拒绝赔付的。这是常识性的东西，无须赘述。但是，在意外伤害保险中，故意造成保险事故的，有可能得到保险公司的赔付。当被保险人已经预见到伤害的发生，在技术上也可以采取措施避免，但限于法律或职责上的规定不能躲避或是出于道德、公共利益的原因甘冒风险时，比如民警遇到歹徒持械抢劫，如果回避当然可以避免伤害，但是民警肩负同一切违法犯罪行为作坚决斗争的职责，要挺身而出将歹徒依法逮捕，所以民警与歹徒搏斗中所受伤害应属于意外伤害。又如路过某居民住宅起火，与自己毫无任何利害关系可言，没有法律或职责上的规定，只要绕行就可以免遭伤害，但听到火中有婴儿啼哭，出于道义上的高尚动机冲入火海，救出被困的大人、孩子，又协助灭火，自己却不幸被火烧伤。这种为集体利益、他人生命而甘冒风险遭受的伤害，视为意外伤害，纳入保险责任之中①。当然，在绝大多数情况下，"故意"列入保险合同的免责条款中。

(五) 小结

综上所述，本书认为，"意外"应由外来性、突发性、非本意三个要素构成。

二、对"非本意"的争议

(一) 非本意的含义

"非本意"一词是相对于被保险人的主观状态而言的，所以判定"意外"的标准不是被保险人以外的人，也不是一般善良人的标准，而是被保险人本人，即该事故的发生是否出自或含有被保险人的本意。由于人的内心世界微妙复杂、瞬息万变，导致对是不是本意的判断争议颇大。所谓本意，应理解为两个方面：一方面是当事人希望某一事件的发生，或说追求某一目的的实现；另一方面，当事人预见到了或应当预见到了某一结果的发生，仍然放任、不去阻止此种结果的发生。前一方面可视为当事人对损失结果的主动行为而少有争议，对后一方面的确定标准则多有口角。有专家认为，当事人应当预见损失后果而其因疏忽大意、过于轻信而未能预见的，仍

---

① 黎建飞、王卫国：《保险法教程》，北京大学出版社2009年9月版，第192页。

应排除在意外事故范围之外。下面通过一个案例探讨对"非本意"的理解。

（二）意外之争

某日，甲趁乙（甲的情人）的丈夫外出工作不在家之机，来到乙家与其约会，没想到乙的丈夫在这时却回家来了，甲为了不让乙的丈夫发现，当即选择从三楼窗口跳下离开。结果被摔死。经查，甲的单位曾为职工统一购买了人身意外伤害保险，保险金额为 5 万元人民币。甲妻于是以受益人的身份，向保险公司提出索赔，但遭到保险公司的拒绝。甲妻向法院提起诉讼，请求法院判决保险公司给付保险金 5 万元①。

对本案存在两种意见：甲妻认为，根据现场勘察可以看出，其丈夫的本意是想从三楼跳到二楼平台，然后再由二楼平台跳到地面，但是当甲跳到二楼平台时，由于没有站稳，摔到地上，头先着地而死，应属意外，属于保险公司的承保范围，应该赔偿。而保险公司认为，在保险合同中对意外有一个很明确的解释，意外事故是指突然的、外来的、非本意的、非疾病的伤害事故。这四点必须同时具备才能符合意外伤害的赔付条件。甲是从三楼的窗口往下跳致死，主观上是故意的，即甲应该预见到从三楼摔下非死即伤的结果。这是一种故意行为，不是意外。另外，保险公司坚称，有可能甲是想从三层的窗户跳到那个平台，但是不管怎么说，那个平台实在是太窄了，而且很单薄，从那么高的地方跳到那个平台的话，他那个惯性绝对是站不住的。何况他可以有其他走的方式，他不一定就要选择跳楼这种方式。

一审法院认为：原告的丈夫甲与保险公司签订的是人身意外伤害保险合同。根据双方签订的保险条款，对意外伤害的定义是指遭受外来的、突发的、非本意的、非疾病的使身体受到伤害的客观事件。甲是成年人，具完全民事行为能力，从三楼窗户跳离是其主观行为，应该预见可能造成伤害，故该伤害不是外来和突发的客观事件，不在意外伤害的范围，不属保险事故。

由于本案二审是调解结案的，保险公司同意支付给原告补偿金 8000 元。但是对这个案子的争论一直没有停止。

就本案而言，甲妻对"非本意"的理解是，甲的死亡结果不是甲追求的结果，是无法预见的。当然属于"意外"。

---

① 王卫国、凌湄：《正确理解意外伤害的含义》，《保险研究》2005 年第 2 期。

从表面看，甲的死亡的确是"意外"。但是，如果细细推敲，不难发现，从三楼往下跳，如果事先做好了充分的思想准备，而且对地形进行了仔细勘察之后，有可能不会受伤。但是，甲在仓促的情况下，从三楼跳下，加之二楼的平台很窄，上面有杂草，而且最近刚刚下过雨，非常滑。在这种情况下受伤的概率是很大的。况且甲作为具有完全民事行为能力的人，应当预见到从三楼跳下的严重后果。所以当然不符合意外伤害保险的"意外"的含义。因此笔者认为法院的一审判决是正确的。

（三）不利解释原则是否适用

在上述案例中，由于保险合同对"非本意"没有作出进一步的解释。所以，有专家认为应适用不利解释原则裁判该案[①]。笔者不同意这种观点。不利解释原则的适用有一个前提，即在通常解释无法解决问题的情况下才会使用。但是该案运用通常的解释方法完全可以解决问题，就没有必要适用不利解释原则。虽然死亡不是甲追求的结果，但在当时的情况下，甲应该预见到跳楼的后果，尤其是在非常急迫的情况下跳楼的后果。不符合"意外"的构成要件，所以，不属于意外伤害。

三、对"非疾病"的争议

（一）雪山意外身故[②]

2008 年 6 月，一位网名叫珊瑚的女士参加了由新疆乔戈里高山探险公司（下称"乔戈里公司"）组织的新疆慕士塔格峰登山活动。

乔戈里公司以参加登山活动的队员为被保险人，向在上海的某家保险公司投保了其"畅游神州"境内旅行意外伤害保险。保险公司承保并出具保险单。该保险单项下，保险公司承保的险种有意外身故险等共 8 种，其中意外身故险种的保险金额为人民币 30 万元。

珊瑚与登山队员于 2008 年 7 月 4 日进驻登山大本营（海拔 4430 米），7 月 18 日上午 8：50 到达顶峰后下撤，于晚上 6：40 回到大本营，19 日上午 11：30，其他登山队员发现珊瑚已无生命迹象，经现场抢救并送最近的塔什库尔干县抢救无效，确定已经死亡 5 个小时以上，遂向公安机关报案、并向保险公司报险。后经新疆阿克陶县公安局法医鉴定，认定珊瑚"在低

[①] 参见中央电视台：《今日说法》栏目播出的"意外之争"。
[②] 案例来源于中央电视台《经济与法》栏目播出的"魂归雪山"。

氧环境活动后出现缺氧致呼吸及循环功能紊乱并作用于心脏，引起呼吸及循环衰竭而死亡"。

珊瑚死后，其父母作为珊瑚的继承人向保险公司进行保险索赔。保险公司拒绝赔偿意外身故保险金30万元。家属对保险公司的拒赔决定不能接受，向法院提起诉讼。

（二）高山病是不是病？

意外伤害保险是排除因疾病引发的死亡、伤残的情况的，也就是"非疾病"。但本案的死亡原因是高山病。高山病属不属于疾病是本案争议的焦点。

保险公司认为，珊瑚的死亡是基于高山病，并且缺氧情形是可以预见的，不符合"非疾病的、不可预见"这两个条件，因此才拒绝赔偿。

1. 什么是高山病？

高山病也称"高山适应不全症"。人体对高山缺氧环境适应能力不足而引起的各种临床表现的总称。高山病的症状有：呕吐、耳鸣、头痛、呼吸急迫、食欲不振、发烧、睡意朦胧，严重者会出现感觉迟钝、情绪不宁，精神亢奋，思考力、记忆力减退，听、视、嗅、味觉异常，产生幻觉等，也可能发生浮肿、休克或痉挛等现象。

2. 高山病是否属于疾病？

依据高山病的定义可知，它是人体由于缺氧而临时产生的一种不良反应，有别于传统意义上的疾病。从这个角度讲，高山病不是病。

此外，从珊瑚的身体状况来讲，是没有问题的。家属向法庭提供了珊瑚的连续三年体检报告，看得出珊瑚从来没有得过什么病，身体非常健康。珊瑚喜欢登山，已经多次征服过海拔超过7000米的高山，身体也没有什么不适，更没有病。其他山友、登山公司的证明也能够确定，在这次登山活动中，直到最后一刻，珊瑚的身体都很不错，从没有见其得过什么病。也没有证据表明，珊瑚在睡梦中忽然患了重病而不能摄入氧气，所以有充分的理由说明，珊瑚的死亡不是基于疾病。

珊瑚的亲属已经就珊瑚的健康状况履行了举证义务，如果保险公司不认可其亲属的举证。那么，按照举证规则，应由保险公司举证证明珊瑚有病，如果举证不力，应承担不利后果。如果认定缺氧这个事件是疾病，保险公司就必须要提供证据，来证明珊瑚得了什么疾病，并且该疾病导致缺氧而致人死亡。可是，保险公司没有任何证据表明珊瑚在死亡前罹患能够导致死亡的疾病，仅凭猜测认定珊瑚是罹患了高山病而导致缺氧，这种观点无法成立。

3. 高山病能否预见？

保险公司声称，登高山必然会出现缺氧，因此缺氧是一个可以预见的事件，不符合意外的构成要件，因此拒赔。笔者认为这种说法是强词夺理的。缺氧是可以预见的，但是缺氧导致死亡是不可预见的。因为在高原地区、高海拔地区，缺氧是普遍的。但是，并不是说缺氧就必然导致死亡。所以，保险公司的说法是站不住脚的。

另外，就珊瑚而言，她热爱登山，多次征服过海拔很高的山峰，身体比常人更能适应缺氧的环境，从来也没有在高山上缺氧患病的经历。虽然知道高海拔相对于低海拔，氧气含量一定会减少，但是对于自己作为一个准专业的登山运动员，这个氧气含量也是够用的，并不能预见到自己会因缺氧而死亡。还有，这次登山是由专业登山公司组织，由当地高山居民进行辅助，在高海拔地区，她生活了15天安然无恙，同一组登山者、登山公司的证明都能证实，珊瑚并没有任何缺氧的反应。所以，她无论如何也无法预见到缺氧会导致自己很快死亡。所以，本案中根本不存在所谓"可预见"的问题。保险公司拒赔理由不能成立。

（三）案件结果

2009年7月29日，本案在浦东新区法院再次开庭，并在庭上做出了判决。法院判决，保险公司赔偿家属30万元保险金，同时承担诉讼费用。

本案给我们的启示是，理论永远落后于生活。对理论必须结合具体案例加以阐释，才能探究其真正的意义。

四、自杀还是意外

（一）死亡的原因是中毒

2006年8月，九江市德安县发生了一起意外事件。一位名叫李春芝的中年妇女在给桃树喷洒农药时中毒死亡。李春芝生前购买了7份意外伤害保险，保险金额高达68万元。现有证据无法确定李春芝是服毒自杀、误服农药死亡还是意外中毒死亡。保险公司怀疑李春芝骗保，于是拒绝赔付保险金。而李春芝的亲属则主张是意外中毒死亡，要求保险公司赔付保险金。双方产生争议，闹上法庭①。

---

① 案例来源于中央电视台《法治视界》栏目播出的"农妇与保单"。

(二) 被保险人自杀的举证责任

《保险法》第四十四条规定："以被保险人死亡为给付保险金条件的合同，自合同成立或者合同效力恢复之日起二年内，被保险人自杀的，保险人不承担给付保险金的责任，但被保险人自杀时为无民事行为能力人的除外。"根据该规定，如果李春芝是自杀，属于故意，违反了意外伤害保险的"偶然性"，保险公司是可以拒绝赔偿的。

问题是，对被保险人的死亡是自杀还是因意外事故死亡，其举证责任应该由请求给付死亡保险金的受益人承担，还是由保险公司承担？这就是法律上的举证责任的归属问题。依据民事诉讼的举证规则"谁主张谁举证"，如果保险公司认为被保险人系自杀，应由保险公司承担举证责任。

在上述案件中，李春芝的亲属可以证明李春芝是在给桃树喷洒农药时中毒死亡的，而且在最先抢救李春芝的医院的疾病证明书上，医院做出的诊断是：混合农药皮肤吸收中毒，中枢性呼吸循环衰竭。根据常识，服毒自杀会有呕吐的现象，但是，李春芝入院以后没有呕吐现象。这也能排除服毒自杀的可能性。有了以上证据，李家的举证责任已经完成。保险公司如果怀疑李春芝是自杀，那么应承担举证责任。如果举证不力，应承担不利的后果。

(三) 国外相关立法例对举证责任的规定

在一般情况下，根据伤害保险条款的规定，保险人对保险金受益人提出的支付死亡保险金的请求，表示怀疑而拒绝支付保险金时，则对其发生的保险事故的偶然性，负有举证的责任。

从比较法的角度来看，德国的《保险法》180a条中规定，保险人负有举证责任。而在美国许多州的保险法中则规定，在一般的情况下，对保险事故的损害不承担补偿责任的情况下，其举证责任由保险人承担。但也有由受益人举证的情况[①]。

"一刀切"的做法是不可取的。应根据个案进行分析，如果保险公司有足够的证据证明"具有十分浓厚的自杀嫌疑"，比如被保险人负债累累，濒临破产，还购买巨额保险。这个时候的举证责任可以转由受益人承担。

---

① 沙银华：《日本经典保险判例评释》，法律出版社2002年10月版，第183页。

航班延误乘客猝死,保险公司赔不赔[①]

一、航班延误引出乘客猝死[②]

2009年7月31日,江苏省如皋市的陈虹(化名)在航空售票点购买了两张8月2日晚飞往北京的机票,准备与儿子一起看望在北京工作的丈夫。购票同时,陈虹花20元钱为自己购买了1份意外伤害保险。

2009年8月2日17时,陈虹与15岁的儿子赶到南通市兴东机场,通过安检后等待登机。按照航班时间,母子俩乘坐的飞机应在18时10分起飞,但机场方面通知,由于天气原因航班推迟。

2009年8月3日凌晨1时,机场方面将等了七八个小时的陈虹母子及其他乘客安排到附近的酒店休息待机。

2009年8月3日晨,陈虹的儿子发现陈虹已经死亡。事后,陈虹的丈夫、父母和恒安标准人寿保险公司南通营销服务部的工作人员赶到现场。

经南通市公安局法医鉴定,陈虹为意外死亡。

陈虹的丈夫认为,根据保单约定,陈虹购买意外伤害保险的有效保险时间为8月2日零时到8月8日,妻子的死亡时间在保险期间,保险公司应按照保单约定,支付理赔金额40万元。

恒安标准人寿保险有限公司江苏分公司(以下简称保险公司)认为,陈虹购买意外伤害保险的理赔范围是从乘客通过安检直到飞机降落走出飞机舱门。陈虹的死亡地点是在机场外的宾馆,不应获得理赔。

陈虹的丈夫、儿子和父母将保险公司诉至南京市白下区法院,索赔保险金额40万元。

[①] 王卫国、宋广军、李瑜:《航班延误乘客猝死 保险公司赔不赔?》,发表在《中国保险报》,2011年4月11日。

[②] 案例来源于亚生:《航班延误引出乘客猝死,谁来赔?》,《民主与法制》2011年第2期。

二、双方观点针锋相对

(一) 保险合同是否生效？

被告保险公司认为，陈虹与保险公司签订的保险合同没有生效。保险条款第二项约定的保险期限是"被保险人持有效机票到达机场通过安全检查时起，至被保险人抵达目的地走出航空班机的舱门止"。依据该条款，陈虹在安检、登机、飞机滑行、飞行、着陆、走出舱门，这一连续过程中发生的意外伤害，才符合保险合同约定赔付的情形。陈虹是离开机场后在宾馆住宿时死亡，死亡时间及空间均非合同约定情形。此外，保险合同第三项约定，被保险人在机场之外发生意外伤害，保险公司可不承担赔偿责任。本案中，当陈虹走出机场，当天的安检已经自动失效，保险效力也不复存在，只有当她再次进入安检程序时，保险效力才会再次启动。

原告表示：当日，陈虹已经通过机场安检，如再次进入机场需要重新安检，仅是机场的相关制度规定，与保险公司无关；我国《保险法》中没有关于"保险空间"的规定；陈虹不是由于自己过错擅自离开机场，而是应民航方面要求，并听从安排住进宾馆；死者购买的保险合同期限是7天，而不是被告认为的空中飞行时间，合同之所以如此约定，表明保险公司已预估到航班延误的情形。

《合同法》规定，合同的解除和变更需要双方协商一致、达成书面意见。本案中，双方在履行合同过程当中，根本没有达成诸如解除、变更或终止合同的任何书面意见。

保险公司主张的保险合同第三项免责条款，因为被告没有按照法律规定就该条款向被保险人履行说明义务，没有法律效力。

(二) 死亡原因之争

庭审中，原告向法庭提供了公安局尸检报告，证明死者是意外死亡，符合保险单中的意外伤害赔偿特征。

保险公司抗辩，意外伤害强调的是被保险人遭受外来意外伤害，陈虹并未遭受这种侵害。公安机关得出意外死亡结论是警方根据"死者全身无机械性暴力打击损伤"的表象作出，鉴于家属不同意尸体解剖检验，陈虹的真正死因尚不明确，故举证不能的后果应由家属承担。

原告表示，保险公司在出售保险时，并未就什么是意外伤害进行解释，对投保人而言，意外伤害是指旅行过程中发生的不属于被保险人自身或故意造成的伤残、死亡，陈虹的死亡属于这一范畴。

事发后，家属方面曾与保险公司沟通，当时对方并未就尸检结论提出异议，也未就是否进行尸体解剖进一步查明死亡原因提出明确意见。

保险公司认为，陈虹的死亡属猝死，猝死的主要原因是自身疾病诱发导致死亡，不属于保险合同中意外伤害的范围。

原告认为，公安机关法医鉴定结论中已证明陈虹属意外死亡，猝死仅是死亡的一种临床表现形式，并非死亡原因，保险合同中也没有约定猝死不属于保险责任范围。

三、法院调解原告获赔 30 万元

2011 年 1 月底，在法庭的调解下，被告同意赔偿原告 30 万元。至此，全国首例航空旅客在宾馆待机死亡，家属主张航空意外伤害事故保险索赔案审结。

四、对本案的评析

（一）意外伤害保险的定义

意外伤害保险是指以意外伤害而致身故或残疾为给付保险金条件的人身保险。意外伤害保险中所称意外伤害是指，在被保险人没有预见到或违背被保险人意愿的情况下，突然发生的外来致害物对被保险人的身体明显、剧烈地侵害的客观事实。

意外伤害保险具有四个特征，即外来性、突发性、非本意、非疾病。外来性强调某种危险或事故来源于人体外部，用以区别以内生疾病为保险对象的健康保险。突发性强调伤害的发生是被保险人事先不能预见或无法预见的。非本意强调这种伤害后果不是被保险人希望的或追求的。非疾病强调伤害不是疾病引起的。而且保险条款往往强调上述四个要件必须同时具备，缺一不可。

在本案中，原告认为保险合同中没有对什么是"意外伤害"进行明确定义，原告、被告双方对此存在不同的理解。被告保险公司为格式条款提供方，依据《保险法》第三十条的规定，双方如对条款发生争议，应该作出不利于提供格式条款一方的解释，所以陈虹死亡应当属于保险公司的理赔范围。在实务中，持这种观点的人不在少数，但这种观点值得商榷。"不利解释原则"的适用有一个前提，就是首先按照通常理解予以解释，如果用通常理解无法解释，才会使用"不利解释原则"。

在几乎所有的保险公司开发的意外伤害保险中，对意外的定义都是外来性、突发性、非本意、非疾病。但是，究竟什么是外来性、突发性、非本意、非疾病，并没有进一步的解释。这就为纠纷的产生埋下了伏笔。

但是我们换一个角度看这个问题，作为顾客去商场购物。在购买前，对商品肯定有一个初步的了解。比如质量、功能、安全事项等，不可能对该商品一无所知。那么，回到航意险上面，乘客在购买航空意外保险时，对航空意外保险肯定有一个大致的了解。不然的话，他不会花钱去买。既然这样，我们可以推定乘客对保险条款是知道的。当然在实务中，人们购买航空意外保险的目的是以防万一，可能不会认真研究保险条款。加上我国近几年加强了航空安全，几乎没有发生过空难事件。所以，当乘客安全到达目的地后，没有人再去关注保险合同了。一旦出现事故，才会找来航空意外保险合同。这种习惯阻碍了人们对航意险的关注，有时甚至导致对航意险的误解。

意外伤害保险的理赔范围是意外伤害事故引起的伤亡。但在本案中，公安机关得出意外死亡结论是根据"死者全身无机械性暴力打击损伤"作出的。可见乘客并没有遭受意外伤害事故，既然不是意外事故引起的，理当不赔。

（二）关于死亡地点

由于天气原因航班推迟，乘客通过安检又离开了机场，在机场方面安排下，住进了宾馆，后来死亡。由于乘客死亡地点在机场之外的宾馆，所以保险公司根据保险合同约定，被保险人在机场之外发生意外伤害，公司可不承担赔偿责任，因此拒赔。

那么，死亡地点在本案中是否影响合同的效力呢？尽管保险合同中约定的责任期间是"自持有效机票通过机场安全检查时起至被保险人抵达目的地走出航空班机舱门时止"，但我们认为，陈虹不是由于自己过错擅自离开机场，而是应民航方面要求，并听从安排住进宾馆，无过错就应获得理赔。所以保险公司拒赔的理由不能成立。

（三）关于保险公司的明确说明义务

根据《保险法》第十七条的规定，对于保险单中含有免除保险公司责任性质的条款，提供该格式合同的保险公司应当就免责条款向投保人作出明确说明，否则免责条款无效。

如何衡量保险公司是否履行了明确说明义务呢？最高人民法院在《关于对保险法第十七条规定的明确说明应如何理解的问题的答复》中规定："所谓明确说明，是指保险人与投保人签订保险合同之前或者签订保险合同之时，对于保险合同所约定的免责条款，除了在保险单上提示投保人注意外，还应当对有关免责条款的概念、内容及有关法律后果等依书面或者口头形式向投保人或者代理人作出解释，以使投保人明了该条款的真实含义和法律后果。"依据民事诉讼证据规则的规定，保险公司对自己是否尽到明确说明义务负有举证责任，如果没有证据证明其履行了明确说明义务，涉案保险单中约定的免责条款对被保险人不具有法律效力。

通过上述分析可知，"被保险人在机场之外的地方发生意外伤害，保险公司可不承担赔偿责任"这一免责条款是无效的。

但是实务中，当乘客在机场或保险销售点购买航意险时，往往将身份证交给工作人员登记一下，然后交纳20元的保费，收到一张保费收据。当时并没有拿到航空意外保险的保险单，更不可能看到保险合同的条款了。那么在这种情况下，保险公司的说明义务根本无法履行。这样会导致一旦发生争议，乘客就会以保险公司没尽到明确说明义务、免责条款无效为由主张合同有效。也就是说保险公司的确应该反思现行的做法是否存在漏洞，是否应采取合适的方法加以弥补。

（四）死亡原因是否是猝死

通常认为猝死是指貌似健康的人，由于机体内潜在的疾病或重要器官发生急性功能障碍，导致意外、突然、非暴力性死亡。造成猝死可以有某些诱因如精神过度紧张、暴饮暴食、轻微外伤、冷热刺激、过度疲劳等，也可以无明显诱因。一般而言，猝死不属于意外伤害保险的赔付范围。

那么陈虹是否属于猝死呢？其家人认定了尸检报告的结论，为意外死亡。而保险公司的代理人却指出，事发当日，李女士的儿子在派出所里曾陈述："我妈身体有病，具体我爸知道！"对于这份笔录，保险公司申请法院去派出所调阅。保险公司还认为，目前得出的"意外死亡"结论，仅仅是尸表检验，是警方根据"死者全身无机械性暴力打击损伤"的表象做出的，鉴于家属不同意尸体解剖检验，真正的死因尚不明确，故举证不能的后果应由家属来承担。

本案的关键在于死亡原因的认定，现在的证据无法证实保险公司方面曾经明确要求进行尸体解剖。试想，如果保险公司当初明确告知死者的家属必须进行尸检否则拒赔的话,死亡原因应该能查出来。本案中,被告保险公司未要求对陈虹尸体进行解剖,那么证明其所主张的被保险人猝死是由潜在疾病所致的理由无法得到证实,被告保险公司应对不能举证证明陈虹死因是由于潜在疾病所致而承担不利后果。由此可以认定,原告以公安机关认定的"意外死亡"的结论是有效的。可以这样讲,保险公司没有对死者进行尸检是犯了最致命的错误。

(五) 意外死亡不等于意外伤害死亡

意外死亡即非正常死亡。非正常死亡在法医学上指由外部作用导致的死亡,包括火灾、溺水等自然灾难;或工伤、医疗事故、交通事故、自杀、他杀、受伤害等人为事故致死。与之相对的正常死亡,则指由内在的健康原因导致的死亡,例如病死或老死。

意外死亡包括自杀,但是在意外伤害保险中,自杀是不赔的。所以,意外死亡不等于意外伤害死亡。

猝死属于意外死亡,在绝大多数情况下,是因疾病引发的。猝死不属于意外伤害保险的赔付范围,其原因是被保险人的内部器官病变引发,缺乏"外来性"这个特征。

意外伤害死亡,顾名思义,即被害人受到自然、机械、他人等外界因素的伤害后死亡,强调意外事故导致死亡,符合"外来性"的特征,所以,属于意外伤害保险的赔付范围。

就本案而言,在缺少外力伤害情况下民航乘客死亡,属于意外死亡,不是意外伤害死亡,从法理上讲不应该得到赔付。

(六) 对"通常理解"的把握

《保险法》第三十条规定:"采用保险人提供的格式条款订立的保险合同,保险人与投保人、被保险人或者受益人对合同条款有争议的,应当按照通常理解予以解释。对合同条款有两种以上解释的,人民法院或者仲裁机构应当作出有利于被保险人和受益人的解释。"该规定被称为"不利解释原则"或"疑义解释原则"。也就是说,在使用"不利解释原则"之前,必须先按照通常理解予以解释。那么,何谓"通常理解"?在理论上和实务中争议颇大。

在保险司法实务中,法官习惯于适用《保险法》第三十条,作出不利于保险人的解释与判决,以致保险公司感到很受伤。法院形成的这种"凡是保险条款有争议，就直接适用不利解释规则的思维惯性，导致被保险人受到过度的倾斜保护，也成为被保险人进行恶意抗辩的工具。"① 这种做法导致"不利解释原则"的滥用，确有矫正的必要。

何为"通常理解"？全国人民代表大会法律工作委员会经济法室副主任袁杰编写的《〈中华人民共和国保险法〉释义及实用指南》认为："所谓'通常理解'，是指既不采纳保险人的理解，也不采纳投保人、被保险人、受益人的理解，而是按照一般人的理解来解释。"但何为"一般人"，我们认为应理解为"购买过此类保险的普通人"，这里既不是保险人，也不是被保险人，而是中立的普通人，或者称之为"理性的人"。由于案件是由法官最后做出判断，所以，"通常理解"最终还是由法官来界定。在此意义上，"通常理解"还是要结合个案进行。

（七）本案的启示

查看《恒安标准幸福抵达公共交通意外伤害保险》（SPA2009-01）关于"意外伤害事故"是指遭受外来的、不可预知的、突发的、非被保险人本意的、非疾病的并以此为直接原因使被保险人身体受到伤害的客观事件后我们得知，本案发生后，保险公司应查清死因，对照"意外伤害事故"的定义，判断是否属于赔付范围。

另外，在乘客购买航意险时，如何使其明晰合同条款的内容，特别是免责条款的内容是避免此类纠纷再度发生的前提。

《保险法》第五条规定："保险活动当事人行使权利、履行义务应当遵循诚实信用原则。"最大诚信原则不仅约束保险人，同时也约束被保险人。只有双方都讲诚信，才能维护自己的利益，才能保证保险业的健康发展。

---

① 樊启荣、王冠华：《保险格式条款"通常理解"之解释——以我国〈保险法〉第30条为中心》，《西部法学评论》2010年第6期。

宫外孕不属于意外伤害[①]

案情简介[②]

2010年2月22日,江西省赣州市的陈娟(化名)(以下简称陈女士)被赣州市人民医院诊断为宫外孕,并接受了手术治疗。10天后,陈女士康复出院,共花去医疗费1.2万余元。出院后,陈女士想到,自己从2003年6月26日开始,就向某保险公司(以下简称保险公司)投保"康乃馨"终身女性重大疾病保险1份,并附加住院医疗保险2万元、意外伤害医疗保险5000元。在该合同期满后,她一直续保。于是,陈女士拿着住院发票到保险公司理赔。不久,保险公司按"附加住院医疗保险"支付理赔金3640元,另外8500余元则以不在"意外伤害医疗保险5000元"内,拒绝理赔。

该公司工作人员告知陈女士拒赔的理由是,宫外孕不属于意外伤害事故,而是一种疾病。陈女士对保险公司的回答非常不满,最后选择诉诸法律。2010年12月15日,陈女士将保险公司告上法庭,要求法庭判令被告向她支付宫外孕意外伤害医疗保险金5000元。

一审判决

江西省赣州市某人民法院经审理认为:宫外孕是一种病理产科现象,是受精卵种植在子宫体腔以外部位的妊娠,属于异位妊娠。宫外孕属于生理疾病范围的情形,不是保险条款定义的由于外来的、突发的、非本意的和非疾病的客观事件为直接原因致使身体受到的伤害。据此,法院于2011年3月1日作出一审判决:驳回陈女士的诉讼请求。

---

① 王卫国、凌湄:《宫外孕不属于意外伤害》,发表在《中国保险报》,2011年11月7日。
② 案例来源于:江南、傅一波、吴璇:《宫外孕是否属意外伤害解读不同》,《法制与新闻》,2011年9月。

案例评析

本案争议的焦点是宫外孕是否属于意外伤害?

一、宫外孕的定义

根据医学定义,妊娠分为正常妊娠(怀孕)和异位妊娠(宫外孕)。受精卵在子宫腔以外的器官或组织中着床发育生长的叫宫外孕,也叫异位妊娠。宫外孕是产科的急腹症,早期诊断和及时处理对抢救孕妇的生命极为重要。

二、意外伤害的含义

意外伤害保险中的"意外伤害"是指外来的、突发的、非本意的、非疾病的使身体受到伤害的客观事件。

外来性强调某种危险或事故来源于人体外部,用以区别以内生疾病为保险对象的健康保险。突发性强调伤害是一瞬间发生剧烈变化的事故引起的。非本意强调这种伤害后果不是被保险人希望的或追求的。非疾病强调伤害不是疾病引起的。而且,保险条款往往强调上述四个要件必须同时具备,缺一不可。

三、宫外孕是否属于意外伤害

(一) 宫外孕不具有外来性的特征

外来性强调某种危险或事故来源于人体外部,而宫外孕来源于人体内部。原告主张宫外孕与"受精"这个外在因素不可分割,是"受精"这个外在因素与人的身体机能、身体素质、身体炎症等内在因素共同作用的结果,具有意外事故的属性。我们认为这种观点否定不了宫外孕发生在人体内部的客观事实。

(二) 宫外孕不具有突发性的特征

宫外孕的形成需要一个过程,不是一瞬间的剧烈变化导致的结果,不具有突发性的特征。

(三) 宫外孕具有非本意的特征

非本意强调这种伤害后果不是被保险人希望的或追求的。宫外孕对人体有害,所以任何人都不希望这种事情发生在自己身上。

(四) 宫外孕不具有非疾病的特征

根据医学定义，宫外孕属于一种病变，具备疾病的特征。

由于保险条款强调以上四个要件必须同时具备，缺一不可。所以，只具备其中之一不能认定为意外事故。综上所述，宫外孕不属于意外事故，不应该得到意外伤害保险的赔付。

离婚后，这笔保险金应归谁

案情简介

甲（男方）和乙（女方）在婚姻关系存续期间，用夫妻共同财产为孩子丙投保意外伤害险一份，受益人为乙。丙后来发生意外死亡，乙得到了一笔保险赔偿金。一个偶然的机会，男方发现丙并非自己与女方所生，遂起诉离婚，并要求分割女方因丙死亡所得的保险金。

观点分歧

对于甲的诉讼请求能否得到法院的支持，存在两种观点：

一种观点认为，甲乙在婚姻关系存续期间，用夫妻共同财产为丙投保意外伤害险。丙死亡后保险公司给付的保险金应属于夫妻共同财产，虽然受益人是乙，但此时甲乙仍为夫妻，故甲有权分得一半保险金。

另一种观点认为，本案中指定的受益人是乙，那么保险金就属于乙个人所有，不属于夫妻共同财产，甲无权要求分割该笔保险金。

争议焦点

保险受益人得到的保险金是个人财产还是夫妻共同财产？

法理分析

一、保险受益人的权利

《保险法》第十八条第三款规定："受益人是指人身保险合同中由被保险人或者投保人指定的享有保险金请求权的人。投保人、被保险人可以为受益人。"由此可知，受益人的权利是享有独立的赔偿请求权，即保险事故发生后，受益人可以独立行使诉讼权利，请求得到保险赔偿金。

---

① 王卫国、曾宪杨：《离婚后，这笔保险金应归谁?》，发表在《中国保险报》，2014 年 8 月 7 日。

二、保险受益权的性质

保险受益权是受益人基于人身保险合同所享有的保险金的请求权。对受益权的性质，可以进行如下探讨。

（一）受益权是固有的权利还是继受的权利

通常认为，受益权属于固有权，并非继受而来。当受益人和被保险人同属一人时，受益权之固有性不言自明。即使当受益人和被保险人不属同一人时，受益权之固有性也无须争论，因为人身保险的目的往往是为他人（受益人）的利益而购买的保险。因此，受益权来自保险合同，而非"继受"而来。

（二）受益权可否等同继承权

继承权是继承遗产的权利，其性质属于继受权，因此受益权不是继承权，保险金不属于遗产，不能按照《继承法》的规定处理。

《保险法》第四十二条第一款规定："被保险人死亡后，有下列情形之一的，保险金作为被保险人的遗产，由保险人依照《中华人民共和国继承法》的规定履行给付保险金的义务：（一）没有指定受益人，或者受益人指定不明无法确定的；（二）受益人先于被保险人死亡，没有其他受益人的；（三）受益人依法丧失受益权或者放弃受益权，没有其他受益人的。"

如何理解上述规定呢？该条文的立法本意，并不是指"保险金就是遗产"，而是确定在被保险人死亡之后又无受益人时保险金给付的对象问题，解决此问题的方式按遗产处理，即被保险人的法定继承人成为受益人。当法定继承人成为受益人后就不再为继承人，是以受益人身份领取保险金而不是继承遗产，从而法定继承人以受益人身份行使受益权，优先于其他债权人，也不需要缴纳遗产税。

综上，受益权是一项固有权利，具有专属性。

三、夫妻共同财产与夫妻一方财产的区分

《婚姻法》第十七条规定："夫妻在婚姻关系存续期间所得的下列财产，归夫妻共同所有：（一）工资、奖金；（二）生产、经营的收益；（三）知识产权的收益；（四）继承或赠与所得的财产，但本法第十八条第三项规定的除外；（五）其他应当归共同所有的财产。"

《最高人民法院关于适用〈中华人民共和国婚姻法〉若干问题的解释》（二）第十一条规定："婚姻关系存续期间，下列财产属于婚姻法第十七条规定的其他应当归共同所有的财产：（一）一方以个人财产投资取得的收益；（二）男女双方实际取得或者应当取得的住房补贴、住房公积金；（三）男女双方实际取得或者应当取得的养老保险金、破产安置补偿费。"

《婚姻法》第十八条规定："有下列情形之一的，为夫妻一方的财产：（一）一方的婚前财产；（二）一方因身体受到伤害获得的医疗费、残疾人生活补助费等费用；（三）遗嘱或赠与合同中确定只归夫或妻一方的财产；（四）一方专用的生活用品；（五）其他应当归一方的财产。"

《最高人民法院关于适用〈中华人民共和国婚姻法〉若干问题的解释》（二）第十三条规定："军人的伤亡保险金、伤残补助金、医药生活补助费属于个人财产。"

结　论

综上，本案中的保险金虽然是在夫妻关系存续期间获得的，但不属于夫妻共同财产，而属于夫妻一方的财产。这是由保险受益权的性质决定的。因此甲无权要求分割保险金，但有权要求乙返还为丙所缴纳的保险费的一部分。

未到指定医院就医,保险赔吗[①]

一、案情简介

2015年6月19日,原告于某在被告某保险公司购买《××综合意外伤害保险》保险卡,意外医疗保险金额6000元、意外伤害保险金额为60000元。2015年6月22日,原告在某县城探亲时,意外烧伤,被某医院住院治疗,住院时间为36天,花费医疗费用17048.63元。于某出院后,委托某司法鉴定所对其伤残程度、瘢痕修复费用进行了鉴定,鉴定结果为原告烧伤瘢痕总面积16%,符合九级伤残,瘢痕修复费用为9000元。原告要求被告方赔偿医疗费和伤残金合计48480元。

二、法院判决

被告某保险公司于本判决生效后十五日内赔付原告于某意外伤害医疗费和伤残金48480元。

三、争议焦点

未到指定医院就医,保险公司赔不赔?

四、法理分析

(一)保险公司指定医疗机构的合理性

对于保险公司指定医疗机构的做法,主要存在两种观点:一种观点认为不合理,投保人(被保险人、受益人)有权选择自己想去的医疗机构,保险公司不可以为其指定医疗机构;另一种观点认为合理,保险公司一般

[①] 王卫国、于银凤:《未到指定医院就医,保险赔吗》,发表在《中国保险报》,2016年8月4日。

会指定医疗服务质量高、技术先进、费用较低的医疗机构，可以满足投保人（被保险人、受益人）的需要。

我们认同第二种观点。当下社会上仍然存在一些不诚信现象，加之我国保险运行机制不是很健全，一些医疗机构与投保人（被保险人）合谋故意扩大不必要的医疗费用支出骗取保险金的情况时有发生，保险公司指定医疗机构的做法可以理解，这是保险公司为了防止被保险人恶意骗保而采取的措施，保险公司有权维护自己的合法利益。我们认为，保险公司指定医疗机构的合理性体现在三个方面：一是部分私人医疗机构存在乱收费、高收费牟取暴利的情况，大大增加了保险公司给付保险金的风险，不利于保险公司的健康运行；二是保险公司指定的医疗机构一般都是一些大型机构，相对来说比较正规，医疗条件也比较完善，对病人来说也是一份保障；三是保险公司与大型医疗机构合作既可以提升相关医疗机构的影响力，增加其盈利水平，也可以防止被保险人与某些医疗机构串通骗保情况的发生。

保险公司指定医疗机构虽然有其合理性，但是保险公司不可以随意指定。各个保险公司的定点医疗机构应该是全国统一的，但实践中可能有些保险公司会私下修改医疗机构目录，仅限于合同签订当地的医疗机构，这种限制应认定为无效。所以保险公司没有自己随便指定医疗机构的权利，被保险人只要是到纳入国家统一指定的医疗机构就医的应当认为被保险人履行了该义务，不能以未到保险公司指定医疗机构为由对抗被保险人，拒付保险金。

（二）保险公司指定医疗机构的效力

对于指定医疗机构的效力，存在"有效说"和"无效说"两种观点。"有效说"认为，为了防范道德风险的发生，减少被保险人与医院串通恶意骗保情况的发生，加强保险公司经营稳定性，该条款有效；"无效说"认为指定医疗机构减少了保险人的义务，增加了被保险人的责任，权利义务不对等，《保险法》第十九条规定："采用保险人提供的格式条款订立的保险合同中的下列条款无效：（一）免除保险人依法应承担的义务或者加重投保人、被保险人责任的；（二）排除投保人、被保险人或者受益人依法享有的权利的。"所以该条款无效。《最高人民法院关于适用〈中华人民共和国保险法〉若干问题的解释（三）》（以下简称《司法解释（三）》）采用折中观点，即认定条款的效力，但是又规定了无效的除外情况，可以说比较合情合理。

(三) 关于指定医疗机构的相关法律规定

《司法解释（三）》第二十条规定："保险人以被保险人未在保险合同约定的医疗服务机构接受治疗为由拒绝给付保险金的，人民法院应予支持，但被保险人因情况紧急必须立即就医的除外。"除此条款外并未有法律明确规定未到保险人指定的医疗机构就医的法律后果，因此经常发生相关的赔偿纠纷，《司法解释（三）》的规定为以后解决类似纠纷案件提供了一个有力的法律依据，可以更好地保护被保险人的利益。比如对于被保险人先到定点医院就诊，后定点医院根据患者病情要求被保险人转院的，应当认定保险人已经依据保险合同约定到指定的医疗服务机构网络中进行医疗。在这种情况下保险人要承担给付责任，以体现人身保险的人道主义精神。

(四) 对"紧急情况"的界定

紧急情况通常是指发生的事情是不可预见的或突发的，并带来危险，需要立即采取应对措施，尽力控制局面。根据定义可知紧急情况必须满足不可预见性（突发性）、危险性和紧急性。如何判断被保险人发生保险范围内的意外事故是否属于紧急情况，我们认为可以从以下三个方面来认定：一是从意外事故的发生来说，它必须是偶然发生的，是不可预测的；二是从被保险人所处的状况来说，被保险人处于十分危险的状态，生命健康受到威胁；三是从事态的紧急性来说，被保险人必须立刻送医，采取急救措施，否则会造成不可挽回的后果。除了被保险人先到指定医院后在医院建议下转院的这种情况之外，现实生活中很多意外事故发生后都是需要我们立刻到最近的医院就医，有的甚至在事故发生地进行抢救，所以我们认为突发心脏病、脑溢血等需要立即就医的重大疾病，还有烧伤烫伤面积达到一定比例，发生重大交通事故需要抢救等等都属于紧急情况。

对于如何判断被保险人发生意外事故时是否属于紧急情况，并未有明确的法律规定，《司法解释（三）》第二十条也并未对紧急情况给出一个明确的界定或者列举一些具体情况，这就导致发生保险事故时保险人与被保险人各执一词。我们认为，应考虑个案具体情况，不可能制定统一的标准。

(五) 指定医疗机构是否属于免责条款？

1. 关于免责条款的相关规定

《保险法》第十七条第二款规定："对保险合同中免除保险人责任的条

款,保险人在订立合同时应当在投保单、保险单或者其他保险凭证上作出足以引起投保人注意的提示,并对该条款的内容以书面或者口头形式向投保人作出明确说明;未作提示或者明确说明的,该条款不产生效力。"

《最高人民法院关于适用〈中华人民共和国保险法〉若干问题的解释(二)》(以下简称《司法解释(二)》)第十一条规定:"保险合同订立时,保险人在投保单或者保险单等其他保险凭证上,对保险合同中免除保险人责任的条款,以足以引起投保人注意的文字、字体、符号或者其他明显标志作出提示的,人民法院应当认定其履行了保险法第十七条第二款规定的提示义务。保险人对保险合同中有关免除保险人责任条款的概念、内容及其法律后果以书面或者口头形式向投保人作出常人能够理解的解释说明的,人民法院应当认定保险人履行了保险法第十七条第二款规定的明确说明义务。"

《司法解释(二)》第十三条:"保险人对其履行了提示和说明义务负举证责任。"

通过以上相关法律规定可以看出免责条款产生法律效力的条件包括两个(缺一不可):(1)保险人履行了提示义务;(2)保险人履行了明确说明义务,并且保险人需要对其履行了这两项任务负举证责任,这更有利于保护被保险人的利益。《司法解释(二)》第十一条对提示与说明义务作出了更加明确地规定,为以后审理案件判断保险人是否履行了提示与说明义务提供了一个标准,可以省去不少麻烦,避免不必要的纠纷,降低司法成本。

2. 指定医疗机构是否属于免责条款

免责条款是指当事人约定的用以免除或限制其未来合同责任的条款。根据免责条款的定义可知免责条款包括两种情况:即免除责任(完全免除当事人的责任)和限制责任(将当事人的责任限定在一定范围内)。那么指定医疗机构属于免责条款吗?如果保险公司直接将此条款放在责任免除部分必然是免责条款,但是"判断一个合同条款是否属于免责条款既不能仅依据其是否被置于保险合同条款中的'责任免除'这一部分,也不能仅依据其是否被冠以'责任免除'的名称,而要依据该条款所约定的权利义务的具体内容来判断该合同条款是否具有免责条款的特征。"所以即使保险公司没有将其直接列入免责条款当中,从保险公司指定医疗机构的目的来看,它是为了减轻自己的责任,将自己的责任限制在一定范围内,减少赔偿的概率,具有免责条款的特征。《司法解释(二)》第九条规定:"保险人提供格式合同文本中的责任免除条款、免赔额、免赔率、比例赔付或者给付等免除或者减轻保险人责任的条款可以认定为保险法第十七条第二款规定的免除保险人责任的条款。"所以我们认为保险公司指定医疗机构条款无论放在哪一部分都属于免责条款。那么既然属于免责条款，保险人就应当尽到提示与明确说明义务，否则该条款无效。

（六）结论

原告于某在保险期间内烧伤住院，属于保险理赔范围内的保险事故，保险公司以原告未到二级以上（含二级）或者保险人指定的医疗机构就医为由，拒绝给付保险金是不合理的。原告于某的烧伤鉴定结果为烧伤瘢痕总面积16%，符合九级伤残，在烧伤后就近送医，属于紧急情况，符合《司法解释（三）》第二十条规定的情况。而且由案例可知保险条款虽然指定了医疗机构，但是并未约定未到指定医疗机构就医的后果，保险人也并未对此作出明确说明，所以保险公司应该承担给付保险金的责任。

一张车票引发的保险官司[①]

案情简介

2005年8月5日,王慧敏(原告袁军的母亲)从哈尔滨乘坐哈北公司黑A84892号客运汽车前往黑河,途中由于驾驶员操作失误,在哈黑大公路发生交通事故,包括王慧敏在内的8名乘客当场死亡。同年8月16日,在交警部门的主持下,袁军与哈北公司达成调解协议,哈北公司赔偿袁军死亡赔偿金、丧葬费、交通费、误工费等合计139566元,并已将款项支付给了袁军。

袁军后来发现,其母亲当时购买的客车票中含有2%的旅客意外伤害保险费。袁军随后找到中国人寿哈尔滨市动力支公司提出保险赔偿。保险公司告诉袁军此保险款项已支付给哈北公司,故不同意再支付保险赔偿金,同时让袁军去找哈北公司协调此事。袁军与中国人寿多次协商未果,2006年年初,袁军将保险公司告上了法庭,要求中国人寿给付人身意外伤害保险金5万元、交通费1437元。

法院判决

哈尔滨市香坊区法院认为,根据《保险法》和《合同法》的有关规定,王慧敏在购买车票时就与客运公司、哈北公司和中国人寿建立了旅客客运合同和保险合同关系,这一事实有客运公司在售票处《公路乘客人身意外伤害保险》须知及王慧敏持有的客票为证。因此,法院判决保险公司应给付原告袁某保险赔偿金5万元。但考虑到中国人寿已将此款实际支付给哈北公司,故哈北公司应向袁军支付讼争的5万元保险赔偿金。

---

① 王卫国、凌湄:《一张车票引发的保险官司》,原发表在《中国保险报》,2006年8月28日。

案件评析

一、车票上注明的"保险金"是"意外伤害险保险金"还是"运输责任险保险金"

王慧敏当时购买的客车票中载明：票价139元，含旅客保险金、附加费等。售票单位哈尔滨公路客运公司（以下简称客运公司）在售票处悬挂了《公路乘客人身意外伤害保险》须知。须知上标明了保险对象：凡持有在哈尔滨客运总站所辖各站购买的有效车票，并乘坐公路客运部门营运客车的旅客均为被保险人，旅客如遭受意外伤害致死，给付意外人身事故保险金5万元；保险期间为自旅客购票后在指定候车区域时起，至旅客达到车票载明或约定的旅程终点下车时止；保险费为基本票价中所含2%的旅客身体伤害赔偿责任保险金，各客运站在售票中直接扣除并统一缴到中国人寿保险公司并为旅客进行投保。

通过上述事实完全可以判断出王慧敏所购买的是意外伤害保险，而不是运输责任保险。

二、受益人是"乘客"还是"客运公司"

在本案中，王慧敏购买的是旅客意外伤害保险，受益人当然是她指定的人，如果没有指定，按照《保险法》第六十四条的规定，保险公司应该向王慧敏的继承人偿付保险金。

三、乘客王慧敏与保险公司是否存在合同关系

本案从表面上看，王慧敏并没有直接与保险公司签订合同，而是与客运公司签订合同。但由于客运公司是中国人寿的保险兼业代理人，负责代收代缴客车票中2%的客运意外伤害保险费。实际上，客运公司与保险公司之间是一种委托代理关系，王慧敏与客运公司签订了合同，该行为的结果归属于被代理人中国人寿，认为王慧敏与中国人寿不存在保险合同关系的观点是不能成立的。

综上所述，我们认为法院的一审判决是正确的。

几点思考

一、保险合同当事人应自觉遵守最大诚信原则

在本案中，投保人已经履行了缴纳保费的义务，一旦出现了合同约定

的保险事故，保险人就应当按照约定履行偿付义务，这是最大诚信原则的要求，更是保险合同的要求，如果没有合法的抗辩理由，保险人就应该履行自己的合同义务。只有这样，才能取信于投保人，才能使保险业健康发展。

二、意外伤害保险应当独立于旅客运输合同

从 2006 年 1 月 1 日起，根据黑龙江省有关部门的规定，运输部门使用新的客票，新客票票面不再含保险金字样的内容，保险费另行制作保险单，票面分别为 1 元、2 元，保险金额分别为 2 万元、4 万元，在售票时一并售给乘客。我们认为，这种做法是正确的。因为旅客意外伤害保险属于自愿保险，由旅客自愿决定是否购买，不能强迫。这种"捆绑销售"的做法应该废止，否则会引起误解，造成不必要的纠纷。

三、消费者要增强维权意识

在很多情况下，消费者处于弱势地位，维护自身权益十分艰难。但随着我国法律的日趋完善，执法环境的日益改善，公民法律意识的逐步提高，这种状况会得到进一步改善。公民要想维护自身的权益，必须学法、懂法，正确运用法律。在本案中，袁军用自己的行动为消费者树立了榜样，这种做法是值得提倡的。

第三部分

财产保险合同专题

是直接损失还是间接损失[①]

案情简介

2015年8月10日13时，李某驾驶的大型专项作业车，行驶到某处右拐时，将架设的通往某养鸡场的电缆线挂断，造成鸡场停电，鸡舍内的空调、换气、供水、给食等设施全部瘫痪。发生事故时，正值高温顶点，发生事故的当日、次日死鸡1104只，第三日又死鸡726只，经有关部门评估，死鸡损失5.2万元。

经交警部门认定，司机李某负此次事故的全部责任。经查，该车辆投保了某保险公司的交强险和50万元的商业三者险及不计免赔险。事故发生后，李某通知了保险公司。保险公司认为，交通事故致使第三者停业、停电、数据丢失等损失属于间接损失，保险公司不予赔付。双方发生纠纷，诉至法院。

争议焦点

交通事故导致停电带来的损失是直接损失还是间接损失？

法理评析

一、直接损失和间接损失的含义

财产损失包括直接损失和间接损失。直接损失又称为积极损失，是指受害人现有财产的减少，也就是加害人不法行为侵害受害人的财产权利、人身权利，致使受害人现有财产直接受到的损失。例如财物被毁损而使受害人财富的减少，致伤、残后受害人医疗费用、护理费用的支出等等，都是直接损失。

间接损失又称消极损失，就是可得利益的丧失，即应当得到的利益因

[①] 王卫国、吴立成：《是直接损失还是间接损失》，原发表在《中国保险报》，2016年9月1日。

受侵权行为的侵害而没有得到，包括可得的财产之法定或天然孳息的丧失、可得利润的丧失、可得工资奖金的丧失、可能的挣钱能力的丧失或降低等。

间接损失与直接损失有着原则的区别。首先，间接损失不是现有财产的减少，不表现为受害人现实拥有的财产价值量的实际减少，而是受害人应该得到的财产利益因侵权行为的实施而没有得到；其次，间接损失具有依附性，而直接损失不具有依附性；最后，直接损失是直观的、现实的财产价值的损失，间接损失虽然也是客观的损失，但不是直观现实的，而是要根据实际情况进行计算才能得出实际的间接损失的量。

对直接损失和间接损失的区分标准，理论界和实务界存在不同观点。第一种观点认为，应根据损害与侵权行为之间的直接和间接因果关系来划分。第二种观点认为，应根据损害的标的来区分。侵权行为直接所损及之标的，其损害为直接损害，其他的损害则为间接损害。

我们认为，以上观点是从不同角度出发所作的区分，具有各自不同的意义，相比较而言，第一种观点较为可取。

二、根据近因理论，死鸡损失属于直接损失

在保险法中，只有当危险事故的发生与损失结果的形成，存在着直接因果关系（近因）时，保险人才对损失负补偿责任，该原则被称为近因原则。在判断某一原因是否符合近因原则的要求时，不是看该原因是否最接近损失的发生时间，而是看该原因是否直接促成了保险事故的发生。在我国，一般把直接促成结果发生的原因称为直接原因。如果该原因属于保险事故则应赔偿，不属于保险事故的，则不赔偿。简言之，近因是指对造成承保损失起决定性、有效性、直接性的原因。

在本案中，交通事故将架设的通往某养鸡场的电缆线挂断，造成鸡场停电，导致鸡的死亡，造成了损失。交通事故是导致鸡死亡的直接原因，即近因。该损失属于直接损失，属于保险公司的责任范围，所以，保险公司理应赔偿。

三、"停电造成的损失属于间接损失"条款的效力

（一）相关规定

《机动车交通事故责任强制保险条款》第十条规定："下列损失和费用，交强险不负责赔偿和垫付：（三）被保险机动车发生交通事故，致使

受害人停业、停驶、停电、停水、停气、停产、通讯或者网络中断、数据丢失、电压变化等造成的损失以及受害人财产因市场价格变动造成的贬值、修理后因价值降低造成的损失等其他各种间接损失。"

《中国保险行业协会机动车综合商业保险示范条款》第二章机动车第三者责任保险第二十六条规定："下列人身伤亡、财产损失和费用，保险人不负责赔偿：（一）被保险机动车发生意外事故，致使任何单位或个人停业、停驶、停电、停水、停气、停产、通讯或网络中断、电压变化、数据丢失造成的损失以及其他各种间接损失。"

（二）保险公司的抗辩理由

保险公司据此认为，停电造成的损失属于间接损失，保险公司不应赔偿。在庭审中，保险公司提交了保险合同、保险条款、提示等证据证明保险合同的合法性，投保人也已签章确认，保险合同中的免责条款具有合法效力。保险公司还认为，交通事故导致电缆断裂，电缆的损失属于直接损失，而死鸡损失属于间接损失，区分直接损失和间接损失的标准是标的，不是因果关系。综上，死鸡损失不属于保险公司理赔的范围。

（三）对"免责条款"应履行的义务

《保险法》第十七条第二款规定："对保险合同中免除保险人责任的条款，保险人在订立合同时应当在投保单、保险单或者其他保险凭证上作出足以引起投保人注意的提示，并对该条款的内容以书面或者口头形式向投保人作出明确说明；未作提示或者明确说明的，该条款不产生效力。"

《最高人民法院关于适用〈中华人民共和国保险法〉若干问题的解释（二）》（以下简称《司法解释（二）》）第十一条规定："保险合同订立时，保险人在投保单或者保险单等其他保险凭证上，对保险合同中免除保险人责任的条款，以足以引起投保人注意的文字、字体、符号或者其他明显标志作出提示的，人民法院应当认定其履行了保险法第十七条第二款规定的提示义务。保险人对保险合同中有关免除保险人责任条款的概念、内容及其法律后果以书面或者口头形式向投保人作出常人能够理解的解释说明的，人民法院应当认定保险人履行了保险法第十七条第二款规定的明确说明义务。"《司法解释（二）》第十三条："保险人对其履行了提示和说明义务负举证责任。"

通过以上相关法律规定可以看出免责条款产生法律效力的条件包括两

个：（1）保险人履行了提示义务；（2）保险人履行了明确说明义务。并且保险人需要对其履行了这两项任务负举证责任，这更有利于保护被保险人的利益。

但在本案中，保险公司未能举证证明对免责条款已经履行了提示和说明义务，所以保险公司应承担举证不能的后果。

四、直接损失和间接损失理论的发展

直接损失和间接损失虽然区别很大，但也不是一成不变的。《最高人民法院关于审理道路交通事故损害赔偿案件适用法律若干问题的解释》第十五条规定："因道路交通事故造成下列财产损失，当事人请求侵权人赔偿的，人民法院应予支持：（一）维修被损坏车辆所支出的费用、车辆所载物品的损失、车辆施救费用；（二）因车辆灭失或者无法修复，为购买交通事故发生时与被损坏车辆价值相当的车辆重置费用；（三）依法从事货物运输、旅客运输等经营性活动的车辆，因无法从事相应经营活动所产生的合理停运损失；（四）非经营性车辆因无法继续使用，所产生的通常替代性交通工具的合理费用。"

第（一）、（二）项属于直接损失没有异议，但第（三）、（四）项中的停运损失、替代费用往往属于间接损失。但司法解释对此作了突破。由于个案不同，一刀切的做法是不合理的。区分经营性和非经营性是合理的，值得肯定。

再如"贬值损失"的问题，理论界与实务界对此问题争议很大。大多数人的观点是属于间接损失，但是如果结合具体案子，比如一辆刚买的新车，发生交通事故，即使修复一新，如果转让价值肯定降低。该贬值损失应该属于直接损失，不是间接损失。但是，现在的保险条款往往将贬值损失列为间接损失，不赔。随着社会发展，贬值损失有可能变成直接损失，纳入到保险赔偿的范围之内。据了解，有的保险公司已经开发出"车辆贬值险"，供消费者选择。

五、结论

交通事故导致停电带来的损失，如果符合近因的判定规则，属于直接损失，保险公司应该赔偿。

是重复保险还是单独保险[①]

案情简介

某商贸公司从东北购得一批粮食，委托当地的粮食储运公司储存。该粮食储运公司将粮食运入粮库后向当地的 A 保险公司投保了财产保险综合险。与此同时，该商贸公司也以此批粮食为标的向当地的 B 保险公司投保了财产保险综合险。一日，粮库发生意外火灾，这批粮食全部损毁。储运公司及商贸公司分别向各自投保的保险公司报险索赔，由此产生了一场争议。

观点之争

第一种意见认为，储运公司及商贸公司将同一标的向两个保险公司投保，此属重复保险。根据《保险法》及保险合同的规定，各保险人按照其保险金额与保险金额总和的比例承担赔偿责任。

第二种意见认为，此保险标的的所有人商贸公司向 B 保险公司投保了财产保险综合险，此损失当然由 B 保险公司赔偿。

第三种意见认为，虽然此保险标的的所有人商贸公司，但出险时保险标的归储运公司代管，标的受损，储运公司必须承担赔偿，说明储运公司对此标的具有保险利益。既然储运公司已向 A 保险公司投保了财产保险综合险，此损失当然由 A 保险公司负责赔偿。

法理分析

此案中商贸公司是这批粮食的所有人，显然对其具有可保利益，而储运公司是这批粮食的代管人，对于保证这批粮食的安全负有责任，显然也对其具有保险利益。两个投保人以同一保险标的分别向两个保险人投保，这究竟是重复保险还是两个单独保险？

[①] 本文原发表在《中国保险报》，2013 年 2 月 18 日。

一、是否构成重复保险

《保险法》第五十六条第四款规定:"重复保险是指投保人对同一保险标的、同一保险利益、同一保险事故分别与两个以上保险人订立保险合同,且保险金额总和超过保险价值的保险。"

可见重复保险必须同时具备以下条件:

(一) 同一保险标的

只有在以同一标的作为两份或两份以上的保险合同的保险标的时,才可能构成重复保险。如果投保人将两个以上(包括两个)保险标的分别与若干保险人订立保险合同,则不构成重复保险。例如房主甲有平房四合院十间,在同一场火灾中损毁。其中北房五间有一房产证记载,南房五间另有一房产证记载。李某将北房五间向 A 保险公司投保火灾险,同时将南房五间向 B 保险公司投保火灾险,很显然此案不属于重复保险。

(二) 同一保险利益

《保险法》第十二条第六款规定:"保险利益是指投保人或者被保险人对保险标的具有的法律上承认的利益。"所谓同一保险利益,是指投保人或被保险人对同一保险标的所具有的相同法律关系。如果就同一保险标的下的不同保险利益订立数个不同的保险合同,则不构成重复保险。例如房主甲以其对房屋的所有权利益,将房屋投保火灾保险,而抵押权人乙以其抵押权利益将相同房屋投保火灾保险,虽然保险事故均为火灾,但因保险利益一是基于所有权,一是基于抵押权,所以不构成重复保险。只有当投保人就同一保险标的的同一保险利益分别与两个或两个以上的保险人订立保险合同时,才能构成重复保险。

(三) 同一保险事故

重复保险中的同一保险事故,是指数个保险合同中约定的保险事故范围有重合处,另一方面是指在保险事故发生时,所发生的是各保险合同中约定的同一保险事故。只有各个保险合同约定的保险事故是同一保险事故,且其与实际发生的保险事故亦均为同一事故时,方构成重复保险的同一保险事故。若各个保险合同中的保险标的与保险利益是同一的,但其约定的保险事故各不相同,则不能构成重复保险。例如房主甲就其房屋分别向

M 保险人投保火灾险，向 N 投保失窃险，向 D 投保地震险，则不是重复保险。

（四）同一保险期间

重复保险至少涉及两份保险合同，只有保险期间有重叠时，才构成重复保险。重叠分为"全部重叠"和"部分重叠"两种。全部重叠，指投保人就同一保险标的、同一保险事故、同一保险利益，向不同保险人订立的数个保险合同，其保险的起止时间均相同，此种情形称为"同时重复保险"。部分重叠是指投保人就同一保险标的、同一保险利益、同一保险事故同数个保险人订立的数个保险合同，其起讫时间虽非完全相同，但仍有部分相同。此种情形称为"异时重复保险"。须特别注意的是，时间上的重叠，指"数个保险合同"之"生效期间"的重叠，并非指"成立期间"的重叠。换言之，是否构成重复保险，其判断时点应以"保险事故发生时"为准，而非以投保时点为准。

（五）保险金额总和超过保险价值

如某项财产的保险价值是 10 万元，A 保险人承保的保险金额是 8 万元，B 保险人承保的保险金额是 6 万元，虽然各个合同的保险金额均未超过保险价值，但保险金额总和已超过保险价值。在这种情况下，需要对保险事故造成的损失在重复保险的各保险人之间进行分摊。

通过上述分析，可以看到在本案中，商贸公司基于所有权对粮食具有保险利益，而储运公司基于运输仓储合同对该批粮食具有保险利益。很显然，两个利益是不同的，不符合重复保险的"同一保险利益"的要求，故本案不属于重复保险。进一步讲，本案中 A、B 两家保险公司无须按比例分担损失。那么，损失到底如何承担呢？这就涉及了不真正连带债务问题。

二、不真正连带债务对本案的适用

所谓不真正连带债务，是指多个债务人就基于不同发生原因而偶然产生的同一内容的给付，各自独立负有全部履行的义务，并因债务人之一的履行而使全部债务均归于消灭的债务。

构成民法上的不真正连带债务，必须符合下列条件：

（一）数债务人基于不同的原因而对债权人负有不同的债务

不真正连带债务中数个债务的发生原因各不相同，乃基于不同的法律关系而发生。这里所说的不同的法律关系，既包括性质不同的法律关系，如违约和侵权，也包括性质相同的同类法律关系，如都是基于侵权。尤应注意的是，在不真正连带债务，即使所发生的法律关系性质相同，但却不是基于一个法律关系而发生债务，也就是说，不真正连带债务是基于数个法律关系发生的债务。例如，甲盗窃乙的耕牛，在赶牛回家的路上，牛被丙的汽车轧死。尽管甲、丙均基于侵权赔偿关系负赔偿之债，但因甲、丙分别与乙发生了法律关系，应分别独自承担责任。可见，不真正连带债务的发生原因、事实具有多样性和差异性。

（二）债权人对数个债务人均享有分别独立的请求权

在不真正连带债务中，由于各项债务是基于不同的发生原因而分别存在的，债权人对数个债务人均享有分别独立的请求权。

（三）数个债务偶然联系在一起

不真正连带债务缺乏共同的目的，各债务人只有各自的单一目的，并无主观上的相互联系。也就是说，各个债务人之间主观上并无联络，也未共同实施某种行为，或者作出某种约定。数个债务发生紧密联系，给付内容的同一，纯属相关的法律关系偶然地发生巧合。债务发生后，尽管一人的履行可使全体债务消灭，但这不过是债权在客观上得到满足，为维护公平及不使债权人获得额外的利益才使其他债务同归消灭，而不是各债务具有共同目的所致。

（四）数个债务人的给付内容为同一或基本上是相同的，且债务的清偿不分比例、份额

每个债务人均负有全部清偿的义务，而且一旦一个债务人清偿了全部债务，则债权人的债权就得到全部实现，债权人无权再向其他债务人求偿。正是由于给付内容的同一或基本相同，才发生一债务人履行债务使其他债务人的债务消灭的问题。

（五）在多数情况下，不真正连带债务有终局责任人

所谓终局责任人，是指最后真正承担债务责任的人。

本案完全符合不真正连带债务的构成要件，具体表现为：

1. B 保险公司和储运公司基于不同原因对商贸公司享有债务。

商贸公司与 B 保险公司之间基于保险合同关系，与储运公司之间是运输合同关系。可见，原因不同。

2. 商贸公司对 B 保险公司和储运公司分别享有债权，即对粮食的损失既可以请求 B 保险公司赔偿，也可以要求储运公司赔偿。

3. 本案中两个债务偶然联系在一起。恰恰是粮库发生意外火灾，使这批粮食全部损毁。B 保险公司和储运公司，甚至包括 A 保险公司才牵扯到本案中。

4. B 保险公司和储运公司的给付内容是一致的，都是金钱给付。而且债务的清偿不分比例、份额。

5. 本案中的终局责任人是 A 保险公司。考虑到如果储运公司承担了赔偿责任，那么商贸公司就无须再向 B 保险公司请求赔偿，否则构成不当得利。又因为储运公司已经向 A 保险公司投保了财产保险综合险，所以，A 保险公司最终要承担赔偿责任。

三、结论

通过上述分析，可以得出这样的结论：

1. 本案不构成重复保险，即 A、B 保险公司无须同时承担责任。

2. 商贸公司既可以请求 B 保险公司赔偿，也可以要求储运公司赔偿，但不可以同时要求储运公司和 B 保险公司赔偿。

3. 即使商贸公司不要求储运公司承担责任，最终的责任人依旧是储运公司以及投保的 A 保险公司。因为 B 保险公司承担了赔偿责任后，有权向储运公司追偿，那么 A 保险公司将是最终的责任承担者。

4. 第三种意见是正确的。

论《保险法》第五十七条的修改与完善

一、问题的提出

《保险法》第五十七条规定:"保险事故发生时,被保险人应当尽力采取必要的措施,防止或者减少损失。保险事故发生后,被保险人为防止或者减少保险标的的损失所支付的必要的、合理的费用,由保险人承担;保险人所承担的费用数额在保险标的损失赔偿金额以外另行计算,最高不超过保险金额的数额。"

该条文分两款,第一款是明确了被保险人的施救义务,第二款是有关费用的分担问题。其中第二款又分为两层含义。第一层含义是说保险事故发生后,被保险人为防止或者减少保险标的的损失所支付的必要的、合理的费用,由保险人承担。它明确了施救等合理费用的承担人是保险人。第二层含义是说保险人所承担的数额在保险标的损失赔偿金额以外另行计算,最高不超过保险金额的数额。这句话是最容易引发不同的理解的语句,也是本文讨论的核心问题。对该规定目前出现了两种不同的理解。

(一)财产损失与合理费用的总额不能超过保险金额

按照《保险法》损失补偿原则,保险合同生效后,如果发生保险责任范围内的损失,被保险人有权按照合同的约定,获得全面、充分的赔偿。损失补偿的范围包括保险事故发生时,保险标的的实际损失、合理费用以及其他费用。该观点认为各项损失及费用之和最高不超过保险金额的数额。

这种观点在很多场合得到了印证,在此我们只举一例加以说明。在2006年上半年高等教育自学考试全国统一命题考试《保险法》试卷中,其中第25题是一道单项选择题:某企业投保财产险50万元,在一次火灾事故中,实际损失为45万元,为保护和抢救财产支出的必要费用为10万元,为确认保险责任范围内的损失支付的估价费为 2 万元。保险公司应向该企业赔偿（ ） A. 45 万元；B. 50 万元；C. 55 万元；D. 57 万元。答案是 B. 50 万元[①]。笔者认为该答案是错误的。

这种观点的理论依据是，如果保险人承担的各项损失之和超过保险金额的话，对保险人是不公平的，因为保险人只收取了一次的保费，即与保险金额相适应的保费，保险人没有考虑到会双倍支付损失和费用，长此以往会影响保险业的健康发展，也违反了民法的公平原则和等价有偿原则。

（二）财产损失与合理费用的总额可以超过保险金额，但不得超过保险金额的两倍

持这种观点的人认为，《保险法》第五十七条第二款说得很清楚，必要的合理的施救费，保险人所承担的数额在保险标的损失赔偿金额以外另行计算，最高不超过保险金额的数额。这句话的含义是施救费应该单独计算，该项费用最高不超过保险金额。那么各项费用合起来，就有可能超过保险金额，但是最高不超过保险金额的两倍。

这种观点的理论依据是，被保险人为防止或者减少保险财产损失而采取施救、保护和管理等措施，必然要有一定的费用支出。由于被保险人的财产已经投保，从某种意义上说，被保险人的这些费用是为保险人的利益而支出的。因此，《保险法》规定，被保险人为防止或者减少保险标的损失而支付的必要的、合理的费用，应当由保险人来承担。由于被保险人的这种费用支出与其保险财产因保险事故所遭受的损失具有不同的性质，并且这种性质的费用支出不应超过保险财产的损失数额，所以，对被保险人这种费用支出，保险人所承担的数额在保险标的损失赔偿金额以外另行计算，最高不得超过保险金额。

之所以出现上述问题，是由立法技术引起的。下面我们考察一下有关国家和地区在这个问题上的立法例，以求对解决该问题提供一些参考。

二、有关国家或地区的立法例

（一）韩国立法例

《韩国商法》第 680 条规定："保险合同人与被保险人应尽力防止损害

[①] 王雨春：《全国高等教育自学考试同步训练同步过关保险法》，人民日报出版社 2006 年版。

的发生，但是因此而支出的必要或者有益的费用及补偿金，即使超过保险金，也由保险人负担。"

《韩国商法》第694条之第2款规定："保险人承担补偿被保险人为了防止因保险事故所致的损害而支出的救助费用的责任。但是，保险标的的救助费分担部分的价值超过保险价值时，不承担补偿该超过的部分的分担价值。"

（二）日本立法例

《日本商法典》第660条规定："被保险人应尽力防止损失发生。但是，为此支付的有益费用及填补额虽超过保险金额，也归保险人负担。"

（三）德国立法例

《德国保险契约法》第62条规定："（1）保险事故发生时，要保人有尽可能防止或减轻损害并遵照保险人指示的义务；若情况允许，要保人应请求保险人指示。若有多数保险人且其指示互相对立时，要保人应依照符合其义务规定的判断行事。（2）要保人故意或因重大过失而违反前项义务者，保险人免除给付的义务。因重大过失所致的违反，倘要保人履行义务也不能减少损失的范围者，保险人仍有给付的义务。"

《德国保险契约法》第63条规定："（1）要保人依据第62条所支出的费用，纵使未发生效果，若依据当时情况，要保人认为该费用系必要者，保险人应偿还。依照保险人的指示所生的费用与其他补偿金融合计超过保险金额者，保险人也应偿还。保险人于要保人请求时应预付必要费用。"

《德国保险契约法》第66条规定："（1）依照当时情况，要保人为调查及确定保险人应负责任的损害所支出的费用系必要者，保险人应偿还。"

《德国保险契约法》第144条（运输保险）规定："（1）保险人对于要保人依据第62条为避免或减少损害所生的必要费用，其数额与赔偿金额合计虽超过保险金额，保险人也应偿还。（2）为避免或减少，或为调查及确定损害，或为回复或修缮因保险事故受损的物所生的费用，或为给付共同海损的分担额，或要保人清偿分担额的义务已存在者，保险人对于嗣后的保险事故所致的损害，不计其先前已负担的费用及分担额，仍须负责。"

《德国保险契约法》第145条（运输保险）规定："保险事故发生后，保险人可以给付保险金额以免除所有其他的义务。但在保险人欲以给付保险金额以免除其他给付义务的声明送达于要保人之前，其对于为避免或减少损害或回复或修缮保险财产的费用，仍有赔偿的义务。"

（四）意大利立法例

《意大利民法典》第 1914 条规定："被保险人应当在可能的限度内避免或减少损害；被保险人为避免或减少损害所花费的费用，尽管其总额与损害在一起将超过保险金额，且尽管没有达到目的，也要由保险人按照物在灾害期间的保险价值的比例承担，除非保险人证明所花的费用是轻率的。"

（五）我国台湾地区立法例

我国台湾地区保险法第 33 条规定："保险人对于要保人或被保险人，为避免或减轻损害之必要行为所生之费用，负偿还之责。其偿还数额与赔偿金额，合计虽超过保险金额，仍应偿还。保险人对于前项费用之偿还，以保险金额对于保险标的之价值比例定之。"

通过对有关国家和地区的相关立法进行比较研究后我们发现，对被保险人为了防止损害的发生而支出的必要或者有益的费用及补偿金，即使超过保险金额，也由保险人负担。这已经是通例，无需再作争论。

三、修改和完善《保险法》第五十七条的建议

从保险法的立法本意出发，应对《保险法》第五十七条作这样的理解：为了减少保险标的的损失，鼓励被保险人施救保险标的的积极性，保险人应支付被保险人为施救保险标的而支出的必要的合理的费用。

《保险法》第五十七条第二款所规定的必要费用，是指为防止或者减少保险财产损失而采取的必要的措施所支出的费用，如某厂投保了企业财产保险后，火灾在某车间发生，为了使火灾不至蔓延扩大，被保险人将周围也属于保险财产的附属建筑物拆除所致的损失，也应由保险人赔偿。"合理的费用"是指为了防止或者减少保险财产损失而采取的合理的措施所支付的，比如为了抢救保险财产，搬运至最近安全点进行临时存储，但在危险状态消除后，应当及时搬回，因为延期存储的费用不属于合理的费用。通常情况下，财产保险的赔偿金额不得超过保险金额，但是，为了减少保险财产损失，而支出的费用与保险事故造成的保险财产的损失具有不同的性质，应当分别计算。因此，保险人对被保险人采取必要的措施而支出的费用所承担的赔偿金额，不包括在保险财产损失赔偿金额以内，也就

是采取必要措施支出的费用与保险财产损失金额可以分别按照两个保险金额计算，但是均以不超过保险金额为限。

鉴于目前的《保险法》第五十七条的语言表述不严谨，极易引起误解，所以有必要对其进行修改。我们认为应将其修改为：

保险事故发生时，被保险人有责任尽力采取必要的措施，防止或者减少损失。

保险事故发生后，被保险人为防止或者减少保险标的的损失所支付的必要的、合理的费用，由保险人承担；保险标的损失赔偿金额与被保险人为防止或者减少保险标的的损失所支付的必要的、合理的费用之和可以超过保险金额，但最高不得超过保险金额的两倍。

交强险重复投保如何赔付[①]

一、案情简介

2007年，唐某在旧车交易市场购买了一辆二手小汽车，并于当年6月1日在天平汽车保险股份有限公司广东分公司为该车投保了交强险，保险期为2007年6月2日至2008年6月1日，保险金额为6万元。而该车的前主人曾在中国人民财产保险股份有限公司中山分公司为该车购买了交强险，保险期为2006年8月16日至2007年8月15日。唐某购买交强险前并不知情。

2007年6月22日，唐某驾车在中山火炬开发区中港大道与一骑自行车的人相撞，导致骑车人死亡，唐某承担事故的同等责任。经与死者家属达成和解协议，唐某向死者家属支付了20余万元。事后，唐某向保险公司理赔，两家保险公司分别赔付了5.8万元。

赔付后，天平保险才发现该车居然购买了两份交强险，并获得两份赔偿。天平保险认为，唐某故意隐瞒重复投保事实，重复理赔，构成不当得利，应返还天平保险所支付的保险金，或至少应返还天平保险所支付的保险金的一半，并以此于2009年10月29日向中山市第一人民法院提起诉讼。

二、法院判决

法院审理认为，唐某与天平保险的保险合同无违反法律规定的情形，应予以确认。在车辆发生事故后，唐某或受害人有权获得天平保险的赔偿。交强险的性质不是单纯的财产保险或人身保险，而是两者的混合。唐某所分别办理的两次保险理赔，其总金额为11.6万元，没有超出唐某赔付

[①] 王卫国、曾宪杨：《交强险重复投保如何赔付》，发表在《上海保险》2011年第1期。

事故受害人的金额。2010 年 4 月 26 日，法院作出一审判决，天平保险的诉求没有法律依据，不予支持。

一审判决后，天平保险不服，向中山市中级人民法院提起上诉。

经调解，5 月 11 日唐某与天平保险达成协议：唐某于 5 月 30 日前返还天平保险赔偿款 2.5 万元，双方就此案了结纠纷，互不再追究。

三、法理分析

本案的焦点是：交强险是否能够重复购买？重复购买是否有效？

（一）交强险的性质

"交强险"是机动车交通事故责任强制保险的简称，是我国首个由国家法律规定实行的强制保险制度。《机动车交通事故责任强制保险条例》规定，交强险是由保险公司对被保险机动车发生道路交通事故造成受害人（不包括本车人员和被保引险人）的人身伤亡、财产损失，在责任限额内予以赔偿的强制性责任保险。

交强险属于责任保险的一种，责任保险是财产保险的一种，所以，交强险从本质上看，仍然属于财产保险。

（二）交强险可否重复投保

按照《保险法》第五十六条的规定，重复保险是指投保人对同一保险标的、同一保险利益、同一保险事故分别与两个以上保险人订立保险合同，且保险金额总和超过保险价值的保险。重复保险的投保人应当将重复保险的有关情况通知各保险人。重复保险的各保险人赔偿保险金的总和不得超过保险价值。除合同另有约定外，各保险人按照其保险金额与保险金额总和的比例承担赔偿保险金的责任。重复保险的投保人可以就保险金额总和超过保险价值的部分，请求各保险人按比例返还保险费。从上述规定来看，法律不禁止重复投保。

2006 年 6 月 28 日中国保监会向社会公布了《机动车交通事故责任强制保险条款》（简称"交强险条款"），强调每辆机动车只需投保一份交强险，重复投保交强险无效。那么，如何理解中国保监会的这个通知精神呢？

在我国，认定合同无效必须依据法律、法规。中国保监会的通知不是认定合同效力的依据。所以，不能依据该规定认定交强险重复投保的效力。

既然交强险属于财产保险,就能够重复投保。当然,不管购买几份保险,最终得到的赔偿不能超过保险价值。换句话说,交强险的赔付数额要受到责任限额的限制。

(三)购买两份交强险应如何理赔

1. 中国保监会对责任限额的调整

2008年1月11日,中国保监会发布了《关于调整交强险责任限额的公告》,确定了新的责任限额,分别为:被保险机动车在道路交通事故中有责任的赔偿限额为:死亡伤残赔偿限额110000元人民币;医疗费用赔偿限额10000元人民币;财产损失赔偿限额2000元人民币。被保险机动车在道路交通事故中无责任的赔偿限额为:死亡伤残赔偿限额11000元人民币;医疗费用赔偿限额1000元人民币;财产损失赔偿限额100元人民币。上述责任限额从2008年2月1日零时起实行。截至2008年2月1日零时保险期间尚未结束的交强险保单项下的机动车在2008年2月1日零时后发生道路交通事故的,按照新的责任限额执行;在2008年2月1日零时前发生道路交通事故的,仍按原责任限额执行。

2. 本案的赔偿限额

本案发生事故的时间是2007年6月22日,按照"在2008年2月1日零时前发生道路交通事故的,仍按原责任限额执行"的规定,本案的责任限额应为5.8万元。

结合本案,根据《保险法》对重复保险的规定,即使认定两份交强险合同都是有效的,但这并不意味着两家保险公司都需要按交强险最高限额对受害人进行赔偿。《保险法》第五十六条规定:"重复保险的各保险人赔偿保险金的总和不得超过保险价值"。此处的"保险价值"应如何理解?对此有两种观点:第一种观点认为,交强险的保险价值就是被保险机动车发生交通事故时受害人所遭受的损失。我们认为,交强险对于机动车驾驶员而言只是基本保障,而交通事故中的受害方从交强险中获得的也仅仅只是部分补偿;如果想以交强险代替商业险来获取限额之外的赔偿,这不符合强制保险制度的政策性。第二种观点认为,交强险所承保的保险价值就是以其最高限额为限。交强险作为责任保险的一种,既有其普遍性又有其特殊性。其普遍性在于,任何责任保险都要规定一个赔偿限额作为保险人承担赔偿责任的最高限额,超过赔偿限额的索赔由被保险人自行承担;其特殊性在于，一般的责任保险赔偿限额的高低由保险合同的当事人双方约定，而交强险的赔偿限额则是国家规定。我们认为第二种观点正确，因为交强险虽然也是财产保险，但又有其特殊性，是强制投保的责任保险，其所承保的保险价值是不明确的，只能以最高额为限来承担保险责任。所以，"保险价值"应理解为"责任限额"。两份交强险的赔偿数额不应超过5.8万元。要求两家保险公司各赔偿5.8万元的理由是不充分的。

假设本案事故发生在2008年2月1日之后，那么赔偿限额可以达到12万元。

3. 天平保险公司是否应承担缔约过失责任

缔约过失责任是指在合同订立过程中，一方因违背其依据的诚实信用原则所产生的义务，而致另一方的信赖利益的损失，并应承担损害赔偿责任。我国《合同法》第四十二条确立了缔约过失责任制度，该条规定："当事人在订立合同过程中有下列情形之一，给对方造成损失的，应当承担损害赔偿责任：（一）假借订立合同，恶意进行磋商；（二）故意隐瞒与订立合同有关的重要事实或者提供虚假情况；（三）有其他违背诚实信用原则的行为。"可见缔约过失责任实质上是诚实信用原则在缔约过程中的体现。

有一种观点说保险公司应承担责任，理由是在唐某投保之初，应询问其是否投保？在没有询问的情况下，就接受唐某的投保，应承担不利的后果。这种观点太过牵强。以此追究天平保险公司的责任是不能成立的。因为即使保险公司存在缔约过失，但并没有造成唐某损失。即不管投保多少份保险，只能得到一份赔偿，也就是5.8万元。这5.8万元通过第一份保险合同就已经得到了，他没有损失了。既然没有给唐某造成损失，保险公司当然无须承担缔约过失责任。

4. 唐某是否违反了告知义务

《保险法》第十六条规定："订立保险合同，保险人就保险标的或者被保险人的有关情况提出询问的，投保人应当如实告知。"由此可见，投保人负有被动告知义务。保险人不询问，投保人没有义务告知。《保险法》第五十六条规定："重复保险的投保人应当将重复保险的有关情况通知各保险人。"虽然法律明确规定投保人要告知重复保险的情况，可本案的唐某根本不知道之前的保险，也就不存在应当告知了。在保险实务中，告知重复保险情况的少之又少。

既然唐某购买交强险前并不知道该车的前主人曾在中国人民财产保险

股份有限公司中山分公司为该车购买了交强险的事实。天平保险公司认为，唐某故意隐瞒重复投保事实的说法是不成立的。

5. 本案是否适用不利解释原则

《保险法》第三十条规定："采用保险人提供的格式条款订立的保险合同，保险人与投保人、被保险人或者受益人对合同条款有争议的，应当按照通常理解予以解释。对合同条款有两种以上解释的，人民法院或者仲裁机构应当作出有利于被保险人和受益人的解释。"在理论上习惯于称之"不利解释原则"。

有一种观点认为，根据保险条款不利解释规则，被保险人可获两份交强险赔偿。因为在并非投保人过错情形下投保了多份交强险，且多份交强险赔偿的数额没有超过一份交强险的最高限额情况下，还是应当认定每份交强险都要赔偿为宜，并且认为，现在确认合同效力的是法律和国务院的行政法规。但目前并没有这个层次的法律规定不允许购买两份以上交强险。所以，这个后果应当由管理审查不善的保险公司承担后果，而不是投保人和受益人。

我们认为这种观点值得商榷。不利解释原则适用的前提是按照通常理解无法解决问题的情况下，才会对合同的条款使用该原则。在本案中，使用通常方法完全可以解决问题，根本谈不上使用不利解释原则。退一步讲，即使可以适用不利解释原则，也只是对合同条款进行解释。而本案的焦点是第二份合同是否有效的问题。所以，在本案中是不能适用该原则的。

6. 对二审调解的看法

调解是民事诉讼的原则之一。本案经调解结案，是一个双赢的结果。当保险合同双方出现纠纷时，首先用到的方法就是调解。当然调解必须遵循自愿和合法原则。

四、结论

本案虽然是调解结案，最终天平保险公司给付唐某3.3万元。表面看似乎两份交强险合同都得到了赔付，但是从法理上讲，本案仍然属于重复保险。既然是重复保险，如何赔付就应该按照《保险法》第五十六条的规定来执行，即"重复保险的各保险人赔偿保险金的总和不得超过保险价值。除合同另有约定外，各保险人按照其保险金额与保险金额总和的比例承担赔偿保险金的责任。重复保险的投保人可以就保险金额总和超过保险价值的部分，请求各保险人按比例返还保险费。"

"车辆贬值费" 保险公司该不该赔[①]

案情简介

2008年7月27日，王某驾驶使用临时牌照的轿车在郑州市解放路等红灯时，被后面的皮卡轿车追尾相撞。交警部门勘验后认定皮卡车司机汪某应对该事故承担全部责任。

8月11日，王某将皮卡车车主河南省某有限公司和驾驶员汪某告至郑州市管城区人民法院，除要求被告承担3750元财产损失外，并要求被告承担其车辆由于被撞而产生的贬值费7000元和贬值鉴定费用2100元。

法院判决

10月28日，郑州市管城回族区人民法院作出了（2008）管民初字第1800号民事判决书。法院一审判决被告赔偿原告车辆修理费、配件费等费用3750元，还要赔偿车主车辆贬值损失费7000元，并承担贬值鉴定费用2100元。

争议焦点

"车辆贬值费" 保险公司该不该赔？

虽然某所驾驶的皮卡车购买了交强险和第三者责任险，但是保险公司还是明确拒绝赔付 "车辆贬值费"。

法理分析

一、首先应该肯定的是，一审法院的判决是正确的

理由是：《中华人民共和国民法通则》第一百一十七条第二款、第三款的规定："损坏国家的、集体的财产或者他人财产的，应当恢复原状或者折价赔偿。受害人因此遭受其他重大损失的，侵害人应当赔偿损失。"

[①] 王卫国、凌湄：《"车辆贬值费" 保险公司可拒赔》，原发表在《中国保险报》，2008年11月24日。

和《中华人民共和国民法通则》第一百三十四条第一款第（七）项的规定"赔偿损失"。

本案属于侵权案件，原告受到了损失，被告主观上有过错，被告的过错和原告的损失之间具有因果关系，被告的行为具有违法性。所以，被告应承担损害赔偿责任。

二、"车辆贬值费"是否属于保险公司的赔偿范围

（一）"车辆贬值费"的性质

"车辆贬值费"不是规范的法律用语，如果从民法的角度讲，相当于"间接损失"，是与"直接损失"相对应的一个概念。

（二）交强险和三者险的赔偿范围

《机动车交通事故责任强制保险条例》第二十一条规定："被保险机动车发生道路交通事故造成本车人员、被保险人以外的受害人人身伤亡、财产损失的，由保险公司依法在机动车交通事故责任强制保险责任限额范围内予以赔偿。"

根据中国保险行业协会制定的2007版《机动车商业保险行业基本条款》的相关规定，保险人承担"被保险人或其允许的合法驾驶人在使用被保险机动车过程中发生意外事故，致使第三者遭受人身伤亡或财产直接损毁，依法应当由被保险人承担的损害赔偿责任，保险人依照本保险合同的约定，对于超过机动车交通事故责任强制保险各分项赔偿限额以上的部分负责赔偿。"

从交强险的规定看，只是概括地说"财产损失"，至于"财产损失"都包含哪些损失并没有作出解释。《机动车商业保险行业基本条款》中强调财产直接损毁，应当理解为"直接损失"。

（三）财产保险的赔偿范围

对被保险人的财产损失因保险事故所致损失进行赔偿，是保险人的主要义务。但是在发生保险事故时，保险人对被保险人的损失赔偿范围有哪些呢？根据我国《保险法》的相关规定，主要包括三部分：第一部分是保险标的遭受的实际损失，即保险标的因保险事故发生所受到的直接损失。第二部分是施救费用，即被保险人为防止或减少保险标的的损失而支付的必要的、合理的费用。第三部分是查验费，即被保险人为查明和确定保险

事故的性质、原因和保险标的的损失程度所支付的必要的、合理的费用。

但通说认为，在财产损失保险中，保险人所承保的是保险财产因发生保险事故而遭受的直接损失，对保险财产因发生保险事故而致市场价格降低部分，保险人不予赔偿。

三、结论

根据保险法的损失补偿原则，保险人所承担的是"直接损失"，而不是"间接损失"。"车辆贬值费"属于"间接损失"，因而不予赔偿是合理的。

肇事逃逸商业三者险一定不赔吗[①]

案情简介

2015年5月22日，原告刘某驾驶投保车辆由南向北行驶至某蛋糕店附近驶入逆行，与由北向南骑自行车的徐某相撞，造成徐某当场死亡的交通事故。事故发生后，刘某逃逸。后经某地交警大队认定，刘某饮酒后驾驶车辆发生交通事故并逃逸，负事故的全部责任。在某交警大队调解下，刘某向徐某亲属支付丧葬费、死亡赔偿金等共计30余万元。

经查，肇事车辆在被告某保险公司处投有机动车交通事故责任强制保险和第三者责任保险，且被告某保险公司在交强险范围内已经进行了赔付。现原告要求被告在第三者责任保险范围内进行赔付。

争议焦点

肇事逃逸商业三者险是否赔偿？

观点之争

针对交通肇事逃逸行为，商业三者险要不要赔偿，有以下几种观点：

第一种观点认为不赔，理由是保险条款约定的非常明确，逃逸不赔。既然双方认可了条款，就应遵守。

第二种观点认为应该赔，理由是从第三者责任险设立的宗旨看，是为了保护交通事故受害人的利益。站在受害人的角度，保险公司应该承担责任。再者说，投保人与保险人之间的合同不应约束第三者。

第三种观点认为，要具体情况具体分析。肇事逃逸情况复杂，不能一概说赔或不赔。

---

① 王卫国、赵君彦：《肇事逃逸对商业三者险理赔的影响》，发表在《中国保险报》，2017年6月12日。

法理分析

一、相关规定

第一,《中国保险行业协会机动车综合商业保险示范条款》(2014版)第二十四条规定:"在上述保险责任范围内,下列情况下,不论任何原因造成的人身伤亡、财产损失和费用,保险人均不负责赔偿:(一)事故发生后,被保险人或其允许的驾驶人故意破坏、伪造现场、毁灭证据;(二)驾驶人有下列情形之一者:1. 事故发生后,在未依法采取措施的情况下驾驶被保险机动车或者遗弃被保险机动车离开事故现场;……"上述条款人们习惯上称之为肇事逃逸。

第二,《中华人民共和国侵权责任法》第五十三条规定:"机动车驾驶人发生交通事故后逃逸,该机动车参加强制保险的,由保险公司在机动车强制保险责任限额范围内予以赔偿;机动车不明或者该机动车未参加强制保险,需要支付被侵权人人身伤亡的抢救、丧葬等费用的,由道路交通事故社会救助基金垫付。道路交通事故社会救助基金垫付后,其管理机构有权向交通事故责任人追偿。"由上述条款可知,对于肇事逃逸行为,交强险是应该赔偿的。

二、肇事逃逸是违反法律强制性规定的行为吗

(一)《中华人民共和国道路交通安全法》的相关规定

《中华人民共和国道路交通安全法》(以下简称《道交法》)第七十条第一款规定:"在道路上发生交通事故,车辆驾驶人应当立即停车,保护现场;造成人身伤亡的,车辆驾驶人应当立即抢救受伤人员,并迅速报告执勤的交通警察或者公安机关交通管理部门。因抢救受伤人员变动现场的,应当标明位置。乘车人、过往车辆驾驶人、过往行人应当予以协助。"

该条款采用"应当"之表述,没有表述为"不得",那么肇事逃逸是否属于法律禁止性规定呢?

(二)法律、行政法规中的强制性规定

1. 关于强制性规定

《合同法》第五十二条规定:"有下列情形之一的,合同无效:(1)一方以欺诈、胁迫的手段订立合同,损害国家利益;(2)恶意串通、损害国家、集体或者第三人利益;(3)以合法形式掩盖非法目的;(4)损害社会

公共利益；（5）违反法律、行政法规的强制性规定。"

2009 年《最高人民法院关于适用〈中华人民共和国合同法〉若干问题的解释（二）》第十四条规定："合同法第五十二条第（五）项规定的'强制性规定'，是指效力性强制性规定。"该条款将"强制性规定"限定在"效力性强制性规定"范围内，明确了管理性的强制性规定不影响合同效力。该司法解释实施后，区分效力性强制性规定与管理性强制性规定，成为考量合同效力的关键，在理论界和实务界均引发热烈讨论。

强制性规定包括效力性规定与管理性规定，并非所有违反法律和行政法规强制性规定的合同均一概无效，应判断该强制性规定是否构成效力性规定，只有违反效力性强制性规定的合同才当然无效。

2. 如何区分效力性规定与管理性规定

那么何谓效力性规定？何谓管理性规定呢？如何区分呢？

管理性规范是指法律及行政法规未明确规定违反此类规范将导致合同无效的规范。效力性规范是指法律及行政法规明确规定违反该类规定将导致合同无效的规范，或者虽未明确规定违反之后将导致合同无效，但若使合同继续有效将损害国家利益和社会公共利益的规范。《保险法》第三十一条第三款规定："订立合同时，投保人对被保险人不具有保险利益的，合同无效。"该条款属于效力性规定。

效力性规定与管理性规定的区分方法有很多种，下面这种观点值得借鉴①。关于效力性规定的实质判定，可以从以下几个方面考量：第一，违反效力性规定的结果是对公共利益造成直接、现实性的损害，如果仅仅是间接的、可能的损害，则一般不属于效力性规定；第二，违反效力性规定的结果应当是对公共利益造成一定程度的损害，如果仅为轻微损害则不宜认定为效力性规定；第三，辨识效力性规定还应当综合把握公共利益与交易安全、信赖利益等利益关系的平衡。

（三）肇事逃逸违反了效力性规定还是管理性规定

按照上述区分方法，肇事逃逸应该是违反了效力性规定。因为逃逸行为侵害了公共利益，在很多情况下，逃逸行为造成受害人得不到及时的救助，往往后果极其严重。另外，逃逸行为使得交通事故现场遭到破坏、证

---

① 郑厚哲：《如何区分效力性强制性规定与管理性强制性规定——最高人民法院司法意见考》，http://chuansong.me/n/702092，2014 年 4 月 29 日。

据难以保存、责任难以划定。所以，虽然《道交法》第七十条第一款使用的词汇是"应当"，没有使用"不得"，但仍然可以定性为效力性规定。

三、保险公司还需要履行说明义务吗

《最高人民法院关于适用〈中华人民共和国保险法〉若干问题的解释（二）》（以下简称《保险法司法解释二》）第十条规定："保险人将法律、行政法规中的禁止性规定情形作为保险合同免责条款的免责事由，保险人对该条款作出提示后，投保人、被保险人或者受益人以保险人未履行明确说明义务为由主张该条款不生效的，人民法院不予支持。"

《保险法司法解释二》第十一条第一款规定："保险合同订立时，保险人在投保单或者保险单等其他保险凭证上，对保险合同中免除保险人责任的条款，以足以引起投保人注意的文字、字体、符号或者其他明显标志作出提示的，人民法院应当认定其履行了《保险法》第十七条第二款规定的提示义务。"

如果将肇事逃逸认定违反了法律强制性规定的话，保险公司只需在条款上作出醒目的提示即可。按照《中国保险行业协会机动车综合商业保险示范条款》（2014版）的规定，相关内容的确已经加黑、加粗，跟其他段落文字的确不同了，这说明保险公司的提示义务已经履行，不需要再履行明确说明义务了。

四、法院判决保险公司承担赔偿责任的理由

按照上面的分析，肇事逃逸违反了法律强制性规定，保险公司会主张拒赔。但本案经过两审终审，还是判保险公司败诉。原因在于：原告认为投保时保险人未就免责条款履行提示义务，在法院规定的期限内，保险公司没有提交证据证明已履行提示义务。实际情况是，保险公司没有给投保人提供保险条款。那么，根本没有履行提示义务。

五、保险公司需要履行赔偿责任吗

假定保险公司履行了提示和说明义务，是否绝对不需要赔偿呢？我们认为也不尽然。

（一）不及时通知的后果

《保险法》第二十一条规定："投保人、被保险人或者受益人知道保

事故发生后，应当及时通知保险人。故意或者因重大过失未及时通知，致使保险事故的性质、原因、损失程度等难以确定的，保险人对无法确定的部分，不承担赔偿或者给付保险金的责任，但保险人通过其他途径已经及时知道或者应当及时知道保险事故发生的除外。"

从上面的规定可以看到，保险事故发生后，投保人、被保险人或者受益人有一个通知义务。如果没有履行该义务，后果是对保险事故的性质、原因、损失程度等难以确定的部分不承担赔偿责任，并不是一概不赔。在商业第三者责任保险中，交通事故的发生意味着合同约定的赔偿条件成立，保险公司即应履行赔偿义务。肇事逃逸的影响只及于事故发生之后，不溯及以前。

回到本案，对保险事故发生后，肇事逃逸前的损失，保险公司是应当承担赔偿责任的。

反思目前的车辆保险条款，将肇事逃逸行为一律列为免责的范围，对投保人、被保险人或受益人，特别是对受害人，是不公平的。

（二）免责条款能否约束受害人

《保险法》第十条第一款规定："保险合同是投保人与保险人约定保险权利义务关系的协议。"按照合同相对性原理，合同只能约束双方当事人，不能对抗第三人。肇事司机逃逸，保险公司在"交强险"责任限额内予以赔偿，这是法律的明确规定。而商业三者险不同于"交强险"，我国法律对此没有明确的必须承担赔偿责任之规定。既然法律无明确规定，那么主要看投保人与保险人双方是否有明确的约定。若有，依据意思自治原则，在不违背法律规定的前提下，应尊重当事人之间的约定。在这里需要注意，在不违背法律规定的前提下，应尊重当事人之间的约定。如果违反了相关法律规定，即使当事人白纸黑字认可合同条款，也是无效的。

再者说，道路交通事故人身损害赔偿纠纷，法律关系为损害赔偿而不是保险合同关系，合同一般只能为第三人创造权利，却不能为第三人设定义务，故保险公司针对第三人的"肇事逃逸，保险公司免赔"的条款不能成立。

六、探究商业三者险制度的设立宗旨

《保险法》第一条规定保险法的立法宗旨是为了规范保险活动，保护保险活动当事人的合法权益，以维护社会经济秩序和社会公共利益。可见保险活动的开展除追求当事人的经济利益外，还负担着维护社会经济秩序和公共利益的责任。

第三者责任险的设立，以保护交通事故受害人的利益为终极追求。对于交通事故中受损害的第三者而言，若同样的交通事故却因肇事者是否逃逸，要其承受截然不同的救济结果，显然不利于事故受害人利益得到及时有效的保护。在实践中，车辆驾驶人在肇事逃逸后往往无法在第一时间找到并承担责任，若此时保险人再以肇事逃逸免责条款抗辩而免责，影响到第三者及时有效的救治和切实的补偿，这将会扩大损失，影响事件处理效率，从而影响到整个社会经济秩序。因此，当人的生命价值与行业价值存在冲突时，裁判者应从利益衡平的角度，探求立法者的利益决断和立法宗旨，衡量各方利益平衡①。

如果保险公司因被保险人的逃逸行为而免责，受害人的合法权益就不能得到及时的保护，保险公司反而会从中获益，并不符合《保险法》的立法本意。

七、判决保险公司在商业三者险范围内赔偿是否诱发道德风险

如果判令交通肇事逃逸后保险公司在商业三者险限额内承担责任的话，会不会意味着鼓励车辆驾驶人肇事后逃逸？会不会如有的学者所言助长社会上的歪风邪气诱发道德危险呢？

那么我们看看逃逸者将会面临怎样的风险，冒如此大的风险到底值不值？

（一）肇事逃逸的行政责任

《道交法》第九十九条规定，造成交通事故后逃逸，尚不构成犯罪的，由公安机关交通管理部门处 200 元以上 2000 元以下罚款。

《道交法》第一百零一条规定，造成交通事故后逃逸的，由公安机关交通管理部门吊销机动车驾驶证，且终生不得重新取得机动车驾驶证。

《道路交通安全法实施条例》第九十二条规定，发生交通事故后当事人逃逸的，逃逸的当事人承担全部责任。但是，有证据证明对方当事人也有过错的，可以减轻责任。当事人故意破坏、伪造现场、毁灭证据的，承担全部责任。

---

① 鲍缀倩：《商业第三者责任险中交通肇事逃逸免责条款效力研究》，载于《浙江省 2014 年保险法学学术年会论文集》，第 31 页。

从上述规定可知，肇事逃逸的行政责任是罚款、吊销机动车驾驶证且终生不得重新取得机动车驾驶证、承担交通事故全部责任。可以看到，处罚很重。

（二）肇事逃逸的刑事责任

在刑法上，根据《中华人民共和国刑法》第一百三十三条的规定，行为人违反交通运输管理法规，因而发生重大事故，致人重伤、死亡或者使公私财产遭受重大损失的，处三年以下有期徒刑或者拘役；交通运输肇事后逃逸或者有其他特别恶劣情节的，处三年以上七年以下有期徒刑；因逃逸致人死亡的，处七年以上有期徒刑。可以看出，肇事逃逸属于情节加重犯。其后果不可谓不重。

（三）肇事逃逸的民事责任

对肇事逃逸行为，如果判令保险公司对受害人承担赔偿责任的话，随后保险公司取得代位追偿权，向逃逸者追偿。实际上，终局责任人还是逃逸者。当然，在某些情况下，保险公司的追偿权可能最终无法实现。这种情况不只是在国内存在，在国外也是存在的。那么，保险公司承担了社会责任，反过来会增强民众对保险公司的认可度，间接提高保险公司的社会效力和经济效益。

（四）交通肇事逃逸案件的侦破率对行为人的震慑作用

据国家相关部门公布的数据，交通事故案件的侦破率已经达到90%以上。随着道路监控设备的完善、普及和科技的进步，破案率会越来越高，将有利于震慑逃逸者。也使得驾驶人员放弃这种冒险，形成"不敢逃逸、不能逃逸、不想逃逸"的局面。

综上，判决保险公司在商业三者险内赔偿不会诱发道德风险。

八、结论

对肇事逃逸行为，商业三者险应具体情况具体分析。对逃逸前发生的损失应当赔偿，对因逃逸扩大的损失不予赔偿。如果无法区分是逃逸前还是逃逸后造成的损失，保险公司应当赔偿。保险公司承担责任后，向逃逸者追偿。

天价拖车费，保险赔不赔[①]

案情简介

2013年11月29日，中央电视台《焦点访谈》栏目播出了一期节目"天价拖车费，宰你没商量"，案情大致是这样的：李师傅是专跑长途的货车司机，2013年10月中旬的一天，他运送一批大理石从湖北随州前往青海西宁，行驶到青兰高速1863公里处时，他的车与前面的车发生了追尾，车头撞得很厉害，没法再开了。李师傅只好拨打122报警电话，请求援助。

不出半个小时，高速公路的交警就及时赶到了事发现场，勘察了事故现场之后为李师傅叫来了拖车，救援的拖车迅速赶到事发现场，很快将李师傅的车拖到了某修理厂。李师傅心里很感激，可第二天李师傅去交警队办完了事故认定手续，赶到某拖车救援公司，一问救援费要2万元，他傻了眼。

从事故地点到拖车公司也就十几公里路程，怎么就要价2万元呢？本来出了事故就够倒霉了，这天价的拖车费让李师傅更加着急。无独有偶，在某拖车公司，李师傅遇到了同病相怜的张师傅。张师傅从四川开车往乌鲁木齐送家具，在青兰高速发生追尾，同样也是十几公里的距离，也是要价2万元，张师傅急得落了泪。

因为车辆购买了全险，于是他们给保险公司打电话，保险公司却告知2万元的拖车费超出了规定，无法理赔。这2万块钱能不能少收一点儿？两位师傅一起去找拖车公司商量，得到的答复是没得商量。

无独有偶，《法制晚报》就报道过，一位姓梁的先生就遭遇到强制天价拖车，7公里就被收7200元，平均1公里就花1000多元。就算这次拖车距离太近，可以按起步的最低标准多收点儿，可那也不过是几百元的事，怎么就能收到7000多元？而河北的夏先生花得更多，夏先生被强制拖

[①] 王卫国、凌湄：《天价拖车费，保险赔不赔》，发表在《中国保险》2014年第7期。

车 6 公里，公司开价 14000 元，平均 1 公里 2000 多元。最惊人的是，前不久还有一辆大货车从事故现场拖到车场总共只有 1 公里，杂七杂八算下来费用总计 16000 元。

上述情况已经不是个别案例，在某些地区相当普遍。本文针对该问题展开讨论，以求找到解决方案。

争议焦点

保险公司应不应该对天价拖车费进行赔偿？赔偿多少？

法理分析

一、车辆保险的赔偿范围

2012 年 3 月 14 日，中国保险行业协会向社会发布了《机动车辆商业保险示范条款》（以下简称《示范条款》），为保险公司提供了商业车险条款行业范本。目前各大保险公司基本上采用了该《示范条款》。

《示范条款》分为主险、附加险。主险包括机动车损失保险、机动车第三者责任保险、机动车车上人员责任保险、机动车全车盗抢保险共四个独立的险种，投保人可以选择投保全部险种，也可以选择投保其中部分险种。附加险包括玻璃单独破碎险、自燃损失险、新增设备损失险、车身划痕损失险、发动机涉水损失险、修理期间费用补偿险、车上货物责任险、精神损害抚慰金责任险、不计免赔险、机动车损失保险无法找到第三方特约险、指定修理厂险等。

一般情况下，从事运输的车辆首先要投保交强险，然后再选择商业车险，通常会购买车损险、商业三者险等商业险。

《保险法》第五十七条规定："保险事故发生时，被保险人应当尽力采取必要的措施，防止或者减少损失。保险事故发生后，被保险人为防止或者减少保险标的的损失所支付的必要的、合理的费用，由保险人承担；保险人所承担的费用数额在保险标的损失赔偿金额以外另行计算，最高不超过保险金额的数额。"

《最高人民法院关于审理道路交通事故损害赔偿案件适用法律若干问题的解释》第十五条规定："因道路交通事故造成下列财产损失，当事人请求侵权人赔偿的，人民法院应予支持：（一）维修被损坏车辆所支出的费用、车辆所载物品的损失、车辆施救费用；（二）因车辆灭失或者无法修复，为购买交通事故发生时与被损坏车辆价值相当的车辆重置费用；（三）依法从事货物运输、旅客运输等经营性活动的车辆，因无法从事相应经营活动所产生的合理停运损失;(四)非经营性车辆因无法继续使用,所产生的通常替代性交通工具的合理费用。"

根据保险法以及司法解释的上述规定,结合保险原理,保险公司一般对事故造成的直接损失、合理费用等承担赔偿责任。

二、拖车费的性质

拖车费是否属于施救费?

什么是施救费?在车辆商业保险合同中明确规定:施救费用指的是在发生保险事故时,被保险人为了防止或减少损失而采取必要合理的措施所支出的费用。按照对条款规定的理解并结合实务中的具体情况,以下五种情况产生的费用应该认定为施救费,是可以获得赔偿的:

(1)保险车辆发生火灾时,被保险人或其允许的驾驶人员使用非专业消防单位的消防设备,施救保险车辆所消耗的合理费用及设备损失应当赔偿。

(2)保险车辆出险后,失去正常的行驶能力,不借助外力无法正常行驶或脱离险地,被保险人雇用吊车及其他车辆进行施救的合理费用,以及将出险车辆拖送到修理厂或交警队的合理运输费用。

(3)在抢救过程中,因抢救而损坏他人的财产,如果应由被保险人承担赔偿的,可予以赔偿。但在抢救时,抢救人员个人物品的丢失,不予赔偿。

(4)受雇抢救车辆在拖运受损保险车辆途中,发生意外事故造成保险车辆的损失扩大部分和费用支出增加部分不予赔偿。

(5)保险车辆发生保险事故后,对其停车费、保管费、扣车费及各种罚款,保险公司不予负责。

结合本案情况,在高速公路上发生交通事故,车主立即拨打报警电话,将车辆拖离危险区域,该笔拖车费应该属于施救费,对此是不存在争议的。

三、如何理解"合理"费用

本案争议的焦点是拖车费是否合理?合理的标准是什么?

(一)拖车费政府有定价

按照《保险法》第五十七条规定,保险事故发生后,被保险人为防止或者减少保险标的的损失所支付的必要的、合理的费用,由保险人承担。但具体什么是合理,没有作出规定,也不可能作出规定。实践中往往由地方政府的相关部门作出规定。

以本案为例,查阅相关资料后发现,甘肃省发展和改革委员会在关于高速公路车辆救援服务收费标准的批复中,明确规定高速公路经营管理单位,在组织车辆实施救援时,救援人员应主动向当事人出示价格主管部门规定的收费项目和标准,不得自行增加收费项目,在不影响高速公路正常运行的情况下,当事人也可选择社会救援机构实施救助,任何单位和个人不得强制指定救援机构。这份批复还明确规定,拖车按一类至五类车型分别按照每次 280 元、400 元、600 元、850 元和 1000 元的基价收费,20 公里以上每拖行 1 公里分别按 9 元到 20 元不等的标准收费。批复中写明该标准自 2011 年 4 月 1 日起试行,试行期 1 年。甘肃省发展和改革委员会服务价格处表示,现在还是按照这个标准执行。

以李师傅为例,拖车全程 27.4 公里,20 公里以内拖车为每次 1000 元,即使超过 20 公里的部分每拖行 1 公里按照 20 元的最高标准计算,超出部分需收 148 元钱,总共也就是 1148 元钱,怎么就要出了 2 万元的天价呢?这还不算,大货车停在这里,每天还要交 200 元的停车费,没有商量的余地。

救援价格由政府规范。救援机构,不能强制指定。这不是哪一省定的制度,实际上早在 2010 年 9 月,国家发展和改革委员会和交通部就联合下发通知作出了规定,各省按照这份通知,分别规定了自己的收费标准。每公里拖车费用,一般按照车型大小不同,规定在 10 元到 30 元不等。

(二) 是否合理应具体情况具体分析

结合本案案情,2 万元拖车费确实是天价,高出政府定价几十倍,表面看的确不合理。但根据当时的情况,车主李师傅根本没有别的选择。发生事故后,必须尽快将事故车辆拖离,否则可能造成更大的损失。李师傅不可能跟拖车公司讨价还价,也不可能另外找其他的拖车公司,只能听从交警部门的安排。

2 万元拖车费有些离谱,但李师傅与拖车公司之间不存在串通,也就是说,李师傅不存在恶意骗取保险公司的故意,他本身是无辜的。保险公司不应将责任推给李师傅,应当承担赔偿责任。

(三) 对保险条款只能接受

保险合同是由保险公司单方制定的格式合同，尤其是保险合同中关于双方责任与义务的约定，投保人是没有权利选择或者修改的，只能按照保险公司的要求在合同上签字。根据《中华人民共和国合同法》第四十一条之规定，对格式条款的理解发生争议的，应当按照通常理解予以解释。对格式条款有两种以上解释的，应当作出不利于提供格式条款一方的解释。在合同双方对"必要的、合理的施救费用"产生争议而保险公司又未明确在合同中写明施救费用内容的情况下，应当作有利于车主的解释，即保险公司应当赔付李师傅所支付的拖车费。

四、结论

拖车费属于施救费，天价拖车费保险公司也应当予以赔偿。之后，保险公司可以合同显失公平或乘人之危为由，要求解除或变更合同，向拖车公司索要多收的费用。

五、对天价拖车费的深度思考

(一) 拖车费能否实行政府定价

近年来，"高价拖车费"事件不断发生，很多支付高价拖车费的车主同拖车公司打起官司，但胜诉的较少。究其原因，法院表示，依照《中华人民共和国价格法》的规定，车辆救援不执行国家定价，没有固定标准，完全由市场杠杆调节。因此，法院对收费高低与否，不予置评。所以，往往判拖车公司胜诉。

《中华人民共和国价格法》第六条规定："商品价格和服务价格，除依照本法第十八条规定适用政府指导价或者政府定价外，实行市场调节价，由经营者依照本法自主制定。"第十八条规定："下列商品和服务价格，政府在必要时可以实行政府指导价或者政府定价：（一）与国民经济发展和人民生活关系重大的极少数商品价格；（二）资源稀缺的少数商品价格；（三）自然垄断经营的商品价格；（四）重要的公用事业价格；（五）重要的公益性服务价格。"

高速公路救援属不属于公益性服务？其实在国际上，高速公路上的施救都带有明显的公益性，一般由政府提供，收取的费用也基本是救援成本。国家发展和改革委员会和交通运输部于 2010 年 9 月下发通知明确规定,对于高速公路上事故车、故障车的救援,各地价格主管部门要统一规范收费项目,合理制定收费标准。通知同时明确,司机可以自主选择社会救援机构实施救助,任何单位和个人都不得强制指定。从这里可以看出,对拖车费进行政府定价是有依据的。

(二) 拖车行业是否存在垄断

虽然国家发展和改革委员会和交通运输部下发通知,明确规定高速公路救援收费项目和收费标准,但实际上天价拖车费的案件屡屡出现,无论是车主还是保险公司都叫苦不迭。原因何在?恐怕症结在于垄断。

按道理说,车主缴纳了各种税费,当他们的车辆发生事故时,应该获得政府部门的免费救援,即事故车辆救援本应是一项公共服务,其实很多国家都是这样做的。糟糕的是,目前政府一方面将公益性的车辆救援市场化;另一方面却利用行政手段垄断救援市场。市场化意味着收费,垄断意味着别无选择,当两者畸形地结合在一起,必然导致高收费、乱收费甚至敲诈和打劫。所以,解决"天价拖车费"问题其实并不难:要么将交通事故救援公益化,对事故车辆实施免费救援;要么实行充分市场化,以救援机构公平竞争、事故车主"用脚投票"促使施救费用回归合理水平。而不管是公益化还是市场化,一个基本前提就是铲除权力腐败。

许多案件暴露出的问题是,高速管理部门与拖车公司具有某种联系,并非任何一家救援公司都能进入高速公路救援名单中来。能进来的毕竟是少数,但进来了以后价格就自己说了算,报价方式也没人管得了。这背后是否存在权力腐败谁也说不清,只有当事方最清楚。

(三) 如何彻底解决"天价拖车费"问题

1.《焦点访谈》曝光案件的反馈

2014 年 1 月 28 日甘肃廉政网通报称,按照省委、省政府主要领导批示,省纪委、监察厅会同公安、物价、税务等部门成立联合调查组,就所曝光的问题进行了全面深入调查,对高速交警及物价两部门共 9 人进行了严肃问责。其中柳沟河交警大队 1 名主要负责人被给予行政撤职、党内严重警告处分,3 名工作人员被给予辞退处理;物价部门 1 名县级领导干部被给予免职处理和党内警告处分,1 名工作人员被给予党内警告处分。

《焦点访谈》曝光的这起案件到此画上了句号,但类似问题是否就永远解决了,恐怕不那么乐观。关键是建立起一种制度,才能从根本上解决此类问题。

2. 规范价格、引入竞争机制，使救援行业真正走向市场

首先，按照国家发展和改革委员会和交通运输部的通知精神，各地要制定施救价格指导标准，并予以公示。其次，对社会救援企业实施资格准入制度，细化了施救流程和服务规范，明确了当事人享有自愿选择救援企业的权利。再次，要公布监督电话，随时接受社会监督，一旦发现问题要及时处理。最后，要建立年终考核制度，对违反规定的救援企业进行处罚，直至清除出救援队伍。

3. 保险公司寻找应对策略

最近几年，针对天价拖车费问题，保险公司也有合作的拖车公司。保险公司的拖车公司根据距离收费。有的不收费，即便收费也在可以接受的范围内。因此，作为整个交通参与中的一方，面对一个没有秩序的环境，除了呼吁政府职能部门尽快作为加以规范外，保险企业恐怕只能自救了。那就是主动出击，积极推出增值服务，一方面解决自己的理赔支出问题；另一方面也为客户提供附加服务，这样才能更好地赢得市场的尊重。

"无接触"交通事故如何进行保险赔偿

案情简介

【案例一】 2013年9月15日7时20分许,方先生骑着电瓶车沿着自下而上成一定坡度的公路从坡底往上骑。途中他一直靠着右侧一人多高的石墙(引桥实体)行驶,当骑到三分之二路段时,一辆货车从方先生的身后疾驶过来,并且车身紧挨着方先生的人和电瓶车,可吓坏了方先生,因为右侧是一人多高的石墙,如果向右打方向就会撞到石墙,反弹过来有可能被货车碾压。在夹缝中骑行的方先生极度恐慌,当整个汽车车体超过电瓶车时,方先生由于受惊吓连人带车翻倒在地。当时,货车驾驶员从倒车镜里看到了这个情况,还踩了刹车停了一会儿,之后就开车跑了。

2013年9月29日交警部门查获这辆逃跑的由邱先生驾驶的货车。民警对方先生的电瓶车和邱先生的货车进行勘查对比,没有发现明显的碰撞痕迹,通过对当事人及现场目击者的调查询问,最后交警部门认定方先生与邱先生对本次交通事故负同等责任。对交警部门的责任认定方先生和邱先生均没有异议。邱先生的货车在保险公司投保了机动车交通事故责任强制保险和机动车第三者责任商业保险,并投保了不计免赔特约险。

事故发生后,方先生因翻车导致尾骨骨折并住院治疗。经司法鉴定,方先生的伤情已构成九级伤残。2014年5月7日,方先生向法院提起民事诉讼,要求被告邱先生和被告保险公司赔偿各项损失106545.10元。

【案例二】 2012年4月16日16时25分许,杨某某驾驶小型轿车由南向北行驶,从道路中心的绿化带缺口处向左转弯时,靠中心绿化带东侧同向行驶的张某某驾驶的电动三轮车为避险向右侧翻,张某某倒地受伤,肱

---

① 王卫国、王睿:《"无接触"交通事故如何进行保险赔偿》,发表在《中国保险报》,2015年5月6日。

② 《一起罕见的无"相撞"交通事故赔偿案件》,《法制日报》,2015年1月12日。

骨发生骨折，发生交通事故。事发后，杨某某未停留驾车离开现场。经司法鉴定，事故发生时，小型轿车与电动三轮车无碰撞痕迹，没有接触。交警部门出具交通事故证明书，因无直接证据证实事故发生成因，对事故责任未认定。张某某以杨某某造成交通事故为由要求杨某某赔偿各项损失98139.6元。被告杨某某辩称所驾车辆与张某某没有接触，自己不承担赔偿责任。

争议焦点

没有碰撞是否构成交通事故？保险公司是否应该承担赔偿责任？

法理评析

一、交通事故的构成要素

《道交法》第一百一十九条规定："交通事故"是指车辆在道路上因过错或者意外造成的人身伤亡或者财产损失的事件。"道路"是指公路、城市道路和虽在单位管辖范围但允许社会机动车通行的地方，包括广场、公共停车场等用于公众通行的场所。"车辆"是指机动车和非机动车。

从上述规定可以看出，交通事故的构成要素包括以下几个方面：

（1）从主体上说，引起交通事故的必须是道路上的车辆。

（2）从交通事故发生场所看，交通事故发生在道路上。

（3）从交通事故责任人的主观心理状态看，是过错或意外。其中过错指人的主观心理状态包括故意与过失两种表现形式；意外则是指损害后果的发生是由当事人意志以外的原因所造成，如地震、台风、山洪、雷击等不可抗拒的自然灾害或道路本身的通行状况等因素。

（4）从损害结果上看，造成了人身伤亡或财产损失。

（5）从因果关系上看，过错或意外与损害结果之间存在因果关系。

从交通事故的定义看，并没有强调必须"接触"才是交通事故，"接触"不是构成交通事故以及责任承担的前提条件。只要当事人的行为对发生该交通事故有因果关系并起到了作用，就应当承担相应的责任。在上述案例中，车辆虽然与行人未直接接触，但并不代表没有过失。机动车驾驶员在驾驶中，应当谨慎小心，善尽注意义务。而本案例中，驾驶员没有尽到注意义务，导致了事故的发生。

二、无接触交通事故责任承担的判断基准

在案例一中，法官从事故现场和证人证言综合分析后认为，即便是两

车未剐擦碰撞，但被告在超越原告骑的电瓶车过程中距离过近，机动车行驶中所产生的气浪、声音、振动等，均可成为产生事故的原因，客观上给原告造成了危险，导致原告避险措施不力，造成原告骑的电瓶车发生侧翻和原告受伤的后果，故应认定被告邱先生对本次事故的发生负有责任。有一种观点认为，没有碰撞也要承担责任，这不公平。这样下去，驾驶员随时面临被讹诈的危险，不敢开车了。那么，在无碰撞交通事故中，责任划分是否需要把握几个要点是当下司机们最关心的问题。

（一）对周围环境是否造成高度危险状态

这要从事故发生的时间、场所、车速、天气状况、车辆状况等方面考察。时间指的是白天还是夜里？天气状况指的是晴天还是阴天？可见度达到多少米？主要考虑车辆或行人的可视状况。场所指的是道路及附近的空间状况，如道路的宽窄、是否平坦、是否有障碍物等。车速必须根据具体情况而定，是高速还是一般的道路、乡间小路等。这些道路要求的速度是不一样的。有的有要求，有的则没有具体的规定。车辆状况指的是小汽车、大货车、小货车还是客货车、农用车等，是否存在超高超宽等违法行为等。只有综合以上因素，才能最终确定车辆对周围环境是否构成危险。

（二）受害人是否存在过错或特殊情况

交通事故责任的认定，要结合当事人的情况。如果受害人存在过错或特殊体质，则相应减轻另一方的责任。如受害人患有严重心脏病，加上车辆的喇叭声音太大，使其受到惊吓，诱发心脏病。这种情况，机动车一方的责任会减轻。另外，如果受害人违章在先，也会减轻对方的责任。由于交通事故案件千差万别，无法列举出各种情形。

（三）是否具有因果关系

因果关系是认定交通事故责任的重要考量因素。因果关系中的原因，人们习惯上分为直接原因和间接原因。在侵权法上，不管是直接原因还是间接原因，都可能引起责任的承担。但在保险法上，强调直接原因，即近因。间接原因不是近因，保险人不承担责任。

在本案中，车辆与行人没有发生接触。但是，法官认为，机动车行驶中所产生的气浪、声音、振动等，是造成行人受伤的直接原因，因此判司机承担责任，同时判车辆投保的保险公司承担责任。显然，法官认为机动车行驶中所产生的气浪、声音、振动等，构成近因。但是，如果行人之前患有心脏病，由于紧张或惊吓，导致心脏病发作。那么法官又该如何裁判呢？这其中掺杂了行人的个体差异性，情况更复杂了。我们认为，必须结合近因的理论，作出保险公司是否承担责任的决定。这体现了侵权法的因果关系与保险法因果关系的区别。

（四）是否存在紧急避险的情况

在案例二中，张某某驾驶的电动三轮车为避险向右侧翻导致受伤。造成事故的原因有二：一是杨某某在左转弯的情况下，应注意旁边车道的通行情况，为他人预留足够的安全时间和安全空间，以确保安全驾驶，而杨某某也未能举证证明自己已履行了充分的注意义务；二是当小型轿车靠近前，张某某应当提前主动避让，对前方的动态注意不足，没有积极采取措施，贻误了最佳的避险措施，最终导致了事故的发生，故原告张某某也应当承担部分责任。

本案涉及紧急避险的情况。《中华人民共和国侵权责任法》第三十一条规定："因紧急避险造成损害的，由引起险情发生的人承担责任。如果危险是由自然原因引起的，紧急避险人不承担责任或给予适当的补偿。紧急避险采取措施不当或者超过必要限度，造成不应有的损害的，紧急避险人应当承担适当的责任。"我们认为，在案例二中，事故发生的性质应属于紧急避险，杨某某作为引发险情的人，应承担赔偿责任。

三、本案的启示

交通事故一般指车与车、车与人、车与物发生相撞导致的事故，"相撞"通常是交通事故责任认定的前提。但本文讨论的两个案例，都是没有"相撞"的交通事故。在案例一中，媒体对某地法院以"气浪、声音、振动"对该起交通事故确定赔偿责任，并作出一审判决的做法大加褒奖，认为其敢开先河。我们认为，审判需要创新，但也要遵循规律。针对无接触交通事故案件，要从上述四个方面综合考量，作出合情合理合法的裁判。对无接触交通事故的认定，不应任意扩大或泛滥。只有这样，才能消除司机朋友们的顾虑，预防或避免道德危险的发生，促进保险业的健康发展。

"自家车"撞"自家车",保险公司怎么赔[①]

案情简介

【案例一】2012年2月,为了方便爱人接送小孩,身为有车一族的周先生家里添置了第二辆车(以下简称新车)。两辆车均投保了车损险、交强险、商业三者险。由于操作不熟练,一次妻子在倒车出车库的时候,错将油门当刹车,方向也没把握好,就撞上了停在旁边的家里的旧车。这一错误操作导致新车左后大灯损毁、保险杠移位,旧车的右后侧门凹陷。夫妻俩立即通过电话向保险公司报了事故,并在第二天一早就来到保险公司的快速处理中心办理理赔。但是保险公司的工作人员却告知周先生,由于两辆车同在周先生名下,所以这种"自家车"撞"自家车"的事故,保险公司只能就负全责的新车损失部分进行理赔,而无责的旧车的损失则属于保险公司的免责范围,拒绝赔偿。故周先生一纸诉状将保险公司告到了法院,要求保险公司赔偿旧车的损失。

【案例二】刘先生名下有两辆面包车,分别在不同的保险公司上了保险。前不久,刘先生和另一名司机分别驾驶这两辆车回京,途中突遇一条大狗窜上路面,在前面的刘先生急刹车,后面的那辆面包车躲闪不及,导致追尾。当时,刘先生拨打电话报警,随后办理了快速处理协议书,协议书中表明,后车负全责,前车无责任。日前,刘先生去保险公司理赔时却遇到了难题。保险公司告知刘先生,因两辆车的车主是同一人,保险公司对这种情况不予理赔。保险公司这样做的理由是:该公司机动车第三者责任保险条款中责任免除方面的第五条规定:"被保险人及其家庭成员的人身伤亡、所有或代管的财产的损失"不在理赔的范围内。

[①] 王卫国、尹艳宾:《"自家车"撞"自家车",保险公司怎么赔》,原发表在《中国保险报》,2013年6月27日。

争议焦点

这里争议焦点有两个：

一是如何界定同一人名下的不同车辆相撞，被撞车辆是否属于机动车强制保险"第三者"范畴。

二是"被保险人及其家庭成员的人身伤亡、所有或代管的财产的损失不在理赔的范围内"这一条款的效力。

法理分析

一、关于"第三者"范围

何为交通事故中的"第三者"，历来争议很大。

（一）《交强险条例》的规定

《交强险条例》第三条规定："本条例所称机动车交通事故责任强制保险，是指由保险公司对被保险机动车发生道路交通事故造成本车人员、被保险人以外的受害人的人身伤亡、财产损失，在责任限额内予以赔偿的强制性责任保险。"从文义解释看，交强险的赔偿范围是除了本车人员、被保险人以外的受害人的人身伤亡和财产损失。结合上述两个案例，争议焦点是同一人名下的第二辆车的损失是否属于受害人的财产？

（二）对《道路交通损害司法解释》相关规定的深度解析

《最高人民法院关于审理道路交通事故损害赔偿案件适用法律若干问题的解释》第十七条规定："投保人允许的驾驶人驾驶机动车致使投保人遭受损害，当事人请求承保交强险的保险公司在责任限额范围内予以赔偿的，人民法院应予支持，但投保人为本车上人员的除外。"

在人民法院出版社 2012 年 12 月出版的《最高人民法院关于道路交通损害赔偿司法解释理解与适用》一本中，编者针对该条文进一步阐明，在我国的交强险制度设计中，被保险人范围除了投保人外，还包括了其允许的合法驾驶人，这就导致出现投保人与本车实际驾驶人相分离的情形。具体到某一特定的交通事故时，被保险人要么是投保人本人，要么是其允许的合法驾驶人。换言之，就某一交通事故所造成的损害而言，被保险人只可能有一个而不会是多个。也就是说，交强险中的所谓"被保险人"，是需要特定化的概念，只有在交通事故发生时才能确定。因此，投保人允许的合法驾驶人驾驶机动车造成非本车上人员的投保人损害时，被保险人为投保人允许的合法驾驶人而非投保人，投保人此时与其他人一样，处于第三人的地位，交强险应予赔偿。

由此我们得出结论，同一名下的两辆车，在发生交通事故时，被保险人肯定是不同的两个人，相对于其中一辆车的驾驶人而言，另一辆车的驾驶人就是"第三者"。所以，自家车撞自家车，无责车辆的损失理应由有责车辆投保的交强险予以赔偿。

（三）是否属于"第三者"应当根据财产来判断，而不应当以所有人为标准来判断

有一种观点认为，第三者责任险及机动车交通事故责任强制保险（即交强险）属于财产保险合同范畴，是以财产及其有关利益为保险标的的保险合同，故所指的"第三者"应以财产作为判断标准，而非以财产的所有人为判断标准。虽然撞车的车辆和被撞的车辆同为原告的财产，但在特定事故中被撞车相对于撞车的应该是第三者，所以保险公司应当承担保险责任。我们认为有一定的道理。

假设某人有一个车队，旗下拥有1000辆汽车，其中两辆车相撞的几率将会大大增加。如果按照保险公司的做法，自家车撞自家车不赔，那么这个人将被迫寻找另外999个人，以1000个不同的名义投保，才会使自己的保险权益得到保障，这显然是非常荒唐的。

我们认为，"第三者"是个不特定的对象，两辆车相撞，被追尾的车辆（前车）对于后车来讲就应该是"第三者"，在这种特殊情况下，车主也就转化为"第三者"，理应获得赔偿，是不是"第三者"与车主身份无关。

二、关于免责条款的效力

争议另一焦点是：保险公司免责条款的效力问题。

《机动车交通事故责任强制保险条款》（以下简称《交强险条款》）第十条规定："下列损失和费用，交强险不负责赔偿和垫付：（二）被保险人所有的财产及被保险机动车上的财产遭受的损失……"。

各家保险公司交强险条款一般都是直接引用《交强险条款》，其中免责条款中也有上面的规定。那么如何看待该条款呢？

（一）商业三者险

2012年3月14日中国保险行业协会发布的《机动车辆商业保险示范

条款》第二章第二十六条规定："下列人身伤亡、财产损失和费用，保险人不负责赔偿：（三）被保险人及其家庭成员、被保险人允许的驾驶人及其家庭成员所有、承租、使用、管理、运输或代管的财产的损失，以及本车上财产的损失……"。

从商业保险的角度讲，保险人设置免责条款，是对自己所应承担保险责任的限制。如果保险人对免责条款已经履行了明确说明义务，该条款是有效的。保险人追求利益最大化是应该的，我们不能一味要求一个经济利益体去承担政府应当承担的社会保障的职责。基于此，保险人并不是对保险标的涉及的所有的风险都承担保险责任，而只是根据收取的保费，根据大数法则，约定特定的保险责任范围。因此，免责条款是合理、合法的。

（二）交强险

交强险与商业三者险的功能不同，设立它的目的是最大限度的保护受害人的利益。那么对《交强险条款》第十条第（二）项的规定，即被保险人所有的财产及被保险机动车上的财产遭受的损失交强险不负责赔偿和垫付应作何解释呢？我们认为应作限缩解释，即对被保险车辆的损失和车上的财产损失不予赔偿，对车外的财产是应该赔偿的。换句话说，如果是被保险人故意制造保险事故骗取保险金的话，不管车内车外一概不赔，否则，应该赔偿。这是符合交强险的立法本意的。退一步讲，交强险对财产损失的限额有责的情况下是2000元，这点支出对保险公司而言是微不足道的。保险业有一个"通融赔付"原则，指的是按照合同约定，保险人可赔可不赔的损失，由于一些其他因素的影响，保险人予以全部或部分补偿。如果从通融赔付的角度、从保险公司培养潜在客户的角度、从提升保险公司社会形象的角度讲，保险公司对自家车撞自家车的情况，也是应该赔的。

（三）保险公司免责条款的效力

被告保险公司利用格式条款将第三者责任险中被保险人所有的其他车辆排除在外，显然是作出了有利于自己而不利于对方的解释。《保险法》第三十条规定："采用保险人提供的格式条款订立的保险合同，保险人与投保人、被保险人或者受益人对合同条款有争议的，应当按照通常理解予以解释。对合同条款有两种以上解释的，人民法院或者仲裁机构应当适用有利于被保险人和受益人的解释。"根据该条款规定，免责条款对原告方不产生效力，原告应当被认定为交强险中第三者的范围，是应该得到赔偿的。

已于 2013 年 6 月 8 日施行的最高人民法院《关于适用〈中华人民共和国保险法〉若干问题的解释（二）》对免责条款作了进一步规定，其中第九条规定，保险人提供的格式合同文本中的责任免除条款、免赔额、免赔率、比例赔付或者给付等免除或者减轻保险人责任的条款，可以认定为保险法第十七条第二款规定的"免除保险人责任的条款"。第十条又规定，将法律、行政法规中的禁止性规定情形作为保险合同免责条款的免责事由，保险人不负解释说明和提示义务，不属于无效免责条款。然而，本案"《交强险条款》第十条第（二）项的规定"不属于法律、行政法规中禁止性规定情形，该免责条款在本案中是无效的。

三、无责车辆也可由自身车损险赔付

（一）"无责不赔"条款无效

在一般的追尾交通事故中，保险公司的习惯性做法是：若前车无责，后车全责的话，前车的损失由全责的后车通过其三者险赔付；后车的损失由后车的车损险进行赔付，前车的车损险是不予赔付的。

《合同法》第四十条规定："提供格式条款一方免除其责任、加重对方责任、排除对方主要权利的，该条款无效。"所以，无责不赔条款是无效的。

保险公司的另外一种解释是：三者险是责任险，赔偿原则是赔他人不赔自身，虽然标的物是车辆，但是保的却是车主对外的赔偿责任，并不是保车主自己的损失，这是国际通行的保险原则。而且理论上保险公司在赔付后享有向有责方追偿的权利，既然两辆车属同一车主，如果给车主理赔后回头还得找车主追偿，就没有意义了。

保险公司的观点混淆了车损险的性质，车损险不是责任保险。投保人购买了车损险后，一旦车辆有损失，而且能够证明非投保人故意造成，保险公司就应该赔偿，否则投保人购买保险的目的就落空了。至于能否行使代为求偿权的问题是另外一个问题，不是赔偿的先决条件。

2012 年 3 月 14 日中国保险行业协会公布的《机动车商业保险示范条款》已经废除了"无责不赔"的规定。

（二）关于代位权的行使问题

《保险法》第六十二条规定："除被保险人的家庭成员或者其组成人员

故意造成本法第六十条第一款规定的保险事故外，保险人不得对被保险人的家庭成员或者其组成人员行使代位请求赔偿的权利。"也就是说，自家车因意外或过失导致自家车损失，保险公司不可以行使代位追偿权。

四、结论

（一）过失或意外导致事故

在自家车撞自家车的案件中，有责车辆的损失由本车车损险予以赔付，无责车辆的损失可由自身车损险以及有责车辆投保的交强险予以赔偿。

（二）故意制造事故

如果被保险人故意制造保险事故骗保，那么保险公司怎么办？《最高人民法院关于审理道路交通事故损害赔偿案件适用法律若干问题的解释》第十八条的规定："有下列情形之一导致第三人人身损害，当事人请求保险公司在交强险责任限额范围内予以赔偿，人民法院应予支持：（一）驾驶人未取得驾驶资格或者未取得相应驾驶资格的；（二）醉酒、服用国家管制的精神药品或者麻醉药品后驾驶机动车发生交通事故的；（三）驾驶人故意制造交通事故的。保险公司在赔偿范围内向侵权人主张追偿权的，人民法院应予支持。追偿权的诉讼时效期间自保险公司实际赔偿之日起计算。"从该条文可知，故意制造事故，保险公司仅赔偿人身损害，对财产损失是不赔的。

"车狗相撞"与"交强险"赔付[①]

随着生活水平的提高以及家庭小型化、独生子女占主体等社会变化,"宠物"正快速走入市民家庭,而宠物大军中,以犬类居多。马路边、庭院里,狗的身影无处不在,汽车轧死宠物狗的事故也在频频上演。但人们发现,由于此类事故处理相关的问题都还没有确定的结论,所以每一起事故都引来一场纠纷。这些问题集中在:车撞狗算不算交通事故?狗被撞死是否属于"财产损失"?车撞狗交强险该不该赔偿?狗主人能否要求精神赔偿等等。

一、案情简介

2009年10月30日6点左右,陈女士像往常一样一早起来遛狗,遛完狗开车载狗回家,就把车停在了小区对面马路边的停车道上。就在她打开后车门的时候,小狗从后车座跑下车,横穿马路的一瞬间,被一辆行驶而过的车当场撞死。

随后,陈女士将司机和车主告上法庭,要求赔偿喂养爱犬的饲料费、人工费、精神损失费共计人民币95000元,其中,买狗费5000元,喂养费3万,人工费2万,还有精神损失费4万元。

二、法院判决

2010年9月8日浙江省杭州市江干区人民法院进行了一审判决:因为被告司机程女士的车辆投保了交通事故责任强制保险(以下简称"交强险"),保险公司在限额内直接赔付原告陈女士500元。此外,被告程女士自愿补偿原告陈女士精神损害抚慰金500元的请求,法院予以支持。

[①] 王卫国、凌湄:《"车狗相撞"与"交强险"赔付》,原发表在《中国保险》2011年第9期。

三、法理评析

（一）车撞狗算不算交通事故

《中华人民共和国道路交通安全法》第一百一十九条第（五）项规定："交通事故是指车辆在道路上因过错或者意外造成的人身伤亡或者财产损失的事件。"在本案中，交警部门最后认定这是一起因交通意外事件引发的交通意外事故。

那么车撞死狗是不是交通事故，存在较大争议。2006年5月，天津市公安交管局发布最新解释称，车与宠物狗相撞，应按交通事故受理。2007年1月山东省青岛市下发了《关于处理车辆与犬交通事故的意见》，规定车辆与犬在道路上发生碰撞、碾压、刮擦，造成犬受伤或者死亡的案件属于交通事故。

《中华人民共和国道路交通安全法》第二条规定："中华人民共和国境内的车辆驾驶人、行人、乘车人以及与道路交通活动有关的单位和个人，都应当遵守本法。"由此可见，道路交通的参与主体是车辆（包括机动车、非机动车）驾驶人、乘车人以及行人，动物不是道路交通的参与者。一般认为，交通事故都是指车与车，车与人之间发生的事故。我们认为车撞死狗不应属于交通事故，不应该适用《中华人民共和国道路交通安全法》，交强险不应该赔付。

（二）对"财产损失"应作限缩解释

1. "财产损失"的范围界定

根据解释尺度的不同，法律解释可以分为限制解释（又称为"限缩解释"）、扩充解释与字面解释三种。限缩解释是指在法律条文的字面含义显然比立法原意广时，作出比字面含义窄的解释。扩充解释是指在法律条文的字面含义显然比立法原意窄时，作出比字面含义广的解释。字面解释是指严格按照法律条文字面的通常含义解释法律，既不缩小，也不扩大。

我们认为，对《中华人民共和国道路交通安全法》第七十六条中"财产损失"应作限缩解释，应该解释为受害人随身携带物品、受害人机动车或非机动车以及车辆必要附加物的损失，不应包括脱离主人管控的财产以及受害人车上的财产。在本案中，宠物狗作为一种牲畜，虽属于个人财产，但当时并非在主人的控制之下，所以不属于《中华人民共和国道路交通安全法》所规定的"个人财产"之列。类似宠物狗被机动车撞死案件应该按照一般民事侵权案件来处理,而不能视为交通肇事案件。这类案件应该适用《中华人民共和国侵权责任法》,而不是《中华人民共和国道路交通安全法》。

2. 限定"财产损失"范围的理由

之所以对《中华人民共和国道路交通安全法》第七十六条中"财产损失"应作限缩解释,主要基于以下几点考虑:

第一,将脱离主人管控的财产、受害人车辆上的财产纳入交强险赔偿范围,会使保险公司的经营风险大大增加。

在保险实务中,人身损害赔偿是可以预测的,但是车载货物的损失以及其他财物的损失却无法预测。这就使保险公司的赔付风险难以准确的估算出来。此外,上述财物的损失具有极大的随机性,使得保险公司的经营风险加大。为了稳定保险公司的经营秩序,应该将上述财物排除在交强险范围之外。

第二,当事人应该自己关爱自己的财物,应该尽全力用合理方式保护自己的财物。

缩小"财产损失"的范围,将极大地提高当事人管理自己财物的注意力和责任心,培养一种责任意识。这对养成良好的习惯具有积极作用。从长远看,对社会是有益的。

第三,从立法目的考虑,应该对"财产损失"进行限制。

设立交强险的一个主要目的就在于有效的解决交通事故赔偿问题,减少社会矛盾,促进社会稳定,保护公民的生命[①]。也就是科学合理地填补交通事故中的受害人的人身损害。扩大"财产损失"的范围,与交强险的立法目的是相左的。如果不分轻重地将人身损害和财产损失统一予以保护,在有限的救助资金面前,交强险的目的难以实现。

第四,应该综合平衡各方的利益,不能让保险公司负担它所不应该负担的义务。

保险公司在保险合同中虽然是强势主体,但是如果让保险公司承担不应该承担的风险,不仅会加大保险公司的经营成本,而且对保险公司也是不公平的。我们坚持的原则是,让保险公司负担合理、合法的义务,让它真正成为经济的"助推器"和社会的"稳定器"。

[①] 张新宝:《侵权责任法原理》,中国人民大学出版社 2005 年 3 月版,第 364 页。

（三）司机和车主应不应赔偿

《中华人民共和国侵权责任法》第六条规定："行为人因过错侵害他人民事权益，应当承担侵权责任。"从侵权法的角度，在本案中，司机需不需要承担责任，关键看主观上是否有过错。司机是正常行驶，车速每小时20—30公里，司机在驾驶中没有任何违法行为。是狗突然蹿出来，被车撞死的。司机根本不可能预见到狗会钻到车底下，况且车撞到狗的位置距离狗主人停车的位置只有1米左右。在这样近的距离，根据科学研究，正常人的反应时间为0.1—0.4秒，即使看到了也来不及反应。再加上狗是从前后门中间钻进去的，司机根本看不到小狗。所以，更加难以避让。综上所述，我们认为，司机没有任何过错，不应该承担赔偿责任。

相反，狗主人没有尽到看管好宠物狗的义务，没有拴好狗，让狗自行横穿马路，才导致小狗被撞身亡。根据杭州市限制养犬有关规定，小型观赏犬在允许出户时间内必须束犬链，并且由成年人牵领，事发时间并不在允许遛狗的时间内。陈女士违规遛狗引发事故，后果应由她自己承担。总之，狗主人在不适当的时间、不适当的地点、没有遵守当地的养犬规定的前提下遛狗，导致狗在马路上被撞死的后果，理应由狗主人承担全部责任。

法院审理认为，在车狗相撞事故中，司机在驾车行驶时，未尽谨慎安全注意义务，避让措施不到位，导致将宠物犬轧死，给狗主人造成了财产损失，故司机应承担事故的次要责任。我们不赞同这种看法。何为谨慎驾驶没有法定的标准，只要造成事故就说不谨慎也是不合理的、不公平的。试想，如果任由动物在道路上自由行走，那么车辆就无法通行了。如果要求司机在驾驶时左顾右盼，那么将会分散注意力，会更加危险！在当时情况下，司机已经尽到了谨慎的义务，把责任无端推到司机身上是不公平的。

（四）精神损失费该不该支持

狗主人提出4万元精神损失费的赔偿要求，是否应得到法院的支持呢？用狗主人的话说："这条小狗跟了我们都十年了，我们一直把它当亲生的子女看待，每天都给它买牛肉和羊肉吃。它很乖很乖的。"陈女士今年已经49岁了，丈夫52岁，两人一直没有生育，十年岁月，都是这条小狗陪伴着夫妻俩度过。不可否认，陈女士夫妇对小狗确实有感情。但是，她的请求必须有法律依据，才能得到法院的支持。

《最高人民法院关于确定民事侵权精神损害赔偿责任若干问题的解释》（以下简称《司法解释》）第四条规定："具有人格象征意义的特定纪念物品，因侵权行为而永久性灭失或者毁损，物品所有人以侵权为由，向人民法院起诉请求赔偿精神损害的，人民法院应当依法予以受理。"小狗不属于具有人格象征意义的特定纪念物品，所以主张精神损害赔偿于法无据。另外，4万元的精神损失费也无从谈起。《司法解释》第十条规定："精神损害的赔偿数额根据以下因素确定：（一）侵权人的过错程度，法律另有规定的除外；（二）侵害的手段、场合、行为方式等具体情节；（三）侵权行为所造成的后果；（四）侵权人的获利情况；（五）侵权人承担责任的经济能力；（六）受诉法院所在地平均生活水平。法律、行政法规对残疾赔偿金、死亡赔偿金等有明确规定的，适用法律、行政法规的规定。"《司法解释》第十一条规定："受害人对损害事实和损害后果的发生有过错的，可以根据其过错程度减轻或者免除侵权人的精神损害赔偿责任。"

在本案中，司机完全没有责任，所以不应该承担精神损害赔偿。即使有责任，还要看是否符合《司法解释》的相关规定，动不动就要求精神损害赔偿的做法是不可取的。

（五）法院判决值得商榷

法院对本案非常慎重，为此开展了一系列的建议征集活动，有200多个市民打电话或者写信反映个人看法。同时，法院还邀请了法律专家展开了一次意见征询会，多数法律专家认为按照交通事故来认定，可以依据实际带来的经济损失进行适当的赔偿。基于化解矛盾的初衷，作出由保险公司在交强险限额内直接赔付原告陈女士500元的判决。我们认为，这样的判决有可能引发一系列的问题。

1. 违背交强险的立法精神

我们认为车撞狗应按民事纠纷处理。理由是：构成交通事故需要车辆、道路上、交通违法行为和过错、损害后果这四个要件。道路显然不是狗的自由活动场所，车撞狗基本上都是主人没有拴狗链造成的。另外，有些案件司机不存在过错，也就是不存在任何的违法行为，而是正常行驶。所以车辆在道路上正常运行中撞狗不属于交通事故，也就不能适用交强险。

设立交强险的最初目的，是为了对交通事故中人的伤亡进行及时的、必要的救助，核心是救人。甚至有法学教授提议应剔除《中华人民共和国道路交通安全法》中有关财产损失无责赔付的规定。该学者进一步指出，把财产损失也纳入交强险的赔偿范围是《中华人民共和国道路交通安全法》第七十六条的一大败笔！①

2. 可能诱发道德风险

如果认定车撞宠物狗是交通事故、并由交强险进行赔偿的话，那么今后车与猪、牛、马等牲畜，与鸡、鸭、鹅等家禽相撞，都应按交通事故来处理，都要求交强险进行赔付的话，那么会诱发一些人铤而走险。这不仅妨碍了道路通行秩序，而且侵犯了车主以及保险公司的利益，交强险的设立目的就会落空。所以，这样的判决还是就此打住为好。

3. 惯例可能被打破

在交通事故处理实务中，往往采取以下做法：如果司机撞了流浪动物，造成车辆损失，警方通常按照单方事故处理，由司机直接向保险公司索赔。如果是在高速公路等封闭道路上，因撞击或躲避野生动物而造成严重损失，交管部门也会出具事故证明，由司机向保险公司或高速公路所有方索赔，直至进行法律诉讼。

但是，如果是司机驾车撞死宠物狗，并且没有造成其他人员车辆损失的，交警通常不会出具法律文书，也不会按照交通事故处理，而是将案件转往当地派出所，由派出所民警进行调解，如调解不成，双方可直接向法院提起民事诉讼。交管部门一般认为，根据《中华人民共和国道路交通安全法》，交通的三要素分别是人、车、路，法律只负责协调这三者之间的关系，并不涉及动物。

正常行驶中撞死他人的宠物狗，不构成交通事故。那么，什么样的情况会构成交通事故呢？通常认为，宠物车祸案的责任认定，一般要看司机有没有违法行为，比如闯红灯、逆向行驶等等，此外，宠物的主人有没有把宠物牵在手里，也是判定双方承担责任比例的重要依据。不过，在具体的责任判定时，车主是否要赔偿，赔偿多少，主要由双方自行协商处理，协商不成的可以向法院提起诉讼。

---

① 郭永刚：《法学教授提议道交法中财损无责赔付规定应剔除》，《法制晚报》，2007年11月5日。

特种设备责任险，能否替代交强险[①]

案情简介

2016年新春佳节，方某酒后回家途中遭遇车祸，经医治无效身亡。与方某发生追尾的肇事司机唐某因无证、酒驾、逃逸被检察机关公诉，法院判决唐某负全部责任。死者家属要求赔偿52万余元，经法院调解，唐某表示同意赔偿死者家属10万余元。此外，经查，唐某所购老年代步车的厂家曾赠送一份"强制险"，死者家属向老年代步车投保的保险公司索赔12万元保险金。但之后不久死者家属又向法院提起了民事诉讼，诉状指出肇事的老年代步车所投保的保险公司拒绝进行12万元保险金的理赔，保险公司以老年代步车投保的保险非交强险为由拒绝理赔。因为厂家赠送的并非普通强制险，而是一份特种设备安全责任保险。保险公司将这个险种定义为一种商业保险。而原告方认为该保险可推定为一种强制险。面对赔偿问题，原被告双方各执一词。

判决结果

法院驳回死者家属的诉讼请求，判决保险公司不承担赔偿责任。

争议焦点

特种设备责任险能不能作为交强险来对待，能否向受害人进行赔偿。

法理分析

一、特种设备责任保险的保险责任

特种设备责任险是专门为在国家技术监督行政部门注册登记使用的特种设备投保的第三者责任保险。特种设备责任险适用人群：凡获得国家技术监督行政部门的批准，经执业验收及注册登记，取得"特种设备使用

[①] 王卫国、李冰：《特种设备责任险，能否替代交强险》，发表在《中国保险报》，2016年6月23日。

证",并按国家规定定期进行特种设备检验的使用者。

特种设备责任险的保险责任包括:(1)在保险期间内,由于保险单中载明的特种设备在使用过程中发生意外事故,导致第三者遭受人身损害,依照中华人民共和国法律(不含香港、澳门特别行政区和台湾地区法律,下同)应由被保险人承担经济赔偿责任且被保险人受第三者赔偿请求的,保险人按照本保险合同的约定负责赔偿。(2)保险事故发生后,被保险人因保险事故而被提起仲裁或者诉讼的,对应由被保险人支付的仲裁或诉讼费用以及事先经保险人书面同意支付的其他必要的、合理的费用,保险人按照本保险合同约定也负责赔偿。

二、交强险的性质和保险责任

机动车交通事故责任强制保险(简称"交强险")是我国首个由国家法律规定实行的强制保险制度。《机动车交通事故责任强制保险条例》(以下简称《交强险条例》)第三条规定:"本条例所称机动车交通事故责任强制保险,是指由保险公司对被保险机动车发生道路交通事故造成本车人员、被保险人以外的受害人的人身伤亡、财产损失,在责任限额内予以赔偿的强制性责任保险。"

交强险的保险责任是:在中华人民共和国境内(不含港、澳、台地区),被保险人在使用被保险机动车过程中发生交通事故,致使受害人遭受人身伤亡或者财产损失,依法应当由被保险人承担的损害赔偿责任,保险人按照交强险合同的约定对每次事故在下列赔偿限额内负责赔偿:(一)死亡伤残赔偿限额为110000元;(二)医疗费用赔偿限额为10000元;(三)财产损失赔偿限额为2000元;(四)被保险人无责任时,无责任死亡伤残赔偿限额为11000元;无责任医疗费用赔偿限额为1000元;无责任财产损失赔偿限额为100元。

死亡伤残赔偿限额和无责任死亡伤残赔偿限额项下负责赔偿丧葬费、死亡补偿费、受害人亲属办理丧葬事宜支出的交通费用、残疾赔偿金、残疾辅助器具费、护理费、康复费、交通费、被扶养人生活费、住宿费、误工费,被保险人依照法院判决或者调解承担的精神损害抚慰金。

医疗费用赔偿限额和无责任医疗费用赔偿限额项下负责赔偿医药费、诊疗费、住院费、住院伙食补助费,必要的、合理的后续治疗费、整容费、营养费。

三、特种设备责任保险能否替代交强险？

（一）交强险的适用对象

《交强险条例》第二条规定："在中华人民共和国境内道路上行驶的机动车的所有人或者管理人，应当按照《中华人民共和国道路交通安全法》（以下简称《道交法》）的规定投保机动车交通事故责任强制保险。"按照《道交法》的规定，交强险只适用于机动车给他人造成损害的情形。

（二）老年代步车是否属于机动车？

《道交法》第一百一十九条第（三）项规定，机动车是指以动力装置驱动或者牵引，上道路行驶的供人员乘用或者用于运送物品以及进行工程专项作业的轮式车辆。可见，机动车是指用动力装置驱动或者牵引，上道路行驶的轮式车辆，非机动车是指以人力或者畜力驱动，上道路行驶的交通工具以及虽有动力装置驱动但设计最高时速、空车质量、外形尺寸符合有关国家标准的残疾人机动轮椅车、电动自行车等交通工具。并不是所有的老年代步车就一定是非机动车，符合有关国家标准的，就不属于非机动车，而属于机动车范畴了。

我们生活中能看到的电瓶汽车，有的列入了国家机动车的产品目录了，但是肇事车主唐某驾驶的这种老年代步车，未纳入国家机动车的产品目录，所以保险公司也不会和作为投保人的老年代步车生产厂商签订交强险合同。因此厂商只能以特种设备将其投保了商业保险。在道路交通事故责任认定书上，交警部门也将该肇事的老年代步车作为机动车对待，在事故认定方面，也是按照机动车来定驾驶员的事故责任，是否说明该肇事车辆就是机动车辆？肇事人无驾驶证并且该类老年代步车也未纳入国家机动车产品名录，其并不满足《道交法》对于机动车辆的规定，故不能完全适用机动车来对待。

（三）两个险种保障对象的立足点不同

本案中的特种设备责任险视为保障被保险人的责任风险，旨在弥补被保险人的损失。而交强险则立足于保障受害者的利益，及时合理地补偿其遭受的损失。

（四）两种保险成立的依据不同

交强险是基于法律的强制性规定强制投保、强制承保而使合同成立的。而特种设备安全责任保险的投保人也就是该种老年代步车生产厂家对于是否投保,选择哪家保险公司具有自主权。投保人购买该种保险与保险人选择承保与否都有自主权,都是基于自愿的原则。

(五) 两种保险包含险种不同

特种设备安全责任险除了主险外还有附加险,而附加险是只有商业保险才存在的。此外,在该险种的免责条款中,明确规定了在被保险人发生饮酒、逃逸等情况时,保险公司将不负责赔偿。而对于"交强险"来说,《最高人民法院关于审理道路交通事故损害赔偿案件适用法律若干问题的解释》第十八条规定:"有下列情形之一导致第三人人身损害,当事人请求保险公司在交强险责任限额范围内予以赔偿,人民法院应予支持:(一) 驾驶人未取得驾驶资格或者未取得相应驾驶资格的;(二) 醉酒、服用国家管制的精神药品或者麻醉药品后驾驶机动车发生交通事故的;(三) 驾驶人故意制造交通事故的。保险公司在赔偿范围内向侵权人主张追偿权的,人民法院应予支持。追偿权的诉讼时效期间自保险公司实际赔偿之日起计算。"所以,对于无证驾驶还有酒驾的情况,是由保险公司先行赔偿,然后向肇事方追偿。

(六) 赔偿数额相同,能否将特种设备责任险视为交强险?

交强险责任限额是指被保险机动车发生道路交通事故,保险公司对每次保险事故所有受害人的人身伤亡和财产损失所承担的最高赔偿金额。交强险责任限额区分为被保险人有责无责两种情形:有责的限额是死亡伤残赔偿限额110000元、医疗费用赔偿限额10000元、财产损失赔偿限额2000元以及被保险人在道路交通事故中无责任的赔偿限额。其中无责任的赔偿限额,死亡伤残无责赔偿限额11000元、医疗费用无责赔偿限额1000元、财产损失无责赔偿限额100元。该车投保的特种设备责任险的保险分项限额与保险金总金额虽然与交强险都相同,但该特种设备责任险的保费为300元,比交强险的投保限额950元低出650元,明显看出获取的利益与其负担是不对等的。但对于保险金额上与交强险保险金额完全一致,保险公司解释为是一种巧合,这一说法恐怕无法真正解释这一问题,老年代步车厂家对于该种老年代步车规格是否属于机动车模糊不清,以至保险公司无法承保交强险,而采用一种高度类似于交强险的特种设备责任险对其承保,使得厂家对于赠送的保险类型都不尽了解,不同险种之间是否应该规定不同赔偿金额，需要保险公司的进一步规范。

综上，我们认为，本案中的特种设备责任险不能等同于交强险，故无法直接对受害人直接进行赔偿。

四、本案引发的思考

老年代步车以电力驱动，具有节能环保、快捷便利等优势，在今天已经成为越来越多老年人的选择，大街小巷我们经常会见到老年代步车的身影。这些老年代步车虽然在时速等方面达到机动车标准，但却未达到机动车的安全标准、未进行过碰撞测试，安全保护措施差，极易发生危险，近些年来老年代步车发生的交通事故不胜枚举。老年代步车无法办理车辆注册登记，不能申领牌照，驾驶人也无驾驶证，不能上交强险及其他机动车商业险。一旦发生交通事故，第三者的权益得不到保障。

为此，我们提出以下建议：

（1）出台相关规定，将老年代步车定性为机动车。将达到国家安全标准的老年代步车的性质界定为机动车，并规定该类车型应当同普通轿车一样实行登记、挂牌、年审、转让等制度，保障车辆信息的完整性，在发生交通肇事逃逸等情形时能及时查找肇事车辆，保障被害人的人身财产权益。

（2）出台电动车产品技术标准，明确产品质量水准。国家在 2012 年 5 月刚刚发布了强制性国家标准《机动车运行安全技术条件》（GB7258—2012）。在这个标准中，增加了机动车的种类，其中就有包括"老年代步车"在内的"纯电动汽车"、"燃料电池汽车"，这一系列安全技术标准有：整车、发动机、转向系、制动系、照明、信号装置和其他电气设备、行驶系、传动系、车身、安全防护装置，不符合上述标准的禁止出厂。

出台低速电动车企业准入条件，明确主管部门。对老年代步车的技术要求予以规范，并加大研发力度，使老年代步车的技术性能符合国家的标准。要规范安全性能，使老年代步车在公共道路上行驶时能保障驾驶员的人身安全，对不具有安全性能的老年代步车禁止继续销售。

（3）对老年代步车销售企业的资质严格审查，从源头上加强管理，杜绝不符合安全标准的车流向市场。

（4）对驾驶老年代步车的驾驶人员的资格予以明确规定，即只有通过国家驾驶资格考试的人员才能驾驶此类车型在公用道路上行驶，并且同样实行扣减分制度，以此提升驾驶人员的安全意识。

（5）借鉴机动车交强险制度，为车辆办理强制保险。建议购买商业第三者责任险，保障事故双方权益。

（6）行驶规则。我国道路交通安全法律法规对于机动车行驶规则已做出详尽的规范，"老年代步车"应当在机动车道上按规行驶。但由于通常其时速要低于普通燃油机动车，因此应当限定在机动车最外道行驶，而且由于其时速客观限制，应对其超车行为作出更为严格的规定。

（7）年检、报废制度。我国对于机动车有定期安全技术检验的强制性规定，对于机动车未按期进行检验的处以罚款，并且出现交通事故时保险公司不予赔付。作为机动车的一类，对"老年代步车"的定期安全技术检验应当严格执行。此外，应当加大对于不按期进行安全检验车主的处罚力度，使驾驶者心中的安全警示灯高高挂起，才能从源头上减少事故的发生。

实习司机独自驾车上高速肇事，保险公司赔不赔[①]

一、案情简介[②]

2014年国庆节第一天，刘女士驾驶小车，准备从永川到重庆。长假期间，高速公路免费通行，小车也较多。当刘女士行驶到渝昆高速公路进城33KM处时，因为操作不慎，追尾李某驾驶的小车。由于速度太快，李某的小车在巨大冲击力下，又追尾前面夏某驾驶的小车。三车虽然有不同程度损伤，但万幸的是，无人员伤亡。接到报警后，市交通行政执法总队的执法人员赶到现场。经过现场查看，并出具道路交通事故认定书，认定由刘女士承担此次事故全部责任。为此，刘女士支付三辆车修理费共计2万余元。

拿驾照不满一年，刘女士就开车上了高速公路，意外也因此发生。刘女士在某财险荣昌公司购买了保险，事故发生后，刘女士通知了保险公司申请理赔。但是保险公司认为，刘女士实习期上高速且无驾龄三年的驾驶员陪同在保险合同免责范围内，并且这一行为违反了国家相关规定，所以保险公司拒绝理赔。

二、法院判决

在刘女士与保险公司签订的保险合同中，双方约定：依照法律法规或公安机关交通管理部门有关规定不允许驾驶被保险机动车的其他情况下驾车，造成被保险机动车损失，保险人不负责赔偿。

---

① 王卫国、刘锦辉：《实习司机独自驾车上高速肇事，保险公司赔不赔?》，原发表在《中国保险报》，2016年1月14日。

② 案例来源于聂炜昌：《实习司机高速路追尾，保险公司赔不赔?》，《重庆时报》，2015年12月1日。

一审法院认为，这一条款为兜底性条款，并未明确具体的免赔范围，也未对"驾驶员在实习期内单独驾车上高速发生事故保险人免责"这一情形作出具体约定，难以使投保人准确预测获益范围，甚至额外减免保险公司责任，不应认定该兜底性免责条款已经发生效力。据此，法院一审判决认定，保险公司应当按照《保险合同》的约定，向刘女士支付保险理赔款 20925 元。

对于这个结果，保险公司表示不服，并向上一级法院提起上诉。

二审法院认为，公安部《机动车驾驶证申领和使用规定》第六十五条第二款规定："驾驶人在实习期内驾驶机动车上高速公路行驶，应当由持相应或者更高准驾车型驾驶证三年以上的驾驶人陪同。"这意味着，如果没有持相应或者更高准驾车型驾驶证三年以上的驾驶人陪同，驾驶人在实习期内不能驾驶机动车上高速公路行驶。而刘女士在实习期内驾驶机动车上高速公路行驶没有符合上述规定的驾驶人陪同的要求，属于依照"公安机关交通管理部门有关规定不允许驾驶被保险机动车"情况下驾车，在免责范围内。此外，在刘女士签署的《家庭自用汽车保险投保提示事项确认书》中，她签字确认"贵司销售人员已向本人详细说明保险条款中关于保险人免责部分的内容，本人已知晓和正确理解上述销售事项内容的告知和解释"。据此二审法院判决：撤销一审判决，驳回刘女士的诉讼请求。

三、争议焦点

驾驶员在实习期内单独驾车上高速发生事故保险人是否可以免责？

四、法理分析

本文只讨论在商业险范围内保险公司的责任问题。

（一）关于实习期内驾车的相关规定

1.《中国保险行业协会机动车综合商业保险示范条款》（2014 版）第 8 条、第 24 条、第 40 条规定："下列情况下，不论任何原因造成被保险机动车的任何损失和费用，保险人均不负责赔偿，包括实习期内驾驶公共汽车、营运客车或者执行任务的警车、载有危险物品的机动车或牵引挂车的机动车。"可见，并没有实习期内不准驾车上高速的规定。即便此前的《中国保险行业协会机动车辆商业保险示范条款》（2012 版），也是这样规定的。

2. 自 2013 年 1 月 1 日起施行的《机动车驾驶证申领和使用规定》第 64 条规定："机动车驾驶人初次申请机动车驾驶证和增加准驾车型后的 12 个月为实习期"。第 65 条规定："驾驶人在实习期内驾驶机动车上高速公路行驶，应当由持相应或者更高准驾车型驾驶证三年以上的驾驶人陪同"。这就是实习司机不能独自驾车上高速的由来。

（二）"实习司机不能独自驾车上高速"规定的目的

从某种意义上讲，高速公路是比较危险的区域。如果没有较好的驾驶技术，不仅对自己是危险的，对他人更是危险。所以，从公共安全的角度，规定实习司机不能独自驾车上高速是符合《道交法》的立法本意的。

（三）"实习司机不能独自驾车上高速"规定的效力

如果车险条款中有明确的约定，而且对该约定保险人已经作了充分的说明，投保人或被保险人已知晓，那么毫无疑问，该规定对双方都有约束力。问题的关键是，车险中没有明确的规定，只是有"依照法律法规或公安机关交通管理部门有关规定不允许驾驶被保险机动车的其他情况下驾车，造成被保险机动车损失，保险人不负责赔偿"的规定，那么这种情况下，保险人是否可以据此对"实习司机独自驾车上高速造成的损失"不予赔偿？

1. "依照法律法规或公安机关交通管理部门有关规定不允许驾驶被保险机动车的其他情况"是否属于概括性条款

《机动车驾驶证申领和使用规定》是公安部颁布的规范性文件，属于部门规章。"实习司机不能独自驾车上高速"是《机动车驾驶证申领和使用规定》规定的。从文义解释的角度，"实习司机不能独自驾车上高速"属于依据公安机关交通管理部门有关规定不允许驾驶被保险机动车的其他情况。那么，依据公安机关交通管理部门有关规定不允许驾驶被保险机动车的其他情况是否属于概括性条款呢？

（1）概括性条款的含义。所谓概括性条款，一般是指缺乏具体内涵、外延难以界定的条款。实践中，概括性条款往往以"其他"、"除此以外"等兜底条款的方式出现。

从语言学角度分析，这些字词，本身就有字义的模糊性特征，使得概括性条款拥有高度的涵盖力和概括性，外延开放，可以通过解释来达到扩展的可能。在保险行业中，保险公司为了最大限度地识别风险、测定风险，从而在与被保险人之间转嫁、分散和分摊风险，常常在精算的基础上将一些概括性条款纳入保险文件中。本案中双方约定的"依照法律法规或公安机关交通管理部门有关规定不允许驾驶被保险机动车的其他情况下驾车，造成被保险机动车损失，保险人不负责赔偿"系通过使用"其他"之字眼，而省略具体免责的情形，因此符合概括性条款的特征，在性质上属于兜底式概括性条款。

(2) 概括性条款的法律效力。如何在具体的案件中准确适用该条款，必须运用合理的解释方法来予以解释和判断。

首先，从文义解释的方法入手，应严格按照保险合同条款的字面意义和常用方式出发。本案保险条款虽然没有直接明确列举不允许驾车的其他情况，但它给定了一个范围，即在外延上强调是法律法规或公安机关交通管理部门作出的相应禁止性规定。根据公安部123号令中第64条和第65条可知，该范围有据可查，并且没有争议。

其次，从目的解释的立场检验，实习期内驾驶人驾驶技术不娴熟，考虑到独自驾车上高速危险性提高，保险公司保险责任增大。为了减少和打击违法违规行为，使投保人、被保险人更加严格地遵守法律法规，所以要求"驾驶人在实习期内驾驶机动车上高速公路行驶，应当由持相应或者更高准驾车型驾驶证三年以上的驾驶人陪同"有理有据，能在一定程度上减少保险事故的发生，与社会正面导向相一致、相呼应。这也符合公共利益的需要。

综上，刘女士在实习期内驾驶机动车上高速公路行驶没有符合上述规定的驾驶人陪同，属于依照"公安机关交通管理部门有关规定不允许驾驶被保险机动车"情况下驾车，属于保险条款中规定的不允许驾车的其他情况之一，所以此兜底性免责条款有效。

2. "实习司机不能独自驾车上高速"是否属于禁止性规定

禁止性规定是禁止当事人的一定行为，如违反该规定，则应根据该规定的立法目的受到相应的处罚。但在禁止性规定未被纳入保险合同的免责条款中时，不会产生保险公司免责的法律后果。对于以禁止性规定情形作为免责事由的免责条款，保险公司仅需履行提示阅读义务，即可产生法律效力。

《保险法》第十七条第二款规定："对保险合同中免除保险人责任的条款，保险人在订立合同时应当在投保单、保险单或者其他保险凭证上作出足以引起投保人注意的提示，并对该条款的内容以书面或者口头形式向投保人作出明确说明；未作提示或者明确说明的，该条款不产生效力。"

《最高人民法院关于适用〈中华人民共和国保险法〉若干问题的解释（二）》（以下简称《解释二》）中保险人对于法律、行政法规中的禁止性规定情形作为保险合同免责条款的明确说明义务发生了变化。《解释二》第十条规定："保险人将法律、行政法规中的禁止性规定情形作为保险合同免责条款的免责事由，保险人对该条款作出提示后，投保人、被保险人或者受益人以保险人未履行明确说明义务为由主张该条款不生效的，人民法院不予支持。"

但是，"实习司机不能独自驾车上高速"是《机动车驾驶证申领和使用规定》中的规定，该规定是公安部颁布的，属于部门规章，不是法律行政法规。那么，是不是不属于禁止性规定？我们认为，"实习司机不能独自驾车上高速"属于禁止性规定，只不过不是法律行政法规中的禁止性规定。

既然不是法律行政法规中的禁止性规定，是否意味着没有法律效力呢？特别是保险合同中没有明确列明"实习司机不能独自驾车上高速"这样的语句。我们认为不能这样理解。

绝大多数驾驶员在学习驾驶技术时，都会知晓"实习司机不能独自驾车上高速"这样的规定，可以理解为是一种常识。虽然保险公司没有明确将"实习司机不能独自驾车上高速"写入条款，具有一定的过错，但这种过错不足以免除驾驶员的责任。这样的判断是基于公共利益的需要。从法理的角度，如果法律没有具体规定，可以适用法律原则，还可以依据公序良俗原则等等。"实习司机不能独自驾车上高速"，实际上是有法律依据的。在这种情况下，我们认为应该牺牲个别人的利益，维护绝大多数人的利益。违反了"实习司机不能独自驾车上高速"的规定造成的损失，保险公司可以拒赔。

五、结论

本案中，由公安部第 123 号令，即修订后的《机动车驾驶证申领和使用规定》及保险合同中双方约定"依照法律法规或公安机关交通管理部门有关规定不允许驾驶被保险机动车的其他情况下驾车，造成被保险机动车损失，保险人不负责赔偿"，以及刘女士在签署的《家庭自用汽车保险投保提示事项确认书》中签字确认"贵司销售人员已向本人详细说明保险条款中关于保险人免责部分的内容，本人已知晓和正确理解上述销售事项内容的告知和解释"的事实，我们认为"实习司机独自驾车上高速造成的损失不赔"有效。

汽车轮胎爆炸之后[①]

案情简介

【案例一】2012年5月，某物流有限责任公司司机陈某在驾车的过程中，因轮胎出现损坏，将车辆送到附近的汽修厂修理。在修理过程中，受损轮胎意外发生爆炸，造成修理厂员工谢某死亡。事故发生后，经过人民调解委员会调解，物流公司赔偿了死者谢某家属各项损失共计人民币148000元整。后该物流公司向湘LK×××车的保险公司提出索赔，遭拒后将保险公司起诉至法院，要求保险公司按机动车交通事故责任强制险和第三者责任险保险合同理赔。

【案例二】2012年9月12日，司机杨某在广州市海珠区某停车场内检查自己驾驶的轻型自卸货车时，因发现后车轮胎中间夹有石块，杨某自己动手取掉石块。此时，轮胎突然发生爆炸，杨某受伤后当即报警并向保险公司报案。但是保险公司以事故发生地不属于"道路"范畴以及事故是车辆处于静止状态下发生的，不符合"交通事故"的构成要件，据此拒绝对杨某的损失进行赔偿。

【案例三】2012年3月24日，原告刘某与丈夫薛某沿淮安市清浦区新民东路自东向西步行至淮安市清浦区某花园北门对面，因苏××××号厢式货车违章停放在位于新民东路北侧的路边，原告夫妻遂从该车尾部绕行，准备穿过马路由浦东花园北门去超市。此时，该车左后轮胎突然爆炸，原告夫妇躲避不及以致被炸伤。但是被告保险公司辩称：原告受伤并非道路交通事故所致，公安机关亦未就涉案事故做出道路交通事故的责任认定，故保险公司不应在机动车交通事故责任强制保险及商业三责险赔偿限额内承担赔偿责任，故请求法院驳回原告的诉讼请求。

上述三个案例的特点都是车辆处于停止状态，都是由轮胎爆炸引发的纠

[①] 王卫国、赵美颖：《汽车轮胎爆炸之后》，原发表在《中国保险报》，2014年11月27日。

纷。其中案例一的情况是：在修理过程中，受损轮胎意外发生爆炸，造成修理厂员工死亡。案例二的情况是：司机在检查轮胎时，轮胎突然爆炸，导致人员受伤。案例三的情况是：行人经过车辆时，轮胎突然爆炸，导致行人受伤。

争议焦点

车辆静止时轮胎爆炸导致人员伤亡是否构成"交通事故"？保险公司是否承担赔偿责任？

法理分析

《中华人民共和国道路交通安全法》第一百一十九条明确规定："道路，指公路、城市道路和虽在单位管辖范围但允许社会机动车通行的地方，包括广场、公共停车场等用于公众通行的场所。交通事故是指车辆在道路上因过错或意外事故造成的人身伤亡或财产损失的事件。"从中可以概括出交通事故的构成要素：车辆，道路上，因过错或意外，造成人身伤亡或财产损失。

（一）修理厂内轮胎爆炸，是否属于交通事故

1. 观点之争

第一种观点认为属于道路交通事故。理由是：机动车在维修店维修、保养的过程中发生的事故是车辆在使用过程中因肇事车辆使用人疏于对车辆的维修保养造成的人员伤亡或财产损失，既有当事人的因素，又有一定的意外因素，符合《道交法》"交通事故"的定义范围，所以属于道路交通事故。

第二种观点认为属于安全生产事故（安全生产事故，是指生产经营单位在生产经营活动中发生的造成人身伤亡或者直接经济损失的事故），而不是道路交通事故。理由是：本案中意外事故发生于维修场所，是车辆在停止状态下因修理工安全操作不当造成的安全事故，维修场所并非法律规定的"道路"，故机动车在维修店维修、保养的过程中发生的事故不是交通事故，而是安全生产事故。

2. 小结

《道交法》第一百一十九条规定："交通事故，是指车辆在道路上因过错或意外事故造成的人身伤亡或财产损失的事件。"可见，交通事故必须是发生在道路上的事件。而在案例一中，轮胎在修理厂发生爆炸，修理厂不属于道路的范畴，因此不构成交通事故。

只要驾驶员已经将车辆交与维修方开始修理、保养，在此期间发生的

事故应该属于安全事故，而不是道路交通事故。驾驶员将车辆交给修理方，双方即形成了承揽合同。修理方应具备安全维修、保养的专业技能，修理方基于承揽合同发生的事故，应为自身的行为承担责任，而不能将安全事故责任转嫁给保险公司。

在车辆保险中的车损险、商业三者险、车上人员险、盗抢险的责任免除中有一个共同的条款是"被保险机动车在竞赛、测试期间，在营业场所维修、保养、改装期间发生事故保险公司不予赔偿"。不管保险公司对该免责条款是否尽到说明义务，都不能改变本案的性质。所以，本案保险公司不承担赔偿责任。

（二）司机在停车场内检查轮胎时，轮胎突然爆炸导致司机受伤，能否构成交通事故

在案例二中，司机杨某在停车场内检查自己驾驶的轻型自卸货车时，因发现后车轮胎中间夹有石块，杨某自己动手取掉石块。此时，轮胎突然发生爆炸，导致杨某受伤。

1. 争议焦点

争议焦点有两个，一是本案是否构成交通事故？二是司机能否转化为"第三者"？

2. 案例分析

（1）本案能否定性为道路交通事故？车辆在静止时造成他人人身损害或财产损失能否构成交通事故？

首先，车辆停放在公共停车场内，公共停车场属于法律规定的"道路"的范围。杨某在排除该挤压石块过程中因车辆的轮胎爆炸受伤的事故，是杨某没有预料到的，应属于交通事故中的意外事件。

其次，法律并没有明确规定发生交通事故的车辆必须处于"运动"状态，处于静止状态的车辆发生事故就不构成交通事故。所以车辆引起他人人身损害或财产损害的事故是否构成交通事故，不能简单从车辆是否处于运动或静止状态来确定。

最后，考量车辆在静止状态时引发的事故是否构成交通事故，要从车辆处于静止状态的场所、原因、车辆发生事故的具体情况等因素综合分析。车辆因机械故障停放于道路上引发的事故与案例一中车辆停放在维修厂进行维护保养时发生事故，性质是完全不同的。前者是因为车辆临时发生故障不得不停放在路边，这是车主所不能预料的意外事件，后者是车主已经清楚车辆有安全隐患，需要进行维护保养，把车主动放在维修厂交给维修人员进行保养。所以前者构成交通事故，后者不构成交通事故。

（2）司机自己取石块是否具有过错？

出车前驾驶员对车辆的轮胎等重要部位进行例行安全检查，是驾驶员在出车前为了保证行车安全必须要做的安全措施。杨某作为车辆的使用人在出车前作例行检查时发现肇事车辆的轮胎有石块挤压，即采取排除该石块的措施，目的是保证行车安全，是非常必要的。所以不能说司机具有过错。

（3）杨某是否可以认定为交通事故中的"第三者"？交强险和商业三者险是否应该赔付？

机动车交通事故责任强制保险，是指由保险公司对保险机动车发生道路交通事故造成本车人员、被保险人以外的受害人的人身伤亡、财产损失，在责任限额内予以赔偿的强制性保险。

机动车第三者责任保险的保险责任，是被保险人或其允许的合法驾驶人在使用被保险机动车过程中，发生意外事故致使第三者遭受人身伤亡或财产直接损失，依法应当由被保险人承担的损害赔偿责任，保险人依据保险合同的约定，对超出交强险限额以外的部分负责赔偿。

由上可知，交强险和商业三者险的赔付对象是"第三者"。一般情况下，本车人员、被保险人不属于第三者。

杨某是车辆的驾驶人，事故发生时他是在车外受伤的，能否由"车上人员"转化为"第三者"呢？我们认为不能转化。按照交强险和商业三者险的立法宗旨，这两个险种是保护除了投保人、被保险人和本车人员以外的受到车辆伤害的人，俗称"第三者"。对"第三者"的范围不应随意扩大，否则有违三者险的立法宗旨。另外，根据奚晓明主编的《最高人民法院关于道路交通损害赔偿司法解释理解与适用》一书中的观点："车上人员与车外人员的区别是比较固定的，因交通事故的撞击等原因导致车上人员脱离本车的，不存在转化为第三者的问题，上述人员仍属于车上人员，不应由交强险予以赔偿。"按照这一倾向性意见，司机下车检查轮胎被炸伤，司机的身份不发生转化，所以交强险和商业三者险不应赔偿。

（三）行人经过车辆时，轮胎突然爆炸导致行人受伤，是否属于交通事故？保险公司应否承担赔偿责任

1. 本案事故能否定性为道路交通事故

在案例三中，从轮胎突然爆炸导致行人受伤的事实来看。首先，涉案事故是轮胎爆炸致人损伤造成的，事故发生地点符合有关"道路"的范围。原告夫妻从肇事车辆旁经过时无法预见到肇事车辆轮胎可能会发生爆炸致其受伤。其次，被告车主长期从事货物运输，货车轮胎压力较大，但是其未对车辆轮胎定期进行胎检，导致车辆存在安全隐患，对事故的发生存在主观过错，据此，应当认定，涉案事故是车辆在道路上，既有当事人的过错因素，也有一定的意外因素，造成原告受伤的后果。所以应当认定为道路交通事故。

2. 交通事故认定书对案件的审理是否具有决定性的作用

《中华人民共和国道路交通安全法》第七十三条规定："公安机关交通管理部门应当根据交通事故现场勘验、检查、调查情况和有关检验、鉴定结论及时制作交通事故认定书，作为处理交通事故的证据。交通事故认定书应当载明交通事故的基本事实、成因和当事人的责任，并送达当事人。"

公安交通管理部门做出交通事故责任认定的目的，在于解决当事人因交通事故这一民事侵权行为而产生的损害赔偿纠纷。交通事故认定书主要起一个事实认定、事故成因分析作用，是一个专业的技术性的分析结果。认定书具有证据效力，但不是进行损害赔偿的唯一依据。

《最高人民法院关于审理道路交通事故损害赔偿案件适用法律若干问题的解释》第27条规定："公安机关交通管理部门制作的交通事故认定书，人民法院应依法审查并确认其相应的证明力，但有相反证据推翻的除外。"由此可见，交通事故认定书并非当然作为民事诉讼中认定案件事实的依据。本案事故发生后，因未向交警部门报警，交警部门未就本起事故出具交通事故认定书，保险公司据此辩称本案不属于交通事故是不能成立的。人民法院可以根据其他证据对案件进行认定。

结　论

1. 被保险机动车在维修场所发生事故不属于交通事故，交强险和商业三者险不赔。

2. 被保险机动车停放在公共停车场，司机下车检查车辆时发生事故属于交通事故，但司机不属于"第三者"，交强险和商业三者险不赔。

3. 行人经过车辆时受到伤害属于交通事故，交强险和商业三者险应当赔偿。

4. 考量车辆在静止状态时引发的事故是否构成交通事故，要从车辆处于静止状态的场所、原因、车辆发生事故的具体情况等因素综合分析。

鸣笛引发的保险赔偿[①]

案情简介

2015年10月4日中午12点30分左右,程某驾驶小型轿车(该车为程某租用某出租车有限公司的车辆),通过某交叉路口时鸣笛示意鲍某驾驶的电动三轮车注意安全,鲍某因听到车辆鸣喇叭受到惊吓,产生避让行为时,导致了电动三轮车侧翻,乘车人员胡某受伤,后送至医院抢救无效死亡。

经查,出租车公司对该出租车在某保险公司投保了交强险和三者险100万元且不计免赔。某交警大队认定此次事故成因无法查清。鲍某及其亲属将驾驶员程某、出租车公司、保险公司告上法庭,要求赔偿各项费用共计35万余元。

法院判决

综合事故的发生原因、事故双方的过错,本院确定被告程某对因交通事故造成对方的损失承担30%的民事赔偿责任。因小型轿车在某保险公司投保交强险及100万元第三者责任商业险,根据《最高人民法院关于审理道路交通事故损害赔偿案件适用法律若干问题的解释》第十六条、《中华人民共和国侵权责任法》第四十九条规定,应当先由保险公司在交强险范围内赔偿;超出部分,由保险公司在第三者责任商业险范围内按合同约定赔偿。

争议焦点

车辆之间没有发生直接碰撞造成的事故是否属于交通事故?保险公司是否需要赔偿?

法理分析

一、没有碰撞是否构成交通事故

《中华人民共和国道路交通安全法》第一百一十九条规定:"交通事故

[①] 王卫国、杨艺瑶:《鸣笛引发的保险赔偿》,发表在《中国保险报》,2017年1月26日。

是指车辆在道路上因过错或者意外造成的人身伤亡或者财产损失的事件。"
"道路"是指公路、城市道路和虽在单位管辖范围但允许社会机动车通行的地方,包括广场、公共停车场等用于公众通行的场所。"车辆"是指机动车和非机动车。

从交通事故的定义看,并没有强调必须"接触"才是交通事故,"接触"不是构成交通事故以及责任承担的前提条件。只要当事人的行为对发生该交通事故有因果关系并起到了作用,就应当承担相应的责任。在上述案例中,车辆虽然与行人未直接接触,但并不能否认该次事故属于交通事故。司机即使没有过错,起码是一起意外事故,仍然构成交通事故。

二、因果关系是衡量司机是否承担责任的重要因素

被告人程某称:事故现场无红绿灯,根据道路状况,经过路口拐弯的时候必须按喇叭,以提示行人和车辆。出租车喇叭不超过国家规定的喇叭分贝,被告的车辆和三轮车根本没有碰撞。

证人汤某是程某驾驶的出租车上的乘客,汤某称:2015年10月4日中午,该车转弯时,司机按一下喇叭,骑三轮车的老头(原告鲍某)回一下头,三轮车就翻了。三轮车上的人被车子压在下面,出租车司机就立马刹车,停在三轮车旁边,就和我一起下车扶车的,出租车与三轮车没有接触,当时路上车子不多,三轮车附近没有其他车子,出租车对面也没有车子。

交警部门根据现场勘验笔录、现场图、现场照片等,认定原告鲍某驾驶非机动车(电动三轮车)占用机动车道。

从上述陈述、证人证言以及交警部门的认定可知,司机按喇叭是导致鲍某慌张进而发生三轮车侧翻的原因。也就是说,司机按喇叭与三轮车侧翻有一定的因果关系,但不是必然的因果关系。虽然有因果关系,司机不存在过错,因为车辆转弯鸣笛是正常的,喇叭的声音是符合规定的,可见这起事故是由于意外引起的。某种程度上讲,驾驶非机动车(电动三轮车)的鲍某具有过错,因为非机动车不应在机动车道行驶。

三、保险公司应如何承担责任

肇事车辆是被告程某租用某出租车公司的车辆,根据《中华人民共和国侵权责任法》第四十九条之规定,因租赁、借用等情形机动车所有人与使用人不是同一人时,发生交通事故后属于该机动车一方责任的,由保险

公司在机动车强制保险责任限额范围内予以赔偿。不足部分，由机动车使用人承担赔偿责任，机动车所有人对损害的发生有过错的，承担相应的赔偿责任。所以，投保交强险的保险公司首先要承担责任。由于本案受害人发生交通事故后住院4天后死亡，产生了医疗费等费用，加上死亡赔偿金等费用，死者家属提出共计28万余元的赔偿请求。

由于出租车公司对该车在某保险公司投保了交强险和三者险100万元且不计免赔。那么随之而来的问题是，保险公司是否承担责任？如何承担责任？

（一）交强险是否需要赔偿

《机动车交通事故责任强制保险条款》（以下简称《交强险条款》）第八条规定："在中华人民共和国境内（不含港、澳、台地区），被保险人在使用被保险机动车过程中发生交通事故，致使受害人遭受人身伤亡或者财产损失，依法应当由被保险人承担的损害赔偿责任，保险人按照交强险合同的约定对每次事故在下列赔偿限额内负责赔偿：（一）死亡伤残赔偿限额为110000元；（二）医疗费用赔偿限额为10000元；（三）财产损失赔偿限额为2000元；（四）被保险人无责任时，无责任死亡伤残赔偿限额为11000元；无责任医疗费用赔偿限额为1000元；无责任财产损失赔偿限额为100元。死亡伤残赔偿限额和无责任死亡伤残赔偿限额项下负责赔偿丧葬费、死亡补偿费、受害人亲属办理丧葬事宜支出的交通费用、残疾赔偿金、残疾辅助器具费、护理费、康复费、交通费、被扶养人生活费、住宿费、误工费，被保险人依照法院判决或者调解承担的精神损害抚慰金。医疗费用赔偿限额和无责任医疗费用赔偿限额项下负责赔偿医药费、诊疗费、住院费、住院伙食补助费，必要的、合理的后续治疗费、整容费、营养费。"原告提出的赔偿项目及金额包括医疗费44464.3元、住院伙食补助费72元、营养费40元、护理费200元、交通费40元、死亡赔偿金240422元、精神损害抚慰金40000元、丧葬费30000元，合计355238.3元。

本案的特殊之处在于，交通管理部门并没有出具事故责任认定书，而是出具了道路交通事故证明，实际上并没有划分责任。结合本案的情况，我们可以得出车辆驾驶人没有责任的结论，也就是被保险人无责的结论。在这种情况下，死亡伤残赔偿限额为11000元，医疗费用赔偿限额为1000元。但是，法院判保险公司在交强险限额内赔偿医疗费10000元，死亡赔偿金110000元。实际上法院最终认定被保险人有责任。我们认为，法院对事实的认定和对法律的适用值得商榷。

首先原告鲍某驾驶非机动车在机动车道内行驶，自身具有过错；其次，被告程某鸣笛不存在过错，不应承担责任；最后，本案实质上是由意外引起的事故。在这种情况下，程某最多在交强险限额内承担无过错的赔偿责任而已。

（二）商业三者险是否需要赔偿

《最高人民法院关于审理道路交通事故损害赔偿案件适用法律若干问题的解释》第十六条规定："同时投保机动车第三者责任强制保险（简称"交强险"）和第三者责任商业保险（简称"商业三者险"）的机动车发生交通事故造成损害，当事人同时起诉侵权人和保险公司的，人民法院应当按照下列规则确定赔偿责任：（一）先由承保交强险的保险公司在责任限额范围内予以赔偿；（二）不足部分，由承保商业三者险的保险公司根据保险合同予以赔偿；（三）仍有不足的，依照道路交通安全法和侵权责任法的相关规定由侵权人予以赔偿。"

《中国保险行业协会机动车综合商业保险示范条款》（以下简称《示范条款》）第二章机动车第三者责任保险中"保险责任"第二十二条规定："保险期间内，被保险人或其允许的驾驶人在使用被保险机动车过程中发生 意外事故，致使第三者遭受人身伤亡或财产直接损毁，依法应当对第三者承担的损害赔偿责任，且不属于免除保险人责任的范围，保险人依照本保险合同的约定，对于超过机动车交通事故责任强制保险各分项赔偿限额的部分负责赔偿。"第二十三条规定："保险人依据被保险机动车一方在事故中所负的事故责任比例，承担相应的赔偿责任。被保险人或被保险机动车一方根据有关法律法规规定选择自行协商或由公安机关交通管理部门处理事故未确定事故责任比例的，按照下列规定确定事故责任比例：被保险机动车一方负主要事故责任的，事故责任比例为70%；被保险机动车一方负同等事故责任的，事故责任比例为50%；被保险机动车一方负次要事故责任的，事故责任比例为30%。涉及司法或仲裁程序的，以法院或仲裁机构最终生效的法律文书为准。"

通过上述规定可以看出，交强险与商业三者险的区别是，交强险实行"无过错责任"赔偿原则，商业三者险实行"按责论处"赔偿原则。投保了交强险的机动车不论在交通事故中是否有过错，只要造成了他人的人身损害或财产损失，保险公司均须在交强险的责任限额内负责赔偿。而现行商业三者险实行的是"按责论处"的赔偿原则，即保险公司只根据被保险机动车在事故中的责任比例，在商业三者险的责任限额内承担赔偿责任。

结合本案，我们认为，机动车没有过错，虽然交强险可以在无责情形下赔偿，但是商业三者险是不该赔偿的。然而法院的判决并不是这样。

（三）责任保险中"责任"的含义

《保险法》第六十五条第一款规定："保险人对责任保险的被保险人给第三者造成的损害，可以依照法律的规定或者合同的约定，直接向该第三者赔偿保险金。"第四款规定："责任保险是指以被保险人对第三者依法应负的赔偿责任为保险标的的保险。"可见，责任保险以被保险人对受害人的赔偿责任的存在为基础，依照民事责任制度，被保险人对受害人不应当承担赔偿责任的，保险人自不应当负担受害人的损失。可见从民事责任的角度，首先要确定是否构成"责任"，如果没有责任，就谈不到赔偿。交强险和商业三者险都属于责任保险，所以，责任的认定非常重要。

《最高人民法院关于审理道路交通事故损害赔偿案件适用法律若干问题的解释》第二十七条规定："公安机关交通管理部门制作的交通事故认定书，人民法院应依法审查并确认其相应的证明力，但有相反证据推翻的除外。"根据该规定，交通事故认定书并非当然作为民事诉讼中认定案件事实的依据。当事人可以提出相反证据推翻交通事故认定书，但其应当对交通事故认定书内容不真实负有证明责任。结合本案，交警部门并没有出具交通事故认定书，那么在这种情况下，法院应综合各种事实和材料，确定双方的责任。

回到本案，应当按照民事责任的构成要件来确定责任。由于交通事故案件不属于特殊侵权案件，所以，按照一般侵权行为的构成要件，有过错就应承担责任，没有过错就不应承担责任。根据上述案件事实，机动车驾驶人程某鸣笛没有过错，笛声也没有超过规定的标准，鸣笛与受害人死亡之间不存在必然的因果关系，所以机动车驾驶人程某不应该承担责任，机动车投保第三者责任险的保险公司也不应承担责任。

四、结论

由鸣笛引发的伤亡损失，在交强险无责限额内予以赔偿，商业三者险不应赔偿。

论交强险中"第三者"的界定[①]

设立《机动车道路交通事故责任强制保险条例》（以下简称《交强险条例》）的目的是保障机动车道路交通事故受害人能够得到及时的救助，人们习惯上称受害人为"第三者"。在保险实务中，保险公司是第一者，被保险人（车主或司机）是第二者，遭受机动车事故伤害的人叫"第三者"。"第三者"的范围究竟包括哪些人？本文主要探讨被保险人和车上人员是否存在转化为"第三者"的问题？

一、讨论前的说明

《机动车交通事故责任强制保险条例》（以下简称《交强险条例》）第四十二条第（一）、（二）项规定："投保人，是指与保险公司订立机动车交通事故责任强制保险合同，并按照合同负有支付保险费义务的机动车的所有人、管理人；被保险人，是指投保人及其允许的合法驾驶人。"本文讨论的"被保险人"范围较广，既包括车主，还包括车主雇佣的司机、车辆的租赁者、借用者等。

二、问题的提出

【案例一】2011年11月20日，李先生驾驶自己的越野车在路上行驶，途经某地时，发现路上有几块煤，此时车已经驶过煤块。他随后停车，想将煤块拣开，没想到车辆忽然倒滑，他被撞倒当场死亡。

事后，李先生的家人拿着事发前在某保险公司投保的第三者责任强制保险单找到保险公司，要求按保单赔付12.2万元理赔金。保险公司则称，李先生所投保车辆事故不在合同约定的保险责任范围内，拒绝赔偿。

[①] 王卫国、王睿：《论交强险中"第三者"的认定》，原发表在《上海保险》2015年第11期。

无奈之下，李先生家人将保险公司诉至法院，要求支付保险金。

【案例二】2010年4月10日，甲驾驶自有小轿车去某地游玩，途中甲的车辆突然爆胎，导致车辆突然向右行使，与同向行驶的一辆大货车刮擦后冲出护栏翻下公路，甲被甩出了车外，当场死亡。交警部门认定此次事故属于交通意外事故，双方均无责任。经查，甲的小轿车投保了交强险。甲的家属向小轿车投保的保险公司提出了在交强险限额内赔偿的请求，遭到拒绝，于是起诉至法院。

【案例三】王某有一辆货车从事货运经营，并向保险公司投保了交强险。保险期内，王某聘请司机驾车，自己随车前往广州送货途中发现车上货物被盗，王某急忙让司机将车停靠路边下车查看。由于车未停稳，王某跳下车后摔倒，被该车后轮压过身亡，司机当即向交警部门和保险公司报了案。经当地公安交警部门认定：王某负事故的主要责任，司机负事故的次要责任。

当王某的家人向保险公司索赔遭拒后向法院起诉，要求按保单赔付12.2万保险金。

【案例四】2010年5月9日，谢某乘坐客车去县城，在路上某处停车上下乘客时，因车门未关好，司机黄某即启动车辆，致使车上乘客谢某从车上摔下受伤，经法院鉴定，谢某为十级伤残。交警大队认定涉案车辆驾驶员黄某负本次交通事故的全部责任。涉案车辆已在保险公司投保了交强险。后双方因赔偿问题达不成协议，谢某于2010年6月23日将司机、涉案车辆的车主、涉案车辆的投保人及保险公司等告上法庭，要求四被告承担赔偿责任。

以上四个案例，列举了投保人（也是被保险人，下同）和车上人员受伤害的各种情形。在案例一中，投保人在受到伤害之前，是位于车外的；在案例二中，投保人在发生交通事故的瞬间位于车外，之前位于车内；在案例三中，投保人的死亡是由雇佣的驾驶人造成的；在案例四中，车上乘客被摔出车外受伤。

对于投保人和车上人员能否属于交强险中的"第三者"，争议很大。2012年11月27日，最高人民法院公布了《关于审理道路交通事故损害赔偿案件适用法律若干问题的解释》（以下简称《交通事故司法解释》）。其中第十七条规定："投保人允许的驾驶人驾驶机动车致使投保人遭受损害，当事人请求承保交强险的保险公司在责任限额范围内予以赔偿的，人民法院应予支持，但投保人为本车上人员的除外。"该规定只解决了投保人与其允许的驾驶人分离的情况下,其能否作为"第三者"获得交强险赔偿的问题,但涉及"第三者"的案情复杂,笔者认为有必要从机动车交通事故责任强制保险的发展历史、功能、国内外相关立法与实务以及未来发展趋势等方面对此问题作深入的研究。

三、传统理论对责任保险"第三者"的界定

(一)责任保险"第三人"的含义

《保险法》第六十五条第四款规定:"责任保险是指以被保险人对第三者依法应负的赔偿责任为保险标的的保险。"可见,责任保险的标的,为被保险人对第三人承担的损害赔偿责任,责任保险合同在相当程度上被视作为第三人利益而订立的合同。

投保人是指与保险人订立保险合同,并按照合同约定负有支付保险费义务的人。保险人是指与投保人订立保险合同,并按照合同约定承担赔偿或者给付保险金责任的保险公司。投保人和保险人通常被称为保险合同当事人。

被保险人是指其财产或者人身受保险合同保障,享有保险金请求权的人。投保人可以为被保险人,在车辆保险中尤为普遍。

受益人是指人身保险合同中由被保险人或者投保人指定的享有保险金请求权的人。投保人、被保险人可以为受益人。被保险人和受益人通常被称为保险合同关系人。

责任保险的第三人,是指责任保险单约定的当事人和关系人以外的、对被保险人享有赔偿请求权的人[①]。即因被保险人的行为而受害的人,当然不包括投保人和被保险人。

在保险实务中,人们通常称保险公司是第一者,被保险人(通常为车主,又是投保人)是第二者,遭受机动车事故伤害的人叫"第三者"。

(二)"第三人"享有请求权的基础

责任保险的第三人对被保险人,应当享有赔偿请求权。在机动车交通事故损害赔偿法律关系中,责任保险以被保险人对第三人的侵权损害赔偿责任为承保的危险,被保险人的侵权行为是第三人的赔偿请求权的基础,责任保险的第三人仅以对被保险人享有侵权损害赔偿请求权的人为限。

---

① 邹海林著:《责任保险论》,法律出版社 1999 年 11 月版,第 224 页。

因被保险人的行为而受害的责任保险合同的当事人和关系人，对被保险人依法享有损害赔偿请求权，但不得为责任保险的第三人。若投保人和被保险人不为同一人，因投保人为责任保险合同的当事人，当投保人因被保险人的行为而受害，对被保险人依法享有赔偿请求权，被保险人不得以其对投保人承担的赔偿责任，请求保险人承担责任。例如，汽车所有人甲向保险公司投保汽车责任保险，被保险人为甲以及经甲允许而使用被保险汽车的持有合法驾照的人（诸如乙）。当乙驾驶车辆时撞伤甲，乙同为该责任保险的被保险人，甲因乙的行为而致残，并请求乙赔偿损失。甲作为汽车责任保险的投保人和被保险人，并非汽车责任保险的第三人，乙不得以其对甲承担的赔偿责任，请求保险公司承担赔偿责任。

（三）依传统责任保险理论，投保人不能成为"第三者"

综上所述，依传统责任保险理论，投保人是不能成为"第三者"的，即对投保人的伤害，保险公司不予赔偿。之所以这样规定，是由责任保险的第三人性决定的。责任保险的赔偿对象是除投保人、被保险人以外，受到被保险人伤害的人。开办责任保险的目的是减轻被保险人的负担，进而维护受害人的权益。如果被保险人因此而得到保险赔偿，极易诱发道德危险，也使得责任保险的目的落空。至于投保人的权益，可以通过其他险种予以维护，如驾驶员意外伤害保险等，不应该通过第三者责任险填补。

四、行政法规、司法解释、商业车险条款对"第三者"范围的界定

（一）《交强险条例》对"第三者"范围的界定

《交强险条例》第三条规定："机动车交通事故责任强制保险，是指由保险公司对被保险机动车发生道路交通事故造成本车人员、被保险人以外的受害人的人身伤亡、财产损失，在责任限额内予以赔偿的强制性责任保险。"

《交强险条例》第二十一条规定："被保险机动车发生道路交通事故造成本车人员、被保险人以外的受害人人身伤亡、财产损失的，由保险公司依法在机动车交通事故责任强制保险责任限额范围内予以赔偿。"根据上述规定，交强险的赔偿对象是除本车人员、被保险人以外的受害人（习惯上称为"第三者"），即被保险人（此处包括投保人）的伤害不属于交强险的赔偿范围。

《交强险条例》第四十二条第（一）、（二）项规定："投保人，是指与保险公司订立机动车交通事故责任强制保险合同，并按照合同负有支付保险费义务的机动车的所有人、管理人；被保险人，是指投保人及其允许的合法驾驶人。"

依照上述规定，"第三者"不包括投保人。

（二）《交通事故司法解释》对"第三者"范围的突破

因为被保险人包括投保人及其允许的合法驾驶人，那么就会出现"投保人与被保险人不是同一人情况"，如【案例三】中，被雇佣的司机导致车主（投保人）死亡，那么交强险是否赔偿？《交通事故司法解释》第十七条规定："投保人允许的驾驶人驾驶机动车致使投保人遭受损害，当事人请求承保交强险的保险公司在责任限额范围内予以赔偿的，人民法院应予支持，但投保人为本车上人员的除外。"可见，保险公司应该赔偿。

这样规定的法理何在？最高人民法院对此的解释是：被保险人并不是任何情况下均是投保人。在交强险中，如果本车实际驾驶人不是投保人时（如投保人允许的合法驾驶人），被保险人就不是投保人而是本车实际驾驶人，投保人与其他普通第三人一样，对机动车的危险失去控制力，当然也可以成为"交强险"赔偿的受害人①。

（三）商业车险条款对"第三者"的定义

《中国保险行业协会机动车综合商业保险示范条款》（2014版）第三条规定："本保险合同中的第三者是指因被保险机动车发生意外事故遭受人身伤亡或者财产损失的人，但不包括被保险机动车本车车上人员、被保险人。"其第四条规定："本保险合同中的车上人员是指发生意外事故的瞬间，在被保险机动车车体内或车体上的人员，包括正在上下车的人员。"

上述规定实际上否定了被保险人和车上人员向"第三者"转化的问题。

五、审判实务对交强险"第三者"范围的认定

查找有关投保人受到伤害后起诉保险公司要求在交强险限额内予以赔

---

① 奚晓明主编：《最高人民法院关于道路交通损害赔偿司法解释理解与适用》，人民法院出版社2012年12月版，第227页。

偿的案例，发现保险公司败诉的占大多数。理由有以下几个：

（一）交强险具有公益性质

设立交强险的目的是保障机动车道路交通事故受害人依法及时得到赔偿，虽然《交强险条例》把车上人员、被保险人排除在外，但是，由于案件千差万别，绝对的把车上人员、被保险人排斥在外是不公平的。同样的人、同样的生命、同样的事故，得到的却是不同的结局，违背了社会生产生活中以人为本、尊重人的生命价值的理念，使得交强险难以完成自身的社会功能。

（二）处于车外的都是"第三者"

判断因保险车辆发生意外事故而受害的人属于"第三者"还是属于"车上人员"，必须以该人在事故发生当时这一特定的时空条件为依据，在车上即为"车上人员"，在车下即为"第三者"。这种判断标准简单易于操作，法官们乐此不疲。

（三）来自各方的压力让法官不得已而为之

当下稳定是压倒一切的任务，司法系统也不例外。和谐的理念已经深入到法官心中，成为法官们判案的指导思想。相对于保险公司这一强势主体，投保人始终处于弱势地位，出于同情法官自觉站到了弱者的立场上。所以，只要是起诉保险公司的案件，大多判保险公司败诉，这已经成为了惯例。

我们经常讲，法官是中立的。法官应根据案件事实，正确适用法律，对案件作出不偏不倚的判断。无视客观事实，一味偏袒一方，表面上看暂时满足了弱者的要求，但是这是以牺牲法律的尊严和权威为代价的。长此以往，对和谐社会将产生更大的破坏！

如果判决投保人一方败诉，往往面临败诉方无休止的纠缠，使得法官备受困扰。另外，法院内部往往将案件的审理效果作为考核指标，按照社会主义法治理念的要求，法院审理案件要达到政治效果、法律效果和社会效果的统一。如果判决保险公司败诉，往往不会出现像投保人一方那样纠缠不休的局面，所以判决保险公司败诉也就不足为奇了。

六、"第三者"范围的比较法考察

机动车第三者责任险的保障范围经历了一个不断发展变化的过程。为了使包括机动车驾驶人在内的所有交通事故受害者都能够得到及时妥当的救济，除了开展驾驶人人身伤害保险业务等之外，许多国家和地区及一些国际组织都采取了对机动车损害赔偿责任保险的"他人性"（第三人性）进行修正的措施，主要有以下一些具体做法。

（一）法国

1985 年 7 月 5 日，法国颁布《改善交通事故受害者处境法》，即《Badinter 法》。《Badinter 法》第 4 条规定，机动车驾驶人所实施的过错具有限制或排除他所得到的损害赔偿的效力，也就是说，机动车驾驶人如果在事故中受伤，同时存在一定的过错，即使这种过错非常轻微，并没有达到不可原谅的程度，也将被抵减获赔金额。另外，法国《保险法》第 R211 - 8 条规定，保险责任不适用于机动车驾驶人个人所遭受的损害的赔偿[①]。

（二）英国

英国现在施行的关于对第三者的损害赔偿责任强制加入保险制度，依据的是 1988 年道路交通法。现行的保险制度，不仅第三者的死亡、伤害、财产损害被要求强制加入保险。而且，从一般性的保险实务的发展趋势来看，英国机动车保险的对象也在扩张，除因机动车的使用被保险人和第三者的死亡、伤害、财产损害外，同时因火灾和盗窃等机动车的毁损、灭失也受到保护的综合性担保保险正在得到一般化。被保险人雇用被雇佣者的过程中，相关被雇佣者死亡、伤害的责任也要承担[②]。

（三）欧盟和美国

欧盟成员国关于"第三者"范围的规定，因系列《欧盟机动车责任强制保险指令》规定而扩大，《欧盟机动车责任强制保险指令 2》（84/5/EEC）第 3 条扩大了"第三者"的范围，被保险人、驾驶员或任何其他责任人的且遭受人身伤害的家庭成员，仅在其人身受到伤害时，应获得类似于第三者的保险保障，如果仅其财产受到损失，则不享有"第三者"的法

[①] 本书编写组：《机动车强制责任保险制度比较研究》，中国财政经济出版社 2008 年 8 月版，第 90 页。

[②] 于敏：《机动车损害赔偿责任保险中的第三者》，本文系作者提交的于 2006 年 7 月 28 日在哈尔滨召开的"民法学研究会年会"论文。

律地位。20世纪70年代,美国绝大多数州废除了《乘客法》,乘客才获得"第三者"的法律地位①。

(四) 韩国

韩国于1963年4月4日法律第1313号制定了《机动车损害赔偿保障法》,同年6月1日施行。该法第3条规定:"为自己运行机动车者,因其运行造成他人死伤时,负赔偿该损害的责任。"关于本条中的"他人",学说、判例一般解释为"机动车所有人、驾驶人及驾驶辅助者以外的所有的人"。判例对睡眠中的轮换驾驶人,认定了其"他人性"。而在共同驾驶人中的一人诱导车辆倒车时,因其他共同驾驶人的过失负伤的案件中,虽然其在车外,但法院仍然否定了该共同驾驶人的"他人性"②。

(五) 日本

日本判例对共同保有人、机动车所有人、亲属、好意同乘者、驾驶辅助者等的"他人性",以运行利益的享有和对机动车的实际控制为基准作判断。有认定运行供用人的妻子的他人性的判决、认定好意同乘者的他人性的判决、认定机动车所有人的子女的他人性的判决、认定饮酒后委托代驾公司代驾而自己同乘车辆中发生事故受害的保有人的他人性的判决等。但对驾驶助手驾驶车辆,正式驾驶员坐在助手席上同乘时的受害者,自己饮酒不开车,而让同样饮酒了的朋友驾驶车辆的受害者,均因其"处于能够防止事故发生的立场上",而否定了其"他人性"。

(六) 我国台湾地区

我国台湾地区《强制汽车责任保险法》第7条规定:"因汽车交通事故致受害人伤害或死亡者,不论加害人有无过失,请求权人得依本法规定向保险人请求保险给付或向财团法人汽车交通事故特别补偿基金请求补偿。"第10条规定:"本法所称加害人,指因使用或管理汽车造成汽车交通事故之人(第1款)。本法所称受害人,指因汽车交通事故导致伤害或死亡之人(第2款)。"第13条规定:"本法所称汽车交通事故,指使用或

---

① 李青武:《论机动车责任强制保险制度中的"第三者"》,《首都师范大学学报》(社会科学版) 2013年第4期。
② 于敏:《机动车损害赔偿责任保险中的第三者》,本文系作者提交的于2006年7月28日在哈尔滨召开的"民法学研究会年会"论文。

管理汽车致乘客或车外第三人伤害或死亡之事故。"第 33 条规定："汽车交通事故之发生，如可归责于被保险人以外之第三人，保险人于保险给付后，得代位行使被保险人对于第三人之请求权。但其所得请求之数额，以不逾保险给付为限（第 1 款）。前项第三人为被保险人之配偶、家长、家属、四亲等内血亲或三亲等内姻亲者，保险人无代位请求之权利。但汽车交通事故由其故意所致者，不在此限（第 2 款）。"① 由此可以看出，我国台湾地区《强制汽车责任保险法》中的受害人是不包括投保人（被保险人）的。

（七）我国香港地区

《汽车保险（第三者风险）条例》第 6 条规定："汽车强制责任保险无需承担被保险人所雇佣的人在受雇工作期间因工死亡或身体受伤所产生的法律责任，及任何合约上的法律责任。"据此可以推断，投保人（被保险人）的伤害也在不保之列。

（八）小结

通过考察上述国家或地区的相关立法可以看到，投保人（被保险人）有的纳入到受害人之中，有的被排除在受害人之外，但就世界机动车强制保险制度总的趋势是受害人的范围在逐步扩大。

七、地方法院的审判意见

(1) 重庆市高级人民法院印发的《全市法院保险纠纷案件审判实务研讨会会议纪要》（2010 年）指出，关于车上人员离开被保险车辆后发生事故，适用第三者责任险还是座位险的问题。会议认为，座位险仅适用于车上人员在座位上发生的保险事故。车上人员正常下车，其身份已经转换为第三者，故应当适用第三者责任险。当车辆出现危险状态，车上人员跳离车辆过程中或因车辆事故被抛出车外所致伤害，对离车人员应当适用座位险。

(2)《山东省高级人民法院关于印发审理保险合同纠纷案件若干问题意见（试行）》（2011 年）第 26 条规定："车上人员在车下时被所乘机动

---

① 于敏：《机动车损害赔偿责任保险中的第三者》，本文系作者提交的于 2006 年 7 月 28 日在哈尔滨召开的"民法学研究会年会"论文。

车造成人身或财产损害的,除合同另有约定外,保险人应按照责任强制保险和第三者责任保险承担保险责任。车上人员在发生交通事故时摔出车外导致人身伤亡,被保险人或受害人要求保险人按照责任强制保险和第三者责任保险合同承担责任的,除合同另有约定外,人民法院不予支持。但机动车投保车上人员责任保险的,当事人可按照约定要求保险人承担车上人员责任保险的保险责任。车上人员在发生交通事故时摔出车外后与所乘机动车发生碰撞导致人身伤亡,除合同另有约定外,保险人应按照责任强制保险和第三者责任保险承担保险责任。"

(3)《江苏省高级人民法院关于审理保险合同纠纷案件若干问题的讨论纪要》(2011年)第二十七条规定:"界定机动车第三者责任险中的'第三者',应以被保险人是否对其依法承担赔偿责任为标准。被保险人自身无论何种情形都不构成第三者。同一被保险人的车辆之间发生事故所造成的同一被保险人的损失,不属于机动车第三者责任险赔偿的范围,保险人以此为由主张不应当向被保险人赔偿保险金的,人民法院予以支持。"

(4)广西壮族自治区高级人民法院印发的《审理机动车交通事故责任纠纷案件有关问题解答》(2014年)中指出,关于车上人员能否转化为"第三者"作为本车交强险和商业三者险限额赔偿范围的理赔对象,应根据案情区别对待:发生交通事故时,车上人员被抛出本车,一般不应认定其为本车的"第三者";车上人员正常下车后,遭受本车碰撞、碾压等伤害,可以认定其身份已经转换为本车的"第三者"。

(5)《深圳市中级人民法院关于道路交通事故损害赔偿纠纷案件的裁判指引》(2014年)第二条规定:"本车驾驶人被本车撞击导致伤亡的,该人员不属于交强险中的第三者,不属于交强险的赔偿范围。本车人员下车后,被本车撞击导致伤亡的,该人员属于交强险的第三者,应属于本车交强险的赔偿范围。本车人员发生交通事故时被甩出车外后被本车碾压导致伤亡的,该人员不属于交强险中的第三者,不属于交强险赔偿范围。"

上述审判意见基本上赞同车上人员被抛到车外被本车碾压不属于"第三者",车上人员正常下车后,遭受本车碰撞、碾压等伤害,可以认定其身份已经转换为本车的"第三者"。这种观点与最高人民法院的倾向性意见是一致的。但我们认为,最不应该转化为"第三者"的是被保险人,但最高人民法院《交通事故司法解释》第十七条认可了特殊情况下的转化。那么,车上人员(驾驶员除外)在发生交通事故的瞬间被摔出车外这种特殊情况也应该可以转化为"第三者。理由有三:

一是国际上交通事故责任强制保险的发展趋势使然。虽然我国目前还不能承认"车库出入说",即指从汽车驶出车库至再驶入车库之期间内,不论汽车在行进、暂时停车或长时间停放状态中,只要位于公共交通场所,就对第三人构成特别危险,所以,在此种状态下侵害第三人生命的,均在机动车责任强制保险承保范围内①。但就世界机动车强制保险制度总的趋势是受害人的范围在逐步扩大。

二是从交强险的立法宗旨来看,最大限度的保护交通事故受害人的利益。车上人员（驾驶员除外）,相对于被保险人而言属于第三者,即使纳入"第三者"范围,也不会诱发道德危险。

三是从当下人们投保的车辆保险种类来看,由于交强险是强制保险,投保比例高,而车上人员险的投保比例较低。针对没有投保车上人员险的情况,一旦发生交通事故,受害者的利益要想得到较好的维护存在很大的困难。

综上所述,我们认为,将车上人员（驾驶员除外）在发生交通事故时摔出车外导致人身伤亡,以及在上下车过程中受伤的情况纳入"第三者"的范围进行保护是合情合理合法的。

八、"第三者"的判断基准

有专家指出:"《交强险条例》规定的'本车人员、被保险人'与其他国家规定的'保有人（所有人、管理人等）、驾驶人'相比,范围失之过宽。依据这些规定,不仅失去对机动车运行的实际控制的保有人在受害时无法得到救济,就连好意同乘者等情况也被当然地排除在外,这些都是与机动车损害赔偿责任保险制度的设立宗旨相背,违反国际上的共通惯例的。"②

我们认为界定"第三者"的范围应把握以下几点:

（一）发生事故时必须处于车外

《交强险条例》第二十一条规定:"被保险机动车发生道路交通事故造成本车人员、被保险人以外的受害人人身伤亡、财产损失的,由保险公司

---

① 李青武:《论机动车责任强制保险制度中的"第三者"》,《首都师范大学学报》（社会科学版）2013 年第 4 期。
② 于敏:《机动车损害赔偿责任保险中的第三者》,本文系作者提交的于 2006 年 7 月 28 日在哈尔滨召开的"民法学研究会年会"论文。

依法在机动车交通事故责任强制保险责任限额范围内予以赔偿。"由此得知，是以人为基准来区分的，而不是相对于车辆和车体的间隔来区分产生的第三者，是不是第三者跟在车内车外没有关系。但是，由于现在车险中又分出一个险种——车上人员险，其承保的是车上人员的伤害，所以为区别两者的保障范围，才强调非本车人员这一要素的。所以有观点认为"我国的交强险制度设计是以机动车为基准而非以人（驾驶员）为基准的"①，如果受害人在车内，将受到车上人员险的保障；如果位于车外，将受到第三者责任险的保障。

在案例二和案例四中，车上的司乘人员发生交通事故时先摔出车外，后被车碾死的情况，最高人民法院的倾向性意见是不发生从"车上人员"向"车外人员"转化的问题，不应由交强险予以赔偿②。

（二）发生事故时对车辆是否具有控制力

对控制力的时间、空间是否加以限制呢？比如在案例一中，李先生下车后车辆倒滑致其死亡。还有一些案例，司机下车修车过程中，车辆后溜导致伤亡的情况。以上情况都是司机暂时离开车辆后发生的事故。我们认为不宜认定为"第三者"。此时的车辆并没有离开司机的视线，还是具有一定的控制力的。如果认定这种情况是"第三者"的话，那么就能得出结论，不管什么人，只要在车外受到伤害，都是第三者，都能得到交强险的赔付，这显然违背了第三者责任险的立法宗旨。

我国台湾学者江朝国先生指出："于汽车交通事故中，从事危险活动之驾驶人所受之损害，乃属社会安全立法之领域，或其本身自行投保任意险之问题，故本法所指之受害人应专指责任保险中之第三人而言。""本法所称受害人应不包括自损事故之第一人即驾驶人在内。"③ 也就是说，作为驾驶员应该知道自己从事工作的危险性，为了维护自身利益，应该购买意外伤害保险。不购买意外险，而把风险转嫁到第三者责任险上，对真正的第三者而言，是不公平的。

当然，对驾驶员而言，还有通过其他的社会保障措施来维护他的

---

① 奚晓明主编：《最高人民法院关于道路交通损害赔偿司法解释理解与适用》，人民法院出版社 2012 年 12 月版，第 227 页。

② 奚晓明主编：《最高人民法院关于道路交通损害赔偿司法解释理解与适用》，人民法院出版社 2012 年 12 月版，第 232 页。

③ 江朝国编著：《强制汽车责任保险法》，中国政法大学出版社 2006 年 4 月版，第 109 页。

权益。

(三) 不能出现"自己赔偿自己"的结果

这是由责任保险的性质决定的,《保险法》第六十五条第四款规定:"责任保险是指以被保险人对第三者依法应负的赔偿责任为保险标的的保险。"也就是说,保险金不能赔给被保险人。如果赔给被保险人,就会出现自己购买保险,最后赔给自己的结果,这不是责任保险的应有之义。

九、结论

根据国外机动车第三者责任保险的发展趋势,结合我国交强险的立法以及司法实践,针对投保人(或被保险人)和车上人员能否成为本车交强险"第三者"的问题,提出以下建议:

(1) 如果投保人和被保险人是同一人,即投保人独自驾车,其不能成为"第三者"。

(2) 如果投保人和被保险人不是同一人,按《交通事故司法解释》第十七条的规定处理。

(3) 车上人员(驾驶员除外)在事故发生时被摔出车外或上下车时摔下车导致伤亡,可以成为"第三者"。

爆胎致补胎人死亡，保险公司赔不赔①

案情简介

2011年12月5日19时30分许，朱某驾驶某型号货车到某高速某服务区某汽车修理部修理轮胎，修理工常某将维修轮胎拆下后修补完毕对轮胎充气时，轮胎爆裂，致常某重伤，后经抢救无效死亡。

经某质检部门鉴定：轮胎严重老化，充气时未能发现并充致较高压力，导致爆炸。

经查，有以下事实：
(1) 该货车已向某保险公司投保了交强险和商业险。
(2) 修理部老板黄某已经赔偿死者各项费用33万余元。

黄某将车主朱某和保险公司告上法庭，请求判令二被告共同赔偿自己已经赔偿给死者的费用33万余元，并承担各项诉讼费用。

争议焦点

(1) 本案事故能否定性为交通事故？保险公司是否承担责任？
(2) 死者有无过错，被告朱某是否应承担赔偿责任？
(3) 原告垫付的赔偿费用是否合理？

法理分析

一、本案事故能否定性为交通事故，保险公司是否承担责任

（一）双方观点

(1) 原告认为，服务区属于法律上的"道路"范畴，在该期间发生的事故属于交通事故，保险公司应该赔。

---

① 凌湄、王卫国：《爆胎致补胎人死亡，保险公司赔不赔》，《中国保险报》，2013年2月25日。

（2）被告保险公司认为，服务区不属于法律上的"道路"范畴，该案不属于交通事故，故保险公司不该赔。

双方争议焦点有二：一是"道路"的解释问题；二是"交通事故"的认定问题。

（二）"道路"的认定

《中华人民共和国道路交通安全法》第一百一十九条对"道路"的定义是："道路"是指公路、城市道路和虽在单位管辖范围但允许社会机动车通行的地方，包括广场、公共停车场等用于公众通行的场所。

维修部位于高速公路服务区内，服务区是不是高速公路的组成部分？

高速公路不只是孤立的一条道路，而是每隔一段距离设有服务区。服务区是一个广场，包括超市、餐厅、宾馆、加油站、车辆维修部等一系列配套服务设施在内。所谓服务区，是为来往的车辆通行、停泊、等待维修设立的公用场所，应该属于法律上"道路"的范畴。维修部作为服务区的一部分，理应属于法律上"道路"的范畴。

（三）"交通事故"的认定

《中华人民共和国道路交通安全法》第一百一十九条对"道路"的定义是："交通事故"是指车辆在道路上因过错或者意外造成的人身伤亡或者财产损失的事件。

如果把"修理部"定性为"道路"，那么本案轮胎在修理过程中爆炸，造成人员伤亡，属不属于"交通事故"呢？

保险公司认为，事故的发生是在车辆修理过程中，且车辆停止运行，与本次事故的受害人没有发生直接的接触（即碰撞）。事故发生时，该车辆并不在车辆所有人的控制内，而是在修理部的控制中，简单说是修理部正在履行自己的合同义务（承揽合同）。该车辆所有人将自己的车辆交于修理部进行维修，形成了加工承揽合同法律关系，根据《最高人民法院关于人身损害赔偿案件适用法律若干问题的解释》第十条的规定，承揽人在完成工作过程中对第三人造成损害或者造成自身损害的，定作人不承担赔偿责任。由此可见，事故发生时，原告是在履行合同，双方当事人达成了承揽合同法律关系，因此不属于交通事故。

保险公司还认为，事故发生时车辆轮胎是处于与车辆脱离状态，即修理工是将轮胎卸下修补，轮胎与车辆分离，属于独立物，脱离车辆单独存在，与车辆没有任何关系。事故发生时，修理工已将轮胎补好，正在充气，此时轮胎爆裂。由此可见，事故发生时，修理工正在履行承揽合同，该事故的发生，与保险公司承保的车辆没有任何关系。

我们认为，修补轮胎是为了满足车辆继续行驶的需要，应该看作车辆行驶过程的一部分，不应孤立地强调"修理轮胎"这一环节的法律属性。试想，轮胎坏了如果不加以修补，车辆将无法行驶，运输目的将无法实现。所以，该行为属于运输过程中的行为，修补轮胎与事故的发生具有因果关系，因而属于交通事故。

如果出现这样一种情况，车辆停止了运输活动，进入维修厂进行维修，轮胎爆炸导致人员伤亡，那么这就不属于交通事故。但本案的情况并不是这样。

既然属于交通事故，保险公司理应承担赔偿责任。

二、死者有无过错，被告朱某是否应承担赔偿责任

质检部门对轮胎爆炸的原因分析如下：轮胎胎面花纹的异常磨损现象说明，该轮胎在使用过程中，充气压力不足或超载现象严重，下沉量增大的同时断面方向变形增大，两间部位受力增大；使用过程中轮胎冠部受到异物刺扎且贯穿，气压降低胎体钢丝线受到严重曲挠，部分钢丝绒线断裂，轮胎强度严重下降；对轮胎进行修补时没有发现并充至较高气压，导致轮胎爆炸。鉴定结论为：该轮胎爆炸不属于制造质量问题。

通过该鉴定意见可以看出，该轮胎爆炸是使用不当以及修理不当共同造成的，车主及修理工都有责任。

（一）车主具有过错

作为车主的朱某，长期从事运输业务，对轮胎的使用及保养方法应当是明知的。而且在运输过程中，严重超载。朱某明知轮胎存在安全隐患，不应过高冲压，仍要求维修人员打高压，导致修理工常某放松警惕最终出现爆炸事故。对此，朱某具有一定的过错，应承担相应的赔偿责任。

根据《最高人民法院关于人身损害赔偿案件适用法律若干问题的解释》第十一条的规定，雇员在从事雇佣活动中遭受人身损害，雇主应当承担赔偿责任。维修工常某在工作中死亡，修理部老板黄某应当承担赔偿责任。

(二) 维修工有过错

维修工作为专业人员，对轮胎的状况以及充气的压力是清楚的。另外，在充气过程中，维修工没有按照操作规范将修复轮胎放置铁筐中，也没有仔细检查轮胎的状况，对爆炸的发生是有一定责任的，而且是主要责任。

一审法院确定车主与维修工之间的责任比例是40%和60%，我们认为是合适的。

通过上述分析，双方都存在过错，应承担相应的责任。首先确定死者的各项赔偿数额，然后按照比例，由维修部老板和货车车主进行赔偿。

三、原告垫付的赔偿费用是否合理

修理工常某受伤后被送往医院抢救，经抢救无效死亡，本案原告，即修理部老板黄某，垫付医疗费、丧葬费、住宿费、交通费等合计26000余元。原告依据国家关于工伤赔偿标准，应付给死者家属45万余元，经双方协商，原告赔偿的数额是33万余元。

保险公司认为，该案案由为人身损害追偿权诉讼，原告不应依照工伤标准计算赔偿额，而是应按照人身损害赔偿标准。人身损害赔偿标准要比工伤标准低很多，依照工伤标准无形中增加了保险公司的赔付额。

《中华人民共和国工伤保险条例》（以下简称《工伤保险条例》）第二条规定："中华人民共和国境内的企业、事业单位、社会团体、民办非企业单位、基金会、律师事务所、会计师事务所等组织和有雇工的个体工商户（以下称用人单位）应当依照本条例规定参加工伤保险，为本单位全部职工或者雇工（以下称职工）缴纳工伤保险费。"

《工伤保险条例》第六十二条规定："依照本条例规定应当参加工伤保险而未参加工伤保险的用人单位职工发生工伤的，由该用人单位按照本条例规定的工伤保险待遇项目和标准支付费用。"

维修部应该是个体工商户，不管老板是否给雇员（修理工）购买工伤保险，都不影响雇员依据《工伤保险条例》的相关规定主张赔偿。

从保险公司的角度讲，所承担的是替代责任，即本应由被保险人（车主）承担的责任，转由保险公司承担。本案的案由是人身损害赔偿，所以保险公司主张按照人身损害赔偿的标准进行赔偿是合理的。

四、结论

（1）站在被保险人（车主）的角度，重新核定对死者的赔偿数额。按照一审法院确定的车主与维修部之间的责任比例进行分担，即维修部承担60%的责任，车主承担40%的责任。

（2）车主赔偿完之后，可以请求保险公司在交强险、商业险限额内予以赔偿。

（3）由于本案造成第三者死亡，保险公司履行赔偿责任后，不享有代位追偿权。

驾照扣满 12 分后出险，商业险赔吗

案情简介

2014 年 4 月 16 日 1 时 10 分许，甲公司驾驶员赵某驾驶车辆与钱某驾驶的的车辆相撞，造成交通事故。经交警部门认定，赵某负有主要责任。事故发生后，甲公司要求车辆投保的乙保险公司按照车损险标准赔偿车辆损失 18 万元。乙保险公司后调查得知，甲公司驾驶员赵某的驾照已计满 12 分，于是拒绝赔偿。双方发生纠纷，诉至法院。

经查，甲公司将登记在自己名下的车辆向乙保险公司投保了机动车车辆损失险、商业第三者责任险、车上人员责任险以及不计免赔险等险种。

法院判决

本案一审、二审判决均认为：赵某的驾驶证虽然在发生本案交通事故之前被计满 12 分，但相关法律法规并未明确规定驾驶员一旦计满 12 分即自动丧失驾驶资格，只要未受到交管部门暂扣、扣留、吊销、注销驾驶资格的处罚，就应视为驾驶员仍有驾驶资质。双方签订的保险合同所附的保险条款也未明确约定驾驶证计满 12 分属于保险公司的免赔范围，并且乙保险公司没有提供证据证明其已经对有关免责条款的概念、内容及其法律后果等，以书面或者口头形式向投保人或其代理人作出解释，故免除和限制条款不发生法律效力。所以判决乙保险公司承担赔偿责任。

争议焦点

本案争议焦点是：驾驶证扣满 12 分后出险，商业险是否赔偿。

法理评析

一、相关法律、行政法规对计满 12 分的规定

《道交法》第二十四条规定："公安机关交通管理部门对机动车驾驶人违反道路交通安全法律、法规的行为，除依法给予行政处罚外，实行累积记分制度。公安机关交通管理部门对累积记分达到规定分值的机动车驾驶

人，扣留机动车驾驶证，对其进行道路交通安全法律、法规教育，重新考试；考试合格的，发还其机动车驾驶证。"

《道路交通安全法实施条例》第二十三条规定："公安机关交通管理部门对机动车驾驶人的道路交通安全违法行为除给予行政处罚外，实行道路交通安全违法行为累积记分（以下简称记分）制度，记分周期为12个月。对在一个记分周期内记分达到12分的，由公安机关交通管理部门扣留其机动车驾驶证，该机动车驾驶人应当按照规定参加道路交通安全法律、法规的学习并接受考试。考试合格的，记分予以清除，发还机动车驾驶证；考试不合格的，继续参加学习和考试。"

《道路交通安全法实施条例》第二十八条规定："机动车驾驶人在机动车驾驶证丢失、损毁、超过有效期或者被依法扣留、暂扣期间以及记分达到12分的，不得驾驶机动车。"

上述法律法规是关于计满12分如何处罚的规定，特别是《道路交通安全法实施条例》第二十八条之规定，明确指出"不得驾驶机动车"，该规定属于禁止性规定。禁止性规范是指规定人们不得做某种行为的规范。另外，《道路交通安全法实施条例》是国务院颁布的行政法规，更是无须争议的。

综上，"记分达到12分的，不得驾驶机动车"属于行政法规规定的禁止性条款。因此，机动车驾驶员在机动车驾驶证记分达到12分后，不论公安机关交通管理部门扣留机动车驾驶证与否，对其进行道路交通安全法律、法规教育，让其重新考试与否，其都不应该再上路行驶，这是驾驶员应具备的基本常识。

二、一二审判决对"扣满12分后仍驾驶机动车"行为性质的认定存在错误

保险合同责任免除部分第六条："下列情况下，不论任何原因造成被保险机动车损失，保险人不负责赔偿。（七）依照法律法规或公安机关交通管理部门有关规定不允许驾驶被保险机动车的其他情况下驾车。"

一审、二审判决认为，依据相关法律法规并未明确规定驾驶员一旦计满12分即自动丧失驾驶资格。我们认为，本案的关键不是讨论驾驶员是否丧失驾驶资格，即驾驶员是否属于无证驾驶的问题，本质上是驾驶员在扣满12分后，应不应该开车的问题。所以，本案一审、二审判决对"扣满12分后仍驾驶机动车"行为性质的认定存在错误。

三、一审、二审判决对保险人提示义务和说明义务的理解存在错误

《最高人民法院关于适用〈中华人民共和国保险法〉若干问题的解释（二）》（以下简称《保险法司法解释二》）第十条规定："保险人将法律、行政法规中的禁止性规定情形作为保险合同免责条款的免责事由，保险人对该条款作出提示后，投保人、被保险人或者受益人以保险人未履行明确说明义务为由主张该条款不生效的，人民法院不予支持。"

根据上述司法解释的规定，将法律、行政法规中的禁止性规定情形作为保险合同免责条款的免责事由，保险人对该条款只需作出提示即可。也就是说，无须对禁止性条款进行进一步的说明。"计分达到12分的，不得驾驶机动车"属于行政法规规定的禁止性条款，对该规定只需作出提示即可。但一审、二审判决认为，保险人未提交充分证据证明其已对相关责任免除条款向投保人履行了明确说明义务。显然，一审、二审判决没有正确理解提示义务与说明义务的区别，在本案中，保险人只需履行提示义务即可，无须再履行说明义务。

《保险法司法解释二》第十一条："保险合同订立时，保险人在投保单或者保险单等其他保险凭证上，对保险合同中免除保险人责任的条款，以足以引起投保人注意的文字、字体、符号或者其他明显标志作出提示的，人民法院应当认定其履行了保险法第十七条第二款规定的提示义务。"在本案中，保险条款中已经作出了明确的标识（已加黑加粗），提示义务已经尽到。况且投保人已经在投保提示单上盖章，这足以说明保险人已经履行了说明义务，投保人对免责条款是认可的。

四、"记分达到12分的，不得驾驶机动车"是否必须明示于保险条款中才有效

我国的法律行政法规中的禁止性条款很多，如果将这些禁止性条款逐一列举到保险条款中，就会使现行的保险条款过于臃肿。公众本来就抱怨保险条款太多、难懂。过多的增加条款无疑加重投保人的阅读负担，甚至扰乱投保人对条款的正确理解。也违背保险监管部门要求的保单的简明化、通俗化。从技术层面看，把所有的禁止性条款统统列举出来没有困难，但没有必要。因为大多数禁止性条款都属于常识，如禁止酒驾、毒驾等等。

"记分达到12分的,不得驾驶机动车",对所有的驾驶员而言是常识。因为在参加驾驶证培训过程中以及申领驾驶证的过程中,各种培训机构都会教育学员这句话,不存在驾驶员不知道该规定的情形。在实际生活中,驾驶员知道自己被扣分后,找别人的驾照替自己消分的现象也是大量存在的。所以,这项规定属于一种常识不存在争议,根据保险学以及保险法关于告知义务和说明义务的规定和原理,对常识无须进行告知和说明。

五、商业险"计满12分后造成损失不予赔偿"符合公共利益和公共安全的需要

众所周知,任何法律法规的出台,都是为了维护公共秩序、公共利益,同时也保护个体的利益。但是,当公共利益与个人利益发生冲突时,从法律适用的角度来说,公共利益至上是首选,也是法律适用的原则。

《道路交通安全法实施条例》第二十八条之所以规定"记分达到12分的,不得驾驶机动车",主要是从维护交通秩序和公共安全的角度出发的。在一个记分周期内,被扣12分以上,说明驾驶员的行为已经超出法律允许的范围,对交通参与者形成了重大威胁,同时对自己也造成了威胁。对这种行为必须进行惩罚,即禁止其继续驾车。

由于交强险负有更多的社会管理职能,它不仅有利于道路交通事故受害人获得及时有效的经济保障和医疗救治,而且有助于减轻交通事故肇事方的经济负担。而保险公司经营商业险的目的是盈利,所以在条款的设计上与交强险不同,我们也不应苛求商业险承担与交强险一样的职能。对某些损失,商业险不予赔偿也是合情合理的。

试想,如果商业险对诸如酒驾、毒驾、无证驾驶等行为造成的损失也给予赔偿的话,无疑是在纵容违法行为甚至犯罪行为,会给公众造成一种错觉或幻想,即违法了也能得到赔偿,这极易诱发道德危险,与公民的普遍的社会认知是相反的。是对社会秩序、社会道德的严重破坏,是坚决不能允许的行为。

综上,我们认为,无论是从道路交通安全法的立法精神和相关规定的角度看,还是从维护公共安全、公共利益的角度看,"计满12分后发生交通事故不予赔偿"规定都是完全正确的。

驾校学员肇事交强险赔不赔[①]

案情简介

某驾校为其教练车投保了交强险。该校学员甲驾驶一辆教练车在规定线路上学习驾驶技术，并由教练员乙随车指导。当该车行至一路口时，不慎撞到正常行驶的另一车辆，导致另一辆车的司机受伤、车辆受损。接到报案后，保险公司认为现行交强险条款规定"驾驶人未取得驾驶资格"的情况不构成保险责任，保险公司只负责垫付抢救费用。那么，本案无驾驶资格教练车学员肇事，究竟能否获得交强险赔偿呢？

观点之争

关于学员在学习驾驶中造成交通事故，保险公司是否应在交强险限额内予以赔偿的问题，存在两种不同的观点。

一种观点认为，学员在学习期间，有本校教练员随车指导，并且在规定的线路上学习驾驶技术。虽说没有"取得驾驶资格"，但该行为是取得"驾驶资格"的必要步骤。因此可视为"准驾驶人员"。故保险公司应在交强险项下予以赔付。

另一观点则认为此情形属《机动车交通事故责任强制保险条例》（以下简称《交强险条例》）第二十二条规定的"驾驶人未取得驾驶资格"的情形，保险公司不承担赔偿责任，只有垫付抢救费用的义务。

法理分析

一、驾校的责任承担问题

（一）学员肇事由教练员承担责任

《道路交通安全法实施条例》第二十条规定："学习机动车驾驶，应当

[①] 凌湄、王卫国：《驾校学员肇事，交强险赔不赔》，原发表在《中国保险报》，2013年2月4日。

先学习道路交通安全法律、法规和相关知识，考试合格后，再学习机动车驾驶技能。在道路上学习驾驶，应当按照公安机关交通管理部门指定的路线、时间进行。在道路上学习机动车驾驶技能应当使用教练车，在教练员随车指导下进行，与教学无关的人员不得乘坐教练车。学员在学习驾驶中存在道路交通安全违法行为或者造成交通事故的，由教练员承担责任。"

法律之所以这样规定，主要是考虑到学员未取得驾驶证，不具备单独驾车能力。教练员负有随车指导、确保学员安全的义务。在本案中，之所以出现事故，是因为教练员没有尽到必要的注意义务，存在过错，要承担责任。

（二）驾校要为教练员的失职负责

《最高人民法院关于审理人身损害赔偿案件适用法律若干问题的解释》第八条规定："法人或者其他组织的法定代表人、负责人以及工作人员，在执行职务中致人损害的，依照民法通则第一百二十一条的规定，由该法人或者其他组织承担民事责任。上述人员实施与职务无关的行为致人损害的，应当由行为人承担赔偿责任。"在本案中，教练员的行为属于职务行为，因而对因职务行为引发的赔偿应由驾校承担。驾校在履行赔偿义务后，可以向负有责任的教练追偿。

（三）司法解释的规定

自 2012 年 12 月 21 日起开始施行的《最高人民法院关于审理道路交通事故损害赔偿案件适用法律若干问题的解释》（以下简称《交通损害赔偿司法解释》）第七条规定："接受机动车驾驶培训的人员，在培训活动中驾驶机动车发生交通事故造成损害，属于该机动车一方责任，当事人请求驾驶培训单位承担赔偿责任的，人民法院应予支持。"该规定是符合有关法律和司法解释的精神的。

（四）结论

综上，抛开保险公司的赔偿问题，学员在学习驾驶中存在道路交通安全违法行为或者造成交通事故的，最终是由驾校对外承担责任的。当然，如果学员存在明显的过错，会减轻驾校的责任。

二、保险公司的责任承担问题

（一）对《交强险条例》第二十二条的解读

《交强险条例》第二十二条规定："有下列情形之一的，保险公司在机动车交通事故责任强制保险责任限额范围内垫付抢救费用，并有权向致害人追偿：（一）驾驶人未取得驾驶资格或者醉酒的；（二）被保险机动车被盗抢期间肇事的；（三）被保险人故意制造道路交通事故的。有前款所列情形之一，发生道路交通事故的，造成受害人的财产损失，保险公司不承担赔偿责任。"

可见，交通事故发生后，伤者需要抢救的，不论被保险人有无责任，保险公司都要在医疗费用赔偿限额内垫付抢救费用。只有在条例规定的无证、醉驾、盗抢车辆、被保险人故意制造事故四种情形下，为了保护保险公司的利益，惩治违法的侵权人，才允许保险公司对垫付的抢救费用有权向致害人追偿。不存在这四种情况的，保险公司不享有抢救费用的追偿权。

该条文从表面看没有提及保险赔偿的问题，因此有一种观点认为，在无证的情况下，保险公司不承担赔偿责任。但是，如果看《交强险条例》第二十一条，结论就不同了。

（二）对《交强险条例》第二十一条的解读

《交强险条例》第二十一条规定："被保险机动车发生道路交通事故造成本车人员、被保险人以外的受害人人身伤亡、财产损失的，由保险公司依法在机动车交通事故责任强制保险责任限额范围内予以赔偿。道路交通事故的损失是由受害人故意造成的，保险公司不予赔偿。"

根据该条规定，交通事故造成本车人员、被保险人损害和受害人故意造成道路交通事故损失，是保险公司对交通事故人身伤亡唯一的免赔条件，并没有规定未取得驾驶资格发生交通事故可免除保险公司对人身伤亡、财产损失的理赔义务。

（三）司法解释相关规定

《交通损害赔偿司法解释》第十八条规定："有下列情形之一导致第三人人身损害，当事人请求保险公司在交强险责任限额范围内予以赔偿，人民法院应予支持：（一）驾驶人未取得驾驶资格或者未取得相应驾驶资格的；（二）醉酒、服用国家管制的精神药品或者麻醉药品后驾驶机动车发生交通事故的；（三）驾驶人故意制造交通事故的。保险公司在赔偿范围内向侵权人主张追偿权的，人民法院应予支持。追偿权的诉讼时效期间自保险公司实际赔偿之日起计算。"

上述规定明确了出现驾驶人未取得驾驶资格而发生交通事故造成人身损害的情况，保险公司首先要在交强险限额内进行赔偿，然后再进行追偿。这样的规定是符合交强险的立法宗旨的，值得肯定。对多年来围绕这一问题的争议给出了意见。这里强调的是赔偿责任，而非垫付责任。

（四）对代位追偿权的思考

按照《交通损害赔偿司法解释》第十八条第二款的规定，保险公司在赔偿范围内享有对侵权人的代位追偿权。但是，驾驶人未取得驾驶资格而驾驶车辆发生交通事故的情形非常复杂，是否在保险公司赔偿后一律有权进行追偿还是需要进一步研究的，特别是像本案驾校学员这种情形。

《交通损害司法解释》第十八条第一款列举的三种情形，均属违法或犯罪行为。但无证驾驶的情形更复杂，如在本案中，学员在教练的陪同下驾驶车辆，应该是合法的，不同于其他的无证驾驶的情形，故追偿权的行使要受到限制。《保险法》第六十二条规定："除被保险人的家庭成员或者其组成人员故意造成本法第六十条第一款规定的保险事故外，保险人不得对被保险人的家庭成员或者其组成人员行使代位请求赔偿的权利。"教练属于驾校的组成人员，故保险公司不能行使追偿权。

如果保险公司行驶追偿权的话，只有两种可能性：一是向驾校追偿；二是向学员追偿。

向驾校追偿恐怕是没有道理的。因为驾校为了转嫁风险而购买交强险，如果发生事故后再由自己承担赔偿责任的话，购买这份保险就没有任何意义了。买保险和不买保险的结果是一样的，最终都由自己承担，谁也不会做这样的傻事。

那么保险公司是否可以代位追偿学员的责任呢？我们认为也不能。因为作为学员到驾校学习驾驶技术，驾校应当安排教练随车指导。教练失职，没有尽到注意义务，学员不应为教练的过错负责。当然，如果学员故意制造保险事故的除外。

（五）结论

众所周知，驾校拥有的教练车的使用价值在于让未取得驾驶资格的学员通过学习获得合格的驾驶资格。因此，作为学员在学习过程中无证驾驶车辆为一种必然现象，这是一般人所能够知晓的。保险公司作为专业的风险经营者，更应该知道承保的教练车必然存在上述情形，而保险公司在明知存在上述情形的情况下，仍然作出承保的决定，且未在交强险保险合同中对此作出特别约定，应视为其放弃对学员在学习过程中无证驾驶致人损害免责的抗辩。

另外，根据权利义务相一致的原则，保险公司既然收取了保费，理应承担责任。试想，如果保险公司只是收钱，而不承担任何责任，那与拦路抢劫有什么不同呢？教练车就是为学员使用的，不是专供驾校的教练使用的。实际上，学员驾驶教练车的时间要远远超过教练，这是大家的共识。教练车购买保险的目的，当然是分散学员不慎肇事的风险，而绝不是分散具有熟练驾驶技术的教练肇事的风险，这是人所共知的道理。

综上，我们认为，学员在学习驾驶中出现道路交通安全违法行为或者造成交通事故的，保险公司应在交强险责任限额内承担赔偿责任，并不得行使代位追偿权。

行驶证过期与保险理赔[①]

一、据以讨论的案例

【案例一】2012年9月一天晚上,小王驾驶行驶证已过期3天的奥迪车沿津保公路由东向西行驶时,与前方顺行的一辆自行车相撞后驶入逆行道,接着又与迎面驶来的一辆大货车相撞,大货车逃逸,骑自行车的妇女被撞后经抢救无效死亡。事发后,经交管部门认定,小王驾车未安全行驶,是造成此次事故的原因,应承担事故的全部责任。当天,经交管部门调解,小王赔偿死者家属各项损失30万元。

赔偿完毕后,小王认为自己的汽车投保了车损险、交强险、商业三者险,保险公司理应对其赔偿。但保险公司却拒绝理赔,理由是根据其在签订保险合同时提供的商业保险条款,未在规定检验期限内进行机动车安全技术检验的,不属于保险责任范围。双方发生纠纷,诉至法院。

【案例二】2012年5月12日,黄小姐将思威牌多用途乘用车停放在广州市花都区龙珠路红菊花大厦东鹏陶瓷门口。次日发现该车被盗,随后向公安机关及车辆投保的保险公司报案。事后,广州市公安局花都区分局立案侦查,但至今未侦破。

同年8月14日,花都公安分局向黄小姐出具了《被盗(抢)车辆证明》,确认黄小姐的车辆被盗未侦破情况。于是,黄小姐向保险公司提出索赔申请。但保险公司认为,黄小姐的车辆行驶证到2012年4月30日有效,保险事故发生时已过期,保险公司不承担保险责任。经查,车辆的投保时间是2012年4月17日。随后,黄小姐起诉到法院,请求判令保险公司赔偿15.4万元。

案例一与案例二的性质不同,案例一探讨行驶证过期后车辆肇事,保

[①] 王卫国、凌湄:《行驶证过期与保险理赔》,原刊载于《上海保险》2013年第11期。

险公司是否担责？而案例二探讨行驶证过期后车辆被盗，保险公司是否担责？下文将分别进行讨论。

二、车辆行驶证的法律性质和功能

（一）车辆行驶证的法律性质

机动车行驶证是准予机动车在我国境内道路上行驶的法定证件。机动车行驶证上详细记载了许多重要的信息，包括车牌号码、车主姓名、型号类别、发动机号和车架号码、载质量或者乘坐人数、初次登记日期以及年度检验记录等。

《中华人民共和国道路交通安全法》第八条规定："国家对机动车实行登记制度。机动车经公安机关交通管理部门登记后，方可上道路行驶。尚未登记的机动车，需要临时上道路行驶的，应当取得临时通行牌证。"

《道交法》第十一条第一款规定："驾驶机动车上道路行驶，应当悬挂机动车号牌，放置检验合格标志、保险标志，并随车携带机动车行驶证。"

根据上述规定，可以得出结论：机动车只要上路行驶，驾驶员必须携带行驶证。

（二）车辆行驶证的功能

《车辆行驶证》具有以下几个重要的功能：

1. 产权权属证明

《机动车行驶证》上"车主姓名"一栏不仅仅是姓名的问题，行驶证上登记的车主是法律承认的车辆所有人，他有合法使用和处置该宗财产的权利，如果发生交通事故、经济纠纷等，他也是法定的责任承担人。

机动车是一种特殊的动产，如果你的机动车被犯罪分子盗窃，报案后，公安机关经过侦察又查获了这辆车。这时必须出示《机动车行驶证》，而且该证记录的车主姓名、发动机号和车架号码等均与实物完全一致，才能证明这辆车确实属于你的财产，才有可能领回。

需要说明的是，行驶证并非是被保险车辆特定化的唯一标志，购车发票以及车辆登记证书也可以证明车主和车辆之间的关系。有人形象的将"行驶证"与"车辆登记证"比作我们的"身份证"和"房产证"。

2. 符合上路条件证明

行驶证说明该车已经合法检验，符合安全行驶的标准，可以上路行驶。这应该是行驶证最重要的功能。行驶证过期，只是表明车辆没有按时进行检验而已,并不一定表明车辆不符合安全行驶的标准。在很多情况下,车辆的安全性没有问题,只是没有履行检验程序罢了。这就需要针对不同的险种,明确对行驶证的要求,不能一概而论,只要行驶证过期,一律不赔。这是不合理的。

如果保险公司从车辆安全的角度考虑,应该区分不同险种。上述两个案例涉及车辆损失险、商业三者险、车辆盗抢险等不同险种,不同的险种所针对的保险事故是不同的,保险公司的保险责任也是不同的。车辆损失险的保险责任包括碰撞、倾覆、火灾、爆炸等等,商业三者险的保险责任是保险期间内,被保险人或其允许的合法驾驶人在使用被保险机动车过程中发生意外事故,致使第三者遭受人身伤亡或财产直接损毁,依法应当由被保险人承担的损害赔偿责任,保险人依照本保险合同的约定,对于超过机动车交通事故责任强制保险各分项赔偿限额的部分负责赔偿。而盗抢险的保险责任是全车被盗窃、被抢劫、被抢夺等。通过比较可以看出,车损险和商业三者险针对的是保险车辆在使用过程中所发生的某些事故,保险车辆的使用是其前提之一,因此车辆本身的适用性及安全状态就十分必要了,所以需要有关部门对车辆进行检验。但是盗抢险与保险车辆的使用及适用性没有直接必然的联系。

(三) 车辆强制检验的目的

从保险公司的角度考察,免责条款是对投保人权利的一种限制。机动车商业保险中,保险人通过附加"按照规定办理安全技术检测手续"的义务限制被保险人的权利,其本意应当是减少存在安全隐患的保险车辆发生保险事故从而增加自身的保险风险。

从国家强制机动车安全检测的角度考察,设立机动车强制检测的目的是保证通行机动车质量符合安全技术要求,防止存在安全隐患的机动车上路通行对他人造成损害。

三、行驶证过期后车辆肇事,保险公司是否担责?

根据 2012 年 3 月 14 日中国保险行业协会公布的《机动车辆商业保险示范条款》第一章机动车损失保险第八条第(三)项:被保险机动车有下列情形之一者,发生保险事故时被保险机动车行驶证、号牌被注销的,或未按规定检验或检验不合格的,保险公司不负责赔偿。同样,在第二章机动车第三者责任保险第二十四条第(三)项也有这样的规定。

按照上述规定，车辆行驶证过期后被保险车辆发生交通事故造成损失，保险公司是免责的。但由于情况千差万别，这一结论并不是都正确的。

首先，就交强险而言，即使行驶证过期，保险公司也要赔偿。对这一点没有争议。

其次，对商业保险而言，保险公司是否赔偿取决于是否履行了说明义务。

《保险法》第十七条规定："订立保险合同，采用保险人提供的格式条款的，保险人向投保人提供的投保单应当附格式条款，保险人应当向投保人说明合同的内容。对保险合同中免除保险人责任的条款，保险人在订立合同时应当在投保单、保险单或者其他保险凭证上作出足以引起投保人注意的提示，并对该条款的内容以书面或者口头形式向投保人作出明确说明；未作提示或者明确说明的，该条款不产生效力。"

最高人民法院关于适用《中华人民共和国保险法》若干问题的解释（二）（以下简称《保险法司法解释（二）》）第九条第一款规定，保险人提供的格式合同文本中的责任免除条款、免赔额、免赔率、比例赔付或者给付等免除或者减轻保险人责任的条款，可以认定为保险法第十七条第二款规定的"免除保险人责任的条款"。第十一条规定："保险合同订立时，保险人在投保单或者保险单等其他保险凭证上，对保险合同中免除保险人责任的条款，以足以引起投保人注意的文字、字体、符号或者其他明显标志作出提示的，人民法院应当认定其履行了保险法第十七条第二款规定的提示义务。保险人对保险合同中有关免除保险人责任条款的概念、内容及其法律后果以书面或者口头形式向投保人作出常人能够理解的解释说明的，人民法院应当认定保险人履行了保险法第十七条第二款规定的明确说明义务。"第十三条规定："保险人对其履行了明确说明义务负举证责任。投保人对保险人履行了符合本解释第十一条第二款要求的明确说明义务在相关文书上签字、盖章或者以其他形式予以确认的，应当认定保险人履行了该项义务。但另有证据证明保险人未履行明确说明义务的除外。"

《保险法司法解释（二）》的上述规定告诉我们以下信息：对免责条款保险人要尽到明确说明义务，具体标准是要足以引起投保人注意。表现形式是字体、符号或者其他明显标志，一定要醒目，与合同中的其他条款有明显区别，普通人一眼就能分辨出来。除此之外，如果投保人在投保单上或免责条款处签字、盖章或者以其他形式予以确认的，就可以认定保险人履行了说明义务，免责条款有效。

最后，结合案例一，如果保险公司履行了明确说明义务的话，就可以免责。如果没有履行明确说明义务，就判令保险公司承担一切责任也是不公平的。要区分情况，如果交通事故发生后经公安机关检测认定车辆发生事故前存在安全隐患的，保险人可以据此免除保险责任；交通事故发生后经公安机关检测认定车辆发生事故前不存在安全隐患的，保险人不能免除保险责任；交通事故发生后公安机关未对车辆进行检测或虽进行检测但已无法确定事故发生前是否存在安全隐患的，保险人不能免除保险责任。

笔者也投保了车险，除了交强险保险单背面附有保险条款外，其他商业险缴纳了保费之后，只拿到了保险单，但从来没有看到过保险合同，更别提保险条款了，对免责条款更是无从知晓，不知道这是行业的个别现象还是普遍现象？

四、行驶证过期后车辆被盗，保险公司是否担责？

在案例二中，涉及行驶证过期后车辆被盗，保险公司是否承担赔偿责任的问题？

（一）《机动车盗抢保险条款》有明确约定

黄小姐与保险公司签订的《机动车盗抢保险条款》第五条约定了保险公司责任免除的多种情形，其中第9项约定："除另有约定外，发生保险事故时被保险机动车无公安机关交通管理部门核发的行驶证或号牌，或未按规定检验或检验不及格的"，保险公司不予赔偿。车辆被盗属于保险事故，此时该车辆行驶证已过期。保险公司据此作出拒赔决定。

（二）各方观点之争

原告认为，自己在当年4月17日按照约定支付4391.73元的保险费，承保的险种包括车辆损失险、第三者责任险、盗抢险等，其中盗抢险的保险金额为154000元，保险期至2013年4月18日24时。车辆被盗发生在保险期限内。

被告保险公司认为，在2012年4月17日投保时，黄小姐的车行驶证并无过期，保险公司才同意投保，并签发保单及保险证。但黄小姐没有依法履行车辆年审的义务，违反了法律的强制性规定。因此不利后果应由黄小姐自行承担。

法院认为，行驶证过期与被盗没有因果关系。首先，黄小姐在投保时已提交行驶证复印件给上诉人，上面明确显示行驶证的有效期。保险公司未能提供充分的证据证明，黄小姐对于其询问的范围及内容有故意隐瞒的情况存在。其次，根据现有证据显示，虽然车辆的行驶证在2012年4月30日到期，黄小姐未按规定及时进行车辆检验办理行驶证年审，具有一定的过错。但案涉车辆是因被盗窃而造成整车损失的，车辆行驶证是否已办理年审与保险事故的发生并没有直接的因果关系。最后，黄小姐对于保险事故的发生并没有直接的过错，保险公司以黄小姐未依法履行如实告知义务为由拒绝赔付，依据不足。遂判决保险公司在判决生效后十日内向黄小姐给付保险赔偿金15.4万元，案件受理费1690元由中华保险公司负担。

（三）免责条款未提示无法律效力

关于保险合同责任免除条款的效力问题。根据《保险法》第十七条的规定，"保险人向投保人提供的投保单应当附格式条款，对保险合同中免除保险人责任的条款，未作提示或明确说明的，该条款不产生效力"。

在案例二中，《机动车盗抢保险条款》第5条关于"下列情况下，不论任何原因造成被保险机动车损失，保险均不负责赔偿：……（九）除另有约定外，发生保险事故时被保险机动车无公安机关交通管理部门核发的行驶证或号牌，或未按规定检验或检验不合格……"的约定属于责任免除条款，该条款生效的法定条件是保险公司已经履行提示、说明义务。

但黄小姐否认保险公司已依法履行提示、说明义务，保险公司亦未能提供充分的证明其已经向黄小姐就上述责任免除条款履行了法定的提示、说明义务，故该责任免除条款不发生法律效力。

另根据《保险法司法解释（二）》第九条、第十一条、第十三条的规定，保险公司的上述条款同样不发生法律效力。

（四）假设保险人已经履行了提示、说明义务，"行驶证过期不赔"的约定是否有效

根据《保险法》及其司法解释的相关规定，如果保险人对免责条款已经尽到了提示、说明义务，投保人对此已经签字、盖章，那么该免责条款对投保人来说是有效的。但是，对本案来讲，假设保险人已经履行了提示、说明义务，"行驶证过期不赔"的约定是否有效呢？

笔者认为，本案涉及的核心问题是保险法的近因问题。

近因是指对造成承保损失起决定性、有效性、直接性的原因。也就是人们日常所说的"最直接的因果关系"。在案例二中，车辆被盗与行驶证过期没有丝毫的因果关系。因此，保险条款设定"行驶证过期不赔"是没有任何道理的。

另外，盗抢险的保险事故包括车辆被盗被抢，保险标的是车辆本身。换句话说，盗抢险补偿的是车辆的损失，不管车辆处于一种什么状态，是合格车辆还是不合格车辆，是否拥有相关证件。它针对的是车辆的所有权，车辆被盗对被保险人而言是财产的损失，只要不是被保险人的故意行为，发生车辆被盗抢，保险公司就应该赔偿。否则，就失去了购买盗抢险的意义了。

综上，笔者认为，"行驶证过期不赔"应当从全车盗抢险的相关条款中予以删除。

五、结论

在行驶证过期的前提下，不同的险种承担的责任是不同的：

1. 行驶证过期，交强险应该予以赔偿。

2. 对车损险和商业三者险而言，如果保险人履行了明确说明义务，并能举证证明，那么该免责条款对被保险人有效。如果没有履行说明义务，交通事故发生后经公安机关检测认定车辆发生事故前存在安全隐患的，保险人可以据此免除保险责任；交通事故发生后经公安机关检测认定车辆发生事故前不存在安全隐患的，保险人不能免除保险责任；交通事故发生后公安机关未对车辆进行检测或虽进行检测但已无法确定事故发生前是否存在安全隐患的，保险人不能免除保险责任。

3. 对盗抢险而言，即便行驶证过期，保险人仍应承担保险责任。

发动机进水，车损险该不该赔[①]

案情简介

2012年4月27日，贺某向某保险公司投保机动车辆商业险，投保险种包含了车辆损失险，保险期间自2012年4月30日零时至2013年4月29日24时止。

双方签订的《机动车商业保险条款》第二章第一条规定，在保险期间内，被保险人或其允许的合法驾驶人在使用保险车辆过程中，因"雷击、暴风、龙卷风、暴雨、洪水、海啸、地陷、冰陷、崖崩、雪崩、雹灾、泥石流、滑坡"等原因造成保险车辆的损失，保险人按照保险合同的规定负责赔偿。第二章第六条规定："保险车辆因遭水淹或因涉水行驶致使发动机损坏的损失和费用，保险人不负责赔偿。"

2012年7月15日，抚州市区遭遇暴雨，贺某驾驶投保车辆在暴雨中行驶至抚州市梦湖西路路口时，因路面凹凸，积水严重，导致车辆熄火。贺某向保险公司报案，保险公司派工作人员到现场进行了勘验、拍照。当晚，贺某将受损车辆运至4S店。

同年7月18日，保险公司以贺某的投保车辆属涉水行驶致使发动机内部受损为由，通知贺某根据《机动车商业保险条款》第二章第六条之规定，本次事故车辆发动机损失不属保险责任。

在诉讼过程中，经保险公司申请，评估公司对贺某的投保车辆发动机受损原因进行了司法鉴定，鉴定结论为：该车系"凹凸路面涉水瞬间发动机损坏"。经贺某申请，评估公司对投保车辆的损失进行了价值鉴定，评估结论为损失13万余元。

[①] 凌湄、王卫国：《发动机进水，车损险该不该赔》，原刊载于《中国保险》2013年第10期。

裁判结果

经江西省抚州市临川区人民法院组织调解，5月21日，双方当事人达成协议：被告某保险公司支付原告贺某人民币10万元，并承担本案诉讼费用。

争议焦点

本案争议焦点有三个：一是车损险和涉水险的关系；二是保险条款的解释规则；三是保险人说明义务的判断标准。

法理评析

一、车损险和涉水险的关系

车损险属于主险，涉水险属于附加险，涉水险和车损险是一种补充关系。因为车损险的免责条款中有"发动机进水后导致的发动机损坏不予赔偿"的规定，涉水险恰好填补了这一空白。

（一）车损险的责任范围

中国保险行业协会《机动车辆商业保险示范条款》第一章机动车损失险第六条规定，保险期间内，被保险人或其允许的合法驾驶人在使用被保险机动车过程中，因下列原因造成被保险机动车的直接损失，保险人依照本保险合同的约定负责赔偿：（一）碰撞、倾覆、坠落；（二）火灾、爆炸；（三）外界物体坠落、倒塌；（四）雷击、暴风、暴雨、洪水、龙卷风、冰雹、台风、热带风暴；（五）地陷、崖崩、滑坡、泥石流、雪崩、冰陷、暴雪、冰凌、沙尘暴；（六）受到被保险机动车所载货物、车上人员意外撞击；（七）载运被保险机动车的渡船遭受自然灾害（只限于驾驶人随船的情形）。据此，投保车辆涉水行驶致使发动机内部受损，符合该规定第（四）项规定的暴雨、洪水原因造成被保险机动车损失，属于车辆损失险的保险责任范围。

但中国保险行业协会《机动车辆商业保险示范条款》第一章机动车损失险第十条第（五）项又规定，发动机进水后导致的发动机损坏，保险人不负责赔偿。

（二）对车损险规定的评析

单单就车损险第六条和第十条的规定来看，因暴雨、洪水原因造成被保险机动车损失，保险人予以赔偿，但因发动机进水后导致的发动机损坏，保险人不负责赔偿，前后是矛盾的。发动机损坏的原因是多种多样的，哪些情形赔，哪些情形不赔，条款并没有列举或概括出来，这实际上缩小了保险人的赔偿范围，特别是目前大部分车主仅投保了车辆损失险却没有投保作为附加险的涉水险。一旦发生发动机进水后导致的发动机损坏，保险人概不负责，这显然属于霸王条款，对消费者是不公平的，应当认定无效。

（三）涉水险的责任范围

在中国保险行业协会《机动车辆商业保险示范条款》附加险中，发动机涉水损失险的保险责任是：保险期间内，投保了本附加险的被保险机动车在使用过程中，因发动机进水后导致的发动机的直接损毁，保险人负责赔偿。

（四）对涉水险规定的评析

"发动机进水后导致的发动机的直接损毁，保险人负责赔偿。"这里的"直接损毁"是指车辆涉水是导致损毁的近因，即最直接的原因。2013年5月9日的《中国保险报》刊发了北京德恒律师事务所贾辉律师的文章，列举了三种情况：第一种情况是因暴雨导致发动机进水后再次启动致损，仅投保车损险不赔；第二种情况是因暴雨导致发动机进水受损，未再次启动，车损险可赔；第三种情况是雨后路面积水导致发动机进水致损，仅投保车损险不赔。我们赞同上述观点。

二、保险条款的解释规则

在本案中，贺某只投保了车损险，没有投保涉水险。另外，假设本案发生在最高人民法院《关于适用〈中华人民共和国保险法〉若干问题的解释（二）》施行后，这是我们讨论问题的前提。

本案《机动车商业保险条款》第二章第一条规定，在保险期间内，被保险人或其允许的合法驾驶人在使用保险车辆过程中，因"雷击、暴风、龙卷风、暴雨、洪水、海啸、地陷、冰陷、崖崩、雪崩、雹灾、泥石流、滑坡"等原因造成保险车辆的损失，保险人按照保险合同的规定负责赔偿。第二章第六条又规定："保险车辆因遭水淹或因涉水行驶致使发动机损坏的损失和费用，保险人不负责赔偿。"很显然，这两个条款前后是矛盾的，那么应如何处理呢？

我们认为第六条免责条款无效，具体理由如下：

（一）违反了《保险法》第十九条的规定

根据《保险法》第十九条规定，采用保险人提供的格式条款订立的保险合同中的下列条款无效：（一）免除保险人依法应承担的义务或者加重投保人、被保险人责任的；（二）排除投保人、被保险人或者受益人依法享有的权利的。

结合本案，前面说到因暴雨、洪水原因造成保险车辆的损失，保险人负责赔偿，后面又说保险车辆因遭水淹或因涉水行驶致使发动机损坏的损失和费用，保险人不负责赔偿。这样的规定免除保险人依法应承担的义务，排除了投保人、被保险人或者受益人依法享有的权利的。所以，我们认为是无效的。

（二）对免责条款没有尽到明确说明义务

自2013年6月8日开始实施的最高人民法院《关于适用〈中华人民共和国保险法〉若干问题的解释（二）》（以下简称《保险法司法解释（二）》）对免责条款作了进一步规定。其中第九条规定，保险人提供的格式合同文本中的责任免除条款、免赔额、免赔率、比例赔付或者给付等免除或者减轻保险人责任的条款，可以认定为保险法第十七条第二款规定的"免除保险人责任的条款"。

《保险法》第十七条第二款规定："对保险合同中免除保险人责任的条款，保险人在订立合同时应当在投保单、保险单或者其他保险凭证上作出足以引起投保人注意的提示，并对该条款的内容以书面或者口头形式向投保人作出明确说明；未作提示或者明确说明的，该条款不产生效力。"

《保险法司法解释（二）》对免责条款的外延作了扩张解释，其中第十条规定，保险人将法律、行政法规中的禁止性规定情形作为保险合同免责条款的免责事由，保险人对该条款作出提示后，投保人、被保险人或者受益人以保险人未履行明确说明义务为由主张该条款不生效的，人民法院不予支持。

然而，本案"保险车辆因遭水淹或因涉水行驶致使发动机损坏"的规定不属于法律、行政法规中禁止性规定情形。如果保险人没有对免责条款作出明确说明，该条款无效。

（三）应适用不利解释规则

《保险法》第三十条规定："采用保险人提供的格式条款订立的保险合同，保险人与投保人、被保险人或者受益人对合同条款有争议的，应当按照通常理解予以解释。对合同条款有两种以上解释的，人民法院或者仲裁机构应当作出有利于被保险人和受益人的解释。"本案《机动车商业保险条款》第二章第一条规定暴雨、洪水造成的车辆损失属于保险责任范围，而第二章第六条规定水淹或涉水造成发动机损失，保险公司免除赔偿责任。根据通常理解，上述条款中"暴雨"、"洪水"造成的损失当然包括车辆遭"水淹"、"涉水"的情形。在双方对条款产生异议时，应当作出有利于被保险人或者受益人的解释，认定该案情况属于保险责任范围，保险公司应当赔偿。

三、保险人说明义务的判断标准

在保险实务中，保险人往往通过提供投保单的形式来履行说明义务，即把保险条款印刷在投保单上面。当投保人履行了如实告知义务之后，在投保单的最后设置签字或盖章处。并且设置以下文字，投保人已阅读并知悉合同条款的内容。只要投保人签了名，就意味着保险人已经履行了明确说明义务。谨慎一些的保险人，还在免责条款的下方再设置签名处。这样，在投保单上面，投保人要签两次名。好像完成了上述程序，保险人就万事大吉了，其实不然。保险人的说明义务的判断标准到底是什么？无论理论界还是实务界，都存在较大争议。

（一）说明义务是保险人的法定义务

《保险法》第十七条规定："订立保险合同，采用保险人提供的格式条款的，保险人向投保人提供的投保单应当附格式条款，保险人应当向投保人说明合同的内容。对保险合同中免除保险人责任的条款，保险人在订立合同时应当在投保单、保险单或者其他保险凭证上作出足以引起投保人注意的提示，并对该条款的内容以书面或者口头形式向投保人作出明确说明；未作提示或者明确说明的，该条款不产生效力。"

根据该条规定，保险人首先要提供格式条款，其次对免责条款承担提示义务，最后还要承担明确说明义务。提供格式条款没有问题，但对提示义务如何履行、说明义务的标准到底如何存在较大争议。

（二）提示义务是说明义务的前提

《保险法司法解释》（二）第十一条规定："保险合同订立时，保险人在投保单或者保险单等其他保险凭证上，对保险合同中免除保险人责任的条款，以足以引起投保人注意的文字、字体、符号或者其他明显标志作出提示的，人民法院应当认定其履行了《保险法》第十七条第二款规定的提示义务。保险人对保险合同中有关免除保险人责任条款的概念、内容及其法律后果以书面或者口头形式向投保人作出常人能够理解的解释说明的，人民法院应当认定保险人履行了《保险法》第十七条第二款规定的明确说明义务。"

该条规定明确了提示的载体、方式和程度。提示的载体包括投保单或者保险单等其他保险凭证。提示的方式是文字、字体、符号或者其他标志与合同的其他部分明显不同，如采用大字号、特殊字体、加黑加粗、特殊颜色等方法。提示的程度是足以引起当事人的注意，说明的标准是作为常人（普通人）能够理解即可。

（三）保险人对说明义务负有举证责任

《保险法司法解释》（二）第十三条规定："保险人对其履行了明确说明义务负举证责任。投保人对保险人履行了符合本解释第十一条第二款要求的明确说明义务在相关文书上签字、盖章或者以其他形式予以确认的，应当认定保险人履行了该项义务。但另有证据证明保险人未履行明确说明义务的除外。"

根据民事诉讼谁主张谁举证的规则，如果保险人声称已经履行了明确说明义务，那么毫无疑问应当承担举证责任。相反，如果保险人拿出了已经经过投保人签字或盖章的保险凭证，那么，就应当认定保险人的说明义务履行完毕。本条的但书部分"但另有证据证明保险人未履行明确说明义务的除外"，此处的举证责任由投保人承担。这体现了法律面前人人平等的原则。

多车连环相撞与"交强险"赔付[①]

道路交通事故损害赔偿纠纷案件中的多车连环相撞非常复杂,表现为各种法律关系的冲突与协调。具体而言,在多车连环相撞案件中,责任主体如何确定?责任限额如何掌握等等问题。这些问题值得作深入的研究。

一、问题的提出

(一)个案选取

【案例一】2011年10月28日10时50分,万某驾驶大货车在某高速某处追尾碰撞了因前方堵车停放在车道上的赵某驾驶的A车,致A车与B车(钱某驾驶)、C车(孙某驾驶)、D车(李某驾驶)、E车(周某驾驶)连环追尾碰撞,造成万某死亡、多车受损的交通事故。事故发生后,交警部门认定,万某负事故的主要责任,赵某负事故的次要责任,钱某、孙某、李某、周某不负事故的责任。另查明,A车、B车、C车、D车、E车分别向甲、乙、丙、丁、戊保险公司投保了交强险。后死者的亲属提起民事诉讼,要求A车、B车、C车、D车、E车的车主、驾驶员以及投保的保险公司共同赔偿各项损失。

【案例二】[②] 2009年10月2日,五姐一家与六妹一家自驾车去天津游玩。在京津塘高速路上行驶时,突然起了大雾,导致行车不便。就在此时,前方行驶的六妹的车撞上了因发生事故而停驶的小客车,撞车后还没来得及反应,六妹的车就紧接着被后面行驶的五姐的车撞上,其后又有三辆事故车在五妹的车后发生连续追尾。

车辆的连续撞击,导致六妹一家三口当场全部死亡。经天津交警现场责任认定,姐姐的车对妹妹的车负全责,而连环追尾的最后一辆车对前四

[①] 王卫国、冯昆英:《多车连环相撞与"交强险"赔付》,原刊载于《中国保险》2012年第2期。

[②] 案例来源于中央电视台《今日说法》栏目"别忘了咱们是亲人"。

辆车负全责。

【案例三】① 2008年4月29日，在上海市卢浦大桥西向东引桥处，原告罗自亮（化名）驾驶出租车由西向东通行，车辆后面第一被告、第二被告、第三被告分别驾驶车辆也依次由西向东行使，因三被告刹车不当造成连环追尾。后原告通过治疗，三期鉴定结果构成九级伤残。累加各种赔偿费用总共向法院起诉金额为18.5万元。

后经上海市公安局交通警察总队高架道路支队出具《事故认定书》认定：第一被告、第二被告、第三被告负全责，原告无责。后查明第一被告在第三人中国太平洋财产保险股份有限公司上海分公司投保了交强险，第二被告在第三人天安保险股份有限公司上海分公司投保了交强险，第三被告在第三人中国太平洋财产保险股份有限公司上海分公司投保了交强险。

【案例四】② 2009年8月20日23时35分许，死者王有坤驾驶豫PB9478/豫PH842挂号半挂车驶经沪昆高速公路（江西段）478KM处时，车辆头部撞上因堵车停于慢车道上的由姜有生驾驶的赣AA0226号重型厢式货车尾部，导致赣AA0226号车头部撞上因堵车停于慢车道上的由贺德禹驾驶的吉A42430/吉A7430挂号半挂车尾部，又导致吉A42430/吉A7430挂号车头部撞上因堵车停于慢车道上的由黄华驾驶的赣CD6596号重型厢式货车尾部，导致豫PB9478/豫PH842挂号车上驾驶人王有坤经抢救无效死亡、豫PB9478/豫PH842挂号车乘车人刘振受伤、豫PB9478/豫PH842挂号车上货物、四车及高速公路设施不同程度受损的道路交通事故。2009年9月12日江西省公安厅交警总队直属三支队第二大队作出了赣公交直三认字（2009）第00021号《道路交通事故认定书》，依法认定：死者王有坤承担此次事故的全部责任，驾驶人姜有生、贺德禹、黄华、乘车人刘振不承担此次事故的责任。经查，由姜有生驾驶的赣AA0226号重型厢式货车在中国人民保险股份有限公司南昌县支公司投了交强险，由贺德禹驾驶的吉A42430/吉A7430挂号半挂车在中国人民保险股份有限公司广州市经济技术开发区支公司投了交强险，由黄华驾驶的赣CD6596号重型厢式货车在中国大地保险股份有限公司上高支公司投了交强险，死者王有坤驾驶豫PB9478/豫PH842挂号半挂车在中国人民财产保险股份有限公司周口市分公司投了机动车车上人员（司机）责任险。

---

① http://www.9ask.cn/blog/user/furunhui/archives/2009/85664.html。
② 庄汉猛：《连环撞车，直接接触的车辆的保险公司在交强险赔偿限额内承担责任》，http://www.lawtime.cn/lawyer/casecont870882875976oo1527。

【案例五】①2009 年 9 月 2 日，被告娄虎驾驶的豫 PA6199 号面包车与同方向李庆安酒后无证驾驶的无牌号三轮摩托车追尾相撞后，无牌号三轮摩托车又与相对方向佘建华驾驶的豫 BJH669 号货车相撞，造成娄虎、李庆安及三轮摩托车上乘员王明营、毛文成、侯绪敬受伤，三车不同程度损坏。通许县公安交通警察大队（2009）第 101 号交通事故责任书认定被告娄虎负此事故的主要责任，李庆安和被告佘建华共同负此事故的次要责任。娄虎所有的豫 PA6199 号面包车和被告佘建华驾驶的豫 BJH669 号货车均投保了机动车强制保险。

上述五个案例，涵盖了连环追尾的各种类型。在案例一中，受害方承担主要责任，与其直接接触的车辆负次要责任；在案例二中，受害人无责，并且受害人的死亡是由于多车挤压造成的，属于"直接接触"的情形；在案例三中，受害方无责，其他三辆车负全责；在案例四中，受害方负全责，其他车辆无责；在案例五中，受害人的受伤是由于多车间相互作用造成的。上述五种类型，都是以受害人驾驶或乘坐的车辆为参照物，以受害方有无责任为出发点，以车辆是否有接触作为分界点展开探讨的。

（二）假定前提

为下文论述方便，假定投保人、被保险人、驾驶员为同一人，假定所有车辆均投保了交强险。不论理论上和实务中交强险是分项赔偿还是不分项赔偿，本文均采用赔偿限额有责为 12 万元，无责为 1.2 万元。另外本文只探讨人身损害赔偿，不涉及财产赔偿。

（三）争议焦点

在连环相撞案件中，有以下问题存在争议：一是无责车辆投保的保险公司是否应承担责任？二是在事故中与被害人及其车辆没有直接接触的车辆及其投保的保险公司要不要承担责任？三是无责车辆投保的保险公司应该按一份交强险（12 万元）还是按多份交强险来赔？

二、无责车辆投保的保险公司要不要承担责任

（一）多车连环相撞属于共同侵权

我国民法上的共同侵权可划分为三种类型：（1）共同故意致人损害；

---

① 张少宇：《连环撞车交通事故，交强险如何适用》，中国法院网，2010 年 7 月 7 日。

（2）共同过失致人损害；（3）虽无共同故意、共同过失，但加害行为直接结合发生同一损害后果的情形。实践中，第一种、第二种类型不常见，更多的是第三种类型。《最高人民法院关于审理人身损害赔偿案件适用法律若干问题的解释》第三条规定："二人以上共同故意或者共同过失致人损害，或者虽无共同故意、共同过失，但其侵害行为直接结合发生同一损害后果的，构成共同侵权，应当依照民法通则第一百三十条规定承担连带责任。二人以上没有共同故意或者共同过失，但其分别实施的数个行为间接结合发生同一损害后果的，应当根据过失大小或者原因力比例各自承担相应的赔偿责任。"

（二）不管有责无责都要承担责任值得商榷

在案例一中，受害人万某与车主赵某存在共同过失。所以由双方承担相应的责任是理所应当的。但其他无责的车主及其保险公司是否应承担赔偿责任呢？一个非常权威的依据是《中华人民共和国道路交通安全法》第七十六条。第七十六条规定："机动车发生交通事故造成人身伤亡、财产损失的，由保险公司在机动车第三者责任强制保险责任限额范围内予以赔偿；不足的部分，按照下列规定承担赔偿责任：（一）机动车之间发生交通事故的，由有过错的一方承担赔偿责任；双方都有过错的，按照各自过错的比例分担责任。（二）机动车与非机动车驾驶人、行人之间发生交通事故，非机动车驾驶人、行人没有过错的，由机动车一方承担赔偿责任；有证据证明非机动车驾驶人、行人有过错的，根据过错程度适当减轻机动车一方的赔偿责任；机动车一方没有过错的，承担不超过百分之十的赔偿责任。交通事故的损失是由非机动车驾驶人、行人故意碰撞机动车造成的，机动车一方不承担赔偿责任。"按照该规定，只要是投保了交强险，不管有责无责，都要赔偿。所以，在案例一中，B车、C车、D车、E车投保的保险公司要承担共同赔偿责任。

按照文义解释，有责无责均应赔偿。但是，如果按照目的解释，该规定似乎不尽合理。在案例一中，万某承担主要责任，A车承担次要责任，其他车辆不承担责任。万某的损失可以由A车交强险承担责任，超出部分由A车车主承担。但追究毫无过错的其他车辆的责任，有违法理。试想，B车、C车、D车、E车由于堵车，停在公路上，并无过错。让这四辆车投保的保险公司承担责任，的确冤枉！哪怕是按照《机动车交通事故责任强制保险条款》第八条第（四）项"被保险人无责任时，无责任死亡伤残赔偿限额为 11000 元；无责任医疗费用赔偿限额为 1000 元；无责任财产损失赔偿限额为 100 元"的规定，以上三家保险公司也要承担部分责任。这不得不让我们重新思考现行法律的合理性。

但是在案例二中，一审法院只追究了负全责的车主及其投保的保险公司的责任，其他无责车主及其保险公司并没有承担责任。仔细对照案例一和案例二，在案例一中，被害人的车辆与无责车辆并没有直接接触，但法院却判决他们都要承担责任；而在案例二中，车辆之间由于外力挤压在一起，可以视为"直接接触"的，但无责的车辆却没有承担交强险责任。这就让人们感到非常困惑！不知道对法律应该作何理解才对。

有的法院强调，在连环相撞事故中，虽然有的车辆在本起交通事故中无责任，但本起交通事故系机动车追尾事故，处于同一时空内，且所有机动车对受害人的损失都具有一定的参与因素，故所有机动车或其投保的交强险保险人应在交强险范围的无责任赔偿限额内承担相应赔偿责任。这种观点值得商榷。在案例一中，B 车、C 车、D 车、E 车并没有参与因素。前方堵车，四辆车别无选择，只能停下等待。万某开车撞了上来，A 车没有设置警示标志，承担次要责任。损失应该当由万某和 A 车共同承担，其他车辆是不应该承担的。

（三）限制"无责赔付"范围

"无责赔付"从文字上理解有两层含义：一是在交强险责任限额内，不论被保险机动车在交通事故中是否有过错或过错程度有多大，只要造成受害人的人身及财产损害，保险公司都要在交强险的责任限额内负责赔偿。二是在交强险责任限额内，无论是造成受害人的人身伤亡还是财产损失，都实行无过错责任。也就是说即使车与车之间发生交通事故且造成了各个车辆的损失时，任何一辆车的损失都可以通过对方车辆的保险公司获得赔偿。

"无责赔付"是从人道主义、保护生命的角度出发而设定的，一方面尊重和保障了受害者的权益；另一方面也保护了无辜的车主经济利益不受损失或少受损失，出发点无可非议。

现实中，无责方被撞了，还要赔偿肇事方，往往喊冤。在实务中，"无责赔付"不需要无责方掏腰包，而是无责方投保的保险公司在其交强险范围内赔付。只是需要无责方提供驾驶证、行驶证等相关证件，配合受害方向保险公司索赔。这是无责方的法定义务。

根据上述分析，交强险无责赔付的缺陷，一是增加了保险公司的成本，二是让无责方在法律上为肇事方担责。为此，考虑到交强险的设置功能和目的，建议对无责赔付范围进行限制，使其赔偿仅限于与被害人车辆发生直接接触的车辆投保的交强险。

三、"直接接触"与交强险赔付

（一）习惯做法

在多车连环相撞案件中，受害人往往将所有车辆的车主（包括驾驶员）以及投保的保险公司统统列为被告，要求他们共同承担责任。在各地法院的判决中，对此类问题的看法也不尽相同。那么究竟怎样处理才既符合立法本意，又维护了各方利益呢？

（二）"直接接触"的界定

在连环相撞案件中，如果不考虑具体情况，一律要求参与本次事故的所有车辆都承担责任，违背了法理，特别是对无责车辆而言。只有分清有责、无责，分清直接碰撞与间接碰撞，分清彼此的作用力以及因果关系，对事故责任的厘清才是科学的、合理的、合法的。

那么何谓"直接接触"？"直接接触"分为"形式上的直接接触"和"实质上的直接接触"。"形式上的直接接触"是指两车或多车直接发生碰撞，没有其他车辆加入，是物理上的"最亲密接触"。而"实质上的直接接触"是指两车或多车由于作用力而碰撞在一起，形成一个整体，对其中车辆或人员的伤害起关键作用。如【案例二】中的情形。

在【案例一】中，万某的车辆撞上了A车，这两辆车属于"直接接触"，其他车辆属于"间接接触"。在【案例二】中，六妹家的车被后面四辆车挤压变形，最后导致六妹一家三口死亡的结果，后面的四辆车都属于"实质上的直接接触"，都要承担责任。【案例三】的情形与【案例二】基本相同。【案例四】与【案例一】的情况基本相同，都是从后面追尾造成的，唯一的区别是【案例四】的死者负全责，其他车辆无责。在【案例五】中，娄虎的车撞上李庆安的摩托车，属于"直接接触"。后摩托车又与佘建华的车相撞，也属于"直接接触"。

（三）部分司法判例支持了"直接接触说"

在【案例四】中，法院经审理认为：由于被告姜有生驾驶的车辆在被告中国人民保险股份有限公司南昌县支公司投了交强险,故被告中国人民保险股份有限公司南昌县支公司应在交强险无责任限额内承担赔偿责任,而被告黄华、贺德禹所驾驶的车辆虽然是此次事故中的相关车辆,但与王有坤的车辆不是直接相撞,没有直接的因果关系,且在本次事故中不承担责任,故对原告要求被告黄华、贺德禹及其所驾驶的车辆投保的保险公司承担交强险无责任赔偿的请求不予支持。而王有坤驾驶的车辆在第三人中国人民财产保险股份有限公司周口市分公司投保了车上人员责任险(司机),故第三人应在车上人员责任险的限额内依照合同约定对原告承担赔偿责任。

在【案例五】中,通许县人民法院经审理查明认定原告王明营各项费用共计 78779 元,原告毛文成各项费用共计 19081.5 元,原告侯绪敬各项费用共计 10940.5 元,认定被告娄虎各项损失 854.2 元。通许县人民法院认为,被告娄虎驾驶机动车辆、李庆安酒后驾驶无牌号机动车违法载人、被告佘建华驾驶违反装载规定的机动车共同侵权将原告致伤,应按责任认定比例各自承担责任。娄虎驾驶的豫 PA6199 号面包车和被告佘建华驾驶的豫 BJH669 号货车均在保险公司投保了机动车强制保险,在保险期间内发生责任事故,保险公司应在两辆肇事车辆投保的两份交强险的赔偿限额范围内对第三者承担赔偿责任,不足部分由娄虎、佘建华、李庆安各按70%、15%、15%的责任比例承担。一审判决作出后,双方当事人均未上诉。

(四) 小结

在【案例四】中,法院没有支持原告要求所有肇事车辆的保险公司均在交强险无责任赔偿限额内承担赔偿责任,而只支持直接接触的肇事车辆的保险公司在交强险无责任赔偿限额内承担赔偿责任。笔者赞同这种做法。

我们注意到,案例一与案例四基本相同,只是一个承担主要责任,一个承担全部责任。但是法院的判决却大相径庭。【案例一】判决所有无责车辆的保险公司在无责限额内承担责任,【案例四】则判决无责车辆不承担责任。这种情况相当普遍。那么,根据上文的分析,采用"直接接触"的标准,会使法律关系更加简化,理赔程序更加简单。直接接触车辆的范围被限定在很小的范围内,这种做法既尊重了事实,又尊重了法律。从长远看,对每一个交通参与者都是公平的!

四、连环相撞中交强险赔付份额

(一) 问题的提出

在多车连环相撞案件中,如果承担责任的是多辆车以及投保的保险公司,那么多家保险公司之间是应该共同承担一份交强险限额(最高12.2万元,去除财产损害限额2000元,剩12万元),还是按各自的交强险限额赔偿?

(二) 观点之争

我国台湾地区学者江朝国认为:"强制汽车责任保险之立法目的,不仅在于保障受害人获得一定的补偿,亦在减轻被保险人的责任。盖车祸事故造成的损害大于保险金额时,被保险人本身仍负赔偿责任。若因数车共同肇事,数位保险人只连带负担一份保险金额之责任,损害逾保险金额部分,各该被保险人仍依民法之过失责任负责。被保险人同样支出保险费寻求责任保险之保障,以减免其所负担之损害赔偿责任,却因肇事时有其他车辆的参与,造成获得保险保障之责任额度的减低。保险人只负较低的责任即免责,然被保险人之民事责任并不因而全数免除,在保险人不负责的范围内,被保险人仍需负责。同样支出保险费,却未获得应有的保险保障,对被保险人而言,实有不公。"[①]

数车肇事,究竟按几份保险合同处理,有三种观点:

1. 第一种观点:一份保险金额保障说

此说认为数车共同肇事,数位被保险人均对受害人负担损害赔偿责任时,不论受害人的损害多少,至多只受一份保险合同的保障。

2. 第二种观点:数份保险金额保障说

如果数车共同肇事,则受害人可以得到数份保险合同的赔偿。此为德、日立法例所采[②]。

3. 第三种观点:折中说

该说分为两个阶段,在一份保险合同的限额内,采用无过错责任原则。超出限额的损失,采用过错责任原则。有学者强调:"求偿的手续复杂、成本过高,为此制度的最大的缺点。"[③]

---

① 江朝国:《强制汽车责任保险法》,中国政法大学出版社2006年4月版,第239页。
② 江朝国:《强制汽车责任保险法》,中国政法大学出版社2006年4月版,第240页。
③ 江朝国:《强制汽车责任保险法》,中国政法大学出版社2006年4月版,第243页。

(三) 法律规定

《中华人民共和国道路交通安全法》第七十六条第一款规定:"机动车发生交通事故造成人身伤亡、财产损失的,由保险公司在机动车第三者责任强制保险责任限额内予以赔偿"。《机动车交通事故责任强制保险条例》第二十一条第一款规定:"被保险机动车发生道路交通事故,造成本车人员、被保险人以外的受害人人身伤亡、财产损失的,由保险公司依法在机动车交通事故责任强制保险责任限额范围内予以赔偿"。上述法律法规并没有明确究竟应该赔偿几份交强险。

(四) 小结

结合我国现行的交强险制度,我们认为,在数车共同肇事的前提下,关键看直接接触的车辆有哪些?另外,即使没有直接接触,但是对结果的发生具有因果关系的车辆及其投保的保险公司也应该承担交强险赔付责任。所以,具体赔几份要根据个案情况来定。应由肇事车辆投保的保险公司分别在自己的限额内承担赔偿责任,即采用多份交强险合同进行赔偿,以确保受害人的损失得到充分的弥补。比如在【案例三】中,3辆车分别向保险公司投保交强险,依据合同的独立性,即存在3份强制保险合同,应当依据三份交强险金额累加计算(36万元)。但如果受害人的损失数额大于12万元,小于几份交强险的总和。比如损失为18万元,有三辆车应承担责任。三辆车在有责限额内赔偿,那么总额达到36万元。究竟如何分配呢?笔者认为应采取平均的办法。每辆车的赔偿额度为6万元。如果受害人提出的赔偿数额为48万元,则每辆车的赔偿限额为12万元。上面探讨的是在三辆车均有责的情况下的赔偿问题。如果三辆车均无责,情况可能大不同。其中肯定有一辆车承担无责限额内的责任,为1.2万元。其他车辆是否承担责任,按照"直接接触"进行界定。

有一种担心是赔偿多份交强险会不会造成受害人得到巨额赔偿款,甚至远远超出其提出的赔偿数额呢?就像发生在重庆的一个案例,50余部车辆连续追尾。如果按照所有的肇事车辆都要在交强险无责任赔偿限额内承担责任的话,那么就一个交强险原告就能够得到50余万元的赔偿。这显然是不合理的。不过这种担忧是多余的。因为,如果采用"直接接触说"或"间接接触"并具有因果关系的理论,承担交强险赔偿责任的车辆是有限的,不会出现上面的情况。

五、结论

通过上文的分析，我们认为，针对连环相撞案件，应当以受害人有无责任为出发点，以"直接接触"为分界点，以作用力和因果关系作为衡量责任大小的标准，多角度、全方位的确定连环相撞交强险承担问题。

（一）受害人有责的情况

其一，如果受害人引起多车连环相撞，而且负全责的话，与其直接接触的车辆承担无过失限额下的交强险责任。其他车辆投保的保险公司不承担交强险责任。

其二，如果受害人引起多车连环相撞，受害人承担主要责任，与其直接接触的车辆承担次要责任，其他车辆无责的情况下，由承担次要责任的车辆所投保的保险公司承担交强险责任，其他车辆投保的保险公司不承担交强险责任。

（二）受害人无责的情况

如果受害人无责，其他肇事车辆部分有责、部分无责，那么直接接触受害人的车辆应承担责任，间接接触但是多车的相互碰撞和相互作用与受害人的损害后果有关联的，也应承担交强险责任。

（三）对《最高人民法院关于审理道路交通事故损害赔偿案件适用法律若干问题的解释》（征求意见稿）（以下简称《征求意见稿》）第十条第一款的修改意见

《征求意见稿》第十条第一款规定："两辆或两辆以上的机动车发生交通事故致人损害的，由各该机动车的第三者责任强制保险的保险公司在各自责任保险限额内平均承担赔偿责任；不足部分，依照《中华人民共和国道路交通安全法》第七十六条及侵权责任法的相关规定承担赔偿责任。"该规定的不合理之处在于：扩大了责任主体的范围。只要发生连环相撞，所有的车辆都需承担责任，对无责的车辆是不公平的。应该区分直接接触与间接接触，区分对损害结果是否具有作用力及因果关系的情况。

笔者建议将该款修改为：两辆或两辆以上的机动车发生交通事故致人损害的，由"直接接触"的机动车或对损害结果具有作用力并具有因果关系的相关机动车的第三者责任强制保险的保险公司在各自责任保险限额内平均承担赔偿责任；不足部分，依照道路交通安全法第七十六条及侵权责任法的相关规定承担赔偿责任。"

（四）交强险不能承受之重

交强险自实施以来，在保护交通事故受害人方面发挥了巨大作用，这是有目共睹的。但最近两年，根据权威部门公布的数据来看，交强险连年亏损。原因很复杂，可能存在保险公司内部管理、投保人骗保、交强险赔偿范围过宽、相关法律法规存在漏洞等原因。但我们感到，交强险承担了不该承担的责任。人们把交强险当成了"万能险"，交强险成了"唐僧肉"，人人都想吃一口。交强险到了无法承受的地步！让交强险承担不应该承担的责任是在葬送交强险，最终受损害的还是每一个交通参与者！

吊车施工中致人伤亡，保险该怎么赔[①]

案情简介

【案例一】一辆正在起重作业的吊车，因驾驶员（吊车车主、被保险人）操作不当，吊车上的钢丝触碰到空中的高压线，导致一名在施工现场地面作业的工人身亡。该吊车投保了机动车交通事故责任强制保险（以下简称《交强险条例》）和机动车第三责任保险，该保险属于特种车辆的保险。保险期间自2011年8月9日起至2012年8月8日止，保险限额分别为122000元、500000元。事故发生后，驾驶员向死者家属赔偿了各项费用共计40余万元。之后，吊车驾驶员向保险公司索要相关赔偿金被拒。双方发生纠纷，诉至法院。

【案例二】原告李某与死者吕某系夫妻关系。2010年3月31日，吕某自备安装用的铁吊篮、钢丝绳、广告条幅，雇佣被告王某的吊车，在某商城南五层楼外高空粘贴广告，大约9时许，在吊篮上升过程中，吊篮钢丝绳承重超负荷突然断裂，因没有任何防护措施致使施工中的吕某从吊篮里摔下死亡。原告认为，被告王某在施工中违反操作规程，违规吊装人员，对损害的发生具有重大过错，应该承担赔偿责任。经查，王某的吊车投保了交强险。

【案例三】2011年6月30日，张某在A保险公司为其吊车购买了吊装责任保险、车辆损失险、第三者商业责任险、特种车车辆损失扩展险等险种。同年7月11日，张某又在B保险公司为吊车购买了交强险，保险期限至2012年7月11日止。张某均按约定向保险公司支付了保险费。

2011年9月，张某在某工地施工现场承揽了一宗吊装业务。事发时，他正在工地使用吊车吊运钢筋，不小心碰到了现场作业的工人苗某，致其

[①] 王卫国、史智军：《吊车施工中致人伤亡，保险该怎么赔》，发表在《中国保险报》，2013年6月20日。

右小腿骨折，花费医疗费2万余元。后张某与苗某协商，赔偿了各项经济损失共计3.5万元。

之后，张某分别向A、B两家保险公司索赔时，却遇到了意想不到的麻烦。A保险公司认为，投保车辆在B保险公司投保了交强险，应由其优先支付张某的合理损失。而B保险公司则称此次事故系在工地发生事故，工地不属道路，发生的事故不是交通事故，不属交强险赔偿范围。

协商无果后，为索赔损失，张某只好将A、B保险公司都告上了法院。一审、二审法院均判决B保险公司在交强险范围内赔偿。

争议焦点

（1）施工场所是否属于道路。
（2）吊车安全事故是否属于交通事故？
（3）不是交通事故，交强险需要赔偿吗？

法理分析

一、施工场所不是道路

在案例一中，尽管这起吊车事故也发生在道路上，但该路段属于施工场所，并非其他车辆可以随意通行的公共道路，和《中华人民共和国道路交通安全法》第一百一十九条第（一）项规定的"道路"是指公路、城市道路和虽在单位管辖范围但允许社会机动车通行的地方，包括广场、公共停车场等用于公众通行的场所概念是不同的。

在案例二中，双方争议的焦点没有集中在是否属于交通事故上，而是集中在死者属于车上人员还是第三者。那么可以推论，双方认定吊车工作的场所属于道路。

但从实务来看，吊车作业的场所是不固定的，有时在道路上，有时在某一特定的场所，这些场所不太好确定是否属于道路。那么，退一步讲，即使认定属于道路，即便在道路上发生了事故，就一定是交通事故吗？答案是不确定的，必须具体情况具体分析。我们倾向于吊车工作场所不属于"道路"。

二、吊车投保交强险的原因

《交强险条例》第二条规定："在中华人民共和国境内道路上行驶的机动车的所有人或者管理人，应当依照《中华人民共和国道路交通安全法》的规定投保机动车交通事故责任强制保险。"吊车属于机动车，按照法律规定应当投保交强险。

另外，吊车在驶往作业地点的途中，有可能出现交通事故，所以，有必要投保交强险。

综上，我们认为，那种认为只要吊车出事就由交强险赔偿的观点是不正确的，必须分析事故原因，考虑是否赔偿？

在上述两个案例中，事故的发生是因为吊车驾驶员违反了安全生产法规和制度，而不是交通管理法规，因此，这两起事故属于安全责任事故，不是交通事故，不应由交强险来赔偿。但是，在案例二中，两审法院均判决由交强险支付赔偿金，我们认为该判决值得商榷。

三、交强险不赔，商业三者险赔

交强险是指由保险公司对保险机动车发生道路交通事故造成本车人员、被保险人以外的人身伤亡、财产损失，在责任限额内予以赔偿的强制性责任保险。交强险条款也约定，被保险人在使用被保险机动车过程中发生交通事故，致使受害人遭受人身伤亡或者财产损失，依法应当由被保险人承担损害赔偿责任。因此，交强险的保险责任是因道路交通事故造成的第三人人身伤亡和财产损失。本案中，被保险车辆是在工地上作业时发生意外事故，故不属于交通事故，其造成的损失不属于交强险的赔偿范围。

根据商业三者险条款约定，被保险车辆在使用过程中发生意外事故，造成第三者人身伤亡，属于第三者责任保险的保险责任范围，保险公司应当在赔偿限额内对合理损失进行赔偿。

四、对法院判决的探讨

在案例三中，法院的观点主要有两个，我们逐一进行分析。

1. 扩大了交强险的适用范围

一审法院认为，被保险车辆作为特种车，在工作场所作业时发生事故，虽不是交通事故，但遭受损害的人与道路交通事故的受害人没有本质的区别，应给其同样的社会救济保障，对此情形应比照适用《机动车交通事故责任强制保险条例》的规定予以赔偿，据此认定涉案事故属于交强险的保险范畴。

二审认为，交强险制度作为一种强制性保险，其设立的目的是以该强制性责任保险保障受害人能及时从保险公司得到经济赔偿为目的，具有强烈的保障性。本案中，涉案事故虽并非通常意义上的交通事故，但被保险车辆作为特种车辆，主要用途在于特殊作业而非道路行驶，且现实生活中发生事故也多是在特殊作业过程中，保险公司作为保险人对此应明确清楚。在此情况下如将吊车的被保险范围限定在公共道路上行驶，则违背了交强险的设立宗旨，不利于保护受害人的合法权益。

我们不得不承认，现在法院审理案件有一种倾向性，即向弱者倾斜，这是可以理解的。一个普通人跟财大气粗的保险公司相比，是十分弱小的，值得同情。但是，话又说回来，如果法律有明文规定，或者说作为一个理性人都知道的道理，法院就应该依法裁判，不要受外界的影响。否则，何谈公正？何谈法律？长此以往，人们就会轻视法律，就会形成错误的认识，认为法律也是可以商量的、可以因人而改的，法律的权威性就会失去，这是非常可怕的。

2. 对《交强险条例》第四十三条的理解

《交强险条例》第四十三条规定："机动车在道路以外的地方通行时发生事故，造成人身伤亡、财产损失的赔偿，比照适用本条例。"

二审法院认为，根据《交强险条例》第四十三条可以得知，即使并非通常意义上的交通事故，但为了保障受害人的权益能够得到救济，其损失也应比照该条例，由保险人在交强险的赔偿范围内予以赔偿。故一审法院判决 B 保险公司在交强险责任范围内承担责任，并无不当。

我们认为二审法院对《交强险条例》第四十三条的理解值得商榷。"机动车在道路以外的地方通行时发生事故"，这里使用的词语是"通行"，而本文探讨的三个案例均是在"作业"过程中。从文义解释的角度，这两个词汇的含义是不同的，不能把"通行"扩张解释为"作业"。

结　论

吊车在施工过程中出现事故，造成人员伤亡、财产损失，交强险不予赔偿，由商业三者险和其他相关险种赔偿。

乘车人翻越高速公路隔离带坠亡，保险公司赔不赔[①]

案情简介

2013年12月6日凌晨2点左右，天降小雪，有雾，能见度不足50米，路面积雪。在某高速公路某路段，被告王某驾驶的A车由南向北行驶至事故地点时，遇到前方事故堵车刹车避让时车辆失控撞左侧桥栏后停在左侧车道与右侧车道之间。李某驾驶的B车发现情况后停在A车后。被告马某驾驶C车遇到前方事故堵车刹车避让时车辆失控撞右侧桥栏后又与B车同向刮擦，致使B车前移与左侧桥栏刮擦。

由于事故车辆与桥栏挤在一起，在无法正常通过的情况下，坐在B车副驾驶位置的马某为及时查看本车司机受伤情况，跨上左侧桥栏。由于事故路段高速公路中央隔离带护栏中间采取漏空设计，无安全护栏和防护网等警示设施。马某不慎坠桥，经抢救无效死亡。

经查，A车在甲保险公司投保了交强险和商业三者险，B车在乙保险公司投保了交强险、商业三者险，C车在丙保险公司投保了交强险和商业三者险。

死者家属将A车车主及车辆投保的甲保险公司、C车车主及车辆投保的丙保险公司以及某高速公路有限公司一并告上法庭，要求各被告共同赔偿死者的各项损失共计60余万元。

争议焦点

甲保险公司和丙保险公司是否应该承担赔偿责任？

[①] 《乘车人翻越高速公路隔离带坠亡，是否属于交通事故？》，发表在《中国保险报》，2014年11月6日。

> 法理分析

一、交通事故是否是马某死亡的近因？

本案中，当车辆刮擦时，受害人马某并没有受伤，而是坐在车上。之后，马某下车查看同车驾驶人受伤情况时，从左侧桥栏处坠落受伤，经抢救无效死亡。从上述过程可以看出，在交通事故发生之后，马某发生意外事件导致死亡。马某的死亡与交通事故没有必然联系，即交通事故不是马某死亡的近因。从保险角度讲，不构成近因，保险公司没有义务赔偿。

但原告方认为，马某死亡与这起交通事故具有一定的因果关系。如果不发生三车相撞，马某也不会下车查看，就不会坠落桥下。虽然，高速公路在设计、管理上存在过错，虽然死者本人存在重大过失，但各方面的因素合在一起，最终导致马某的死亡。因此，A车和C车以及他们投保的甲保险公司和丙保险公司也应该承担赔偿责任。

原告方的观点从民事侵权的角度，也许有一定的道理。但从保险角度，是讲不通的。近因是指造成损失最直接、起决定性、有效性作用的原因。通俗点讲，近因指事故与损害后果之间具有最直接的因果关系。而本案中，交通事故并不是马某死亡的最直接的原因，不构成近因，保险公司无须赔偿。

二、本案能否适用《保险法》第五十七条？

《保险法》第五十七条规定："保险事故发生时，被保险人应当尽力采取必要的措施，防止或者减少损失。保险事故发生后，被保险人为防止或者减少保险标的的损失所支付的必要的、合理的费用，由保险人承担；保险人所承担的费用数额在保险标的损失赔偿金额以外另行计算，最高不超过保险金额的数额。"

原告认为，受害人是在交通事故发生后，为查看本车驾驶人情况时不慎坠桥的，其行为是在尽快了解事故情况，及时救助伤者，防止或减少事故损失时发生的，属于法律赋予公民的一项义务。因此所受的损失理应由车主及车辆投保的保险公司承担。

笔者认为这种观点值得商榷。

首先，对《保险法》第五十七条的理解，应站在体系解释的角度去阐释。何谓体系解释？以法律条文在法律体系上的地位，即依其编、章、节、条、款、项之前后关联位置，或相关法条之法意，阐明其规范旨意之解释方法。《保险法》第五十七条之规定，位于保险法第二章保险合同第三节财产保险合同项下，言外之意是该规定仅适用于财产保险，不适用于人身保险。进一步讲，就是为了防止财产损失的扩大而支出的费用由保险公司承担。比如实务中发生车辆着火，司机采取一切手段灭火，因此支出的费用，由保险公司承担。但本案中，马某为及时查看本车司机受伤情况不慎坠桥，不符合《保险法》第五十七条第二款的适用条件。

其次，从本案的情况看，A车与B车之间有一定的距离，C车与B车追尾，但也只是B车的尾部的货物发生一些损失，没有发生非常危险的状况，更没有看到B车司机受伤多么严重，事后调查，B车司机安然无恙。所以，马某绕到B车前面进而爬到隔离栏上观察情况的做法令人费解。正常的处理方法是到自己的车辆后部查看情况，采取救助措施。

最后，回顾整个案情，马某坠亡是在交通事故之后发生的事件，是一起偶然事件。对马某的死亡，高速公路公司具有一定的责任。当然马某对这起事件承担主要责任。

三、结论

基于马某的死亡是意外事件，不属于交通事故所致，所以，甲保险公司和丙保险公司不应承担赔偿责任。

车上货物掉落致人死亡，保险公司应承担多少赔偿责任[①]

案情简介

2010年4月1日21时左右，在唐山市古冶区赵各庄附近，常某、张某驾驶的大货车由北向东左转弯时，车上所载的大石块与横跨道路的电线发生剐蹭，石块掉落，导致由东向北右转弯的边某死亡、王某受伤。

交警部门认定，在此次事故中，常某、张某驾驶超速、超高、未封盖的机动车，私自加高栏板，逆向行驶。根据《道路交通安全法》第十六条的规定："任何单位或者个人不得有下列行为：（一）拼装机动车或者擅自改变机动车已登记的结构、构造或者特征……。"《道路交通安全法》第四十八条第一款的规定："机动车载物应当符合核定的载质量，严禁超载；载物的长、宽、高不得违反装载要求，不得遗洒、飘散载运物。"《河北省实施〈中华人民共和国道路交通安全法〉办法》第三十六条的规定："货运机动车载运易遗洒、飘散的载运物，应当使用封闭货厢或者采用其他方式封盖严密。"《道路交通安全法》第三十五条的规定："机动车、非机动车实行右侧通行。"认定常某、张某负事故的全部责任，边某、王某无责任。

经查，大货车已经投保了交强险、第三者责任险，保险期间自2010年3月10日至2011年3月9日止。

死者家属将常某、张某和大货车投保的某保险公司（以下简称"保险公司"）告上法庭，提出赔偿各项经济损失共计47万余元。

[①] 王卫国、肖斌：《车上货物掉落致人死亡，保险公司应承担多少赔偿责任》，发表在《中国保险报》，2011年5月9日。

评析

一、死者家属能否直接起诉保险公司

关于交通事故发生后，受害人是否可以直接向保险公司行使赔偿请求权，《机动车交通事故责任强制保险条例》（以下简称《交强险条例》）并没有明确规定。《交强险条例》第二十八条规定："被保险机动车发生道路交通事故的，由被保险人向保险公司申请赔偿保险金。保险公司应当自收到赔偿申请之日起1日内，书面告知被保险人需要向保险公司提供的与赔偿有关的证明和资料。"第三十一条规定，"保险公司可以向被保险人赔偿保险金，也可以直接向受害人赔偿保险金。但是，因抢救受伤人员需要保险公司支付或者垫付抢救费用的，保险公司在接到公安机关交通管理部门通知后，经核对应当及时向医疗机构支付或者垫付抢救费用。"《保险法》第六十五条规定："保险人对责任保险的被保险人给第三者造成的损害，可以依照法律的规定或者合同的约定，直接向该第三者赔偿保险金。责任保险的被保险人给第三者造成损害，被保险人对第三者应负的赔偿责任确定的，根据被保险人的请求，保险人应当直接向该第三者赔偿保险金。被保险人怠于请求的，第三者有权就其应获赔偿部分直接向保险人请求赔偿保险金。"根据《保险法》的上述规定，受害人可以直接向保险人请求赔偿。所以，在本案中，死者家属起诉保险公司是有法律依据的。

二、保险公司是否应在交强险限额内赔偿

《交强险条例》第二十三条规定："机动车交通事故责任强制保险在全国范围内实行统一的责任限额。责任限额分为死亡伤残赔偿限额、医疗费用赔偿限额、财产损失赔偿限额以及被保险人在道路交通事故中无责任的赔偿限额。"可见，交强险赔偿分为被保险人有责和无责两种赔偿限额。根据《机动车交通事故责任强制保险条款》第八条的规定："在中华人民共和国境内（不含港、澳、台地区），被保险人在使用被保险机动车过程中发生交通事故，致使受害人遭受人身伤亡或者财产损失，依法应当由被保险人承担的损害赔偿责任，保险人按照交强险合同的约定对每次事故在下列赔偿限额内负责赔偿：（一）死亡伤残赔偿限额为110000元；（二）医疗费用赔偿限额为10000元；（三）财产损失赔偿限额为2000元；（四）被保险人无责任时，无责任死亡伤残赔偿限额为11000元；无责任医疗费用赔偿限额为1000元；无责任财产损失赔偿限额为100元。死亡伤残赔偿限

额和无责任死亡伤残赔偿限额项下负责赔偿丧葬费、死亡补偿费、受害人亲属办理丧葬事宜支出的交通费用、残疾赔偿金、残疾辅助器具费、护理费、康复费、交通费、被扶养人生活费、住宿费、误工费，被保险人依照法院判决或者调解承担的精神损害抚慰金。医疗费用赔偿限额和无责任医疗费用赔偿限额项下负责赔偿医药费、诊疗费、住院费、住院伙食补助费、必要的、合理的后续治疗费、整容费、营养费。"在本案中，由于常某、张某负事故的全部责任，所以保险公司应承担死亡赔偿金11万元。

三、保险公司是否应在第三者责任险限额内赔偿

由于肇事车辆投保了第三者责任险，死者家属提出的赔偿数额高达47万余元，在交强险赔偿了11万元后，仍有36万元需要继续赔偿。如果符合第三者责任险的赔付条件，常某、张某就可以减轻自己的负担。所以本案的关键是第三者责任险的免责条款都包括哪些内容？

该保险公司《机动车第三者责任保险条款》第四条规定："被保险人或其允许的合法驾驶人在使用被保险机动车过程中发生意外事故，致使第三者遭受人身伤亡或财产直接损毁，依法应当由被保险人承担的损害赔偿责任，保险人依照本保险合同的约定，对于超过机动车交通事故责任强制保险各分项赔偿限额以上的部分负责赔偿。"第六条规定："下列情况下，不论任何原因造成的对第三者的损害赔偿责任，保险人均不负责赔偿：（一）地震、战争、军事冲突、恐怖活动、暴乱、扣押、收缴、没收、政府征用；（二）竞赛、测试、教练，在营业性维修、养护场所修理、养护期间；（三）利用被保险机动车从事违法活动；（四）驾驶人饮酒、吸食或注射毒品、被药物麻醉后使用被保险机动车；（五）事故发生后，被保险人或其允许的驾驶人在未依法采取措施的情况下驾驶被保险机动车或者遗弃被保险机动车逃离事故现场，或故意破坏、伪造现场、毁灭证据；（六）驾驶人有下列情形之一者：1.无驾驶证或驾驶证有效期已届满；2.驾驶的被保险机动车与驾驶证载明的准驾车型不符；3.实习期内驾驶公共汽车、营运客车或者载有爆炸物品、易燃易爆化学物品、剧毒或者放射性等危险物品的被保险机动车，实习期内驾驶的被保险机动车牵引挂车；4.持未按规定审验的驾驶证，以及在暂扣、扣留、吊销、注销驾驶证期间驾驶被保险机动车；5.使用各种专用机械车、特种车的人员无国家有关部门核发的有效操作证，驾驶营业性客车的驾驶人无国家有关部门核发的有效资格证书；6.依照法律法规或公安机关交通管理部门有关规定不允许驾驶被保险

机动车的其他情况下驾车；（七）非被保险人允许的驾驶人使用被保险机动车；（八）被保险机动车转让他人，未向保险人办理批改手续；（九）除另有约定外，发生保险事故时被保险机动车无公安机关交通管理部门核发的行驶证和号牌，或未按规定检验或检验不合格；（十）被保险机动车拖带未投保机动车交通事故责任强制保险的机动车（含挂车）或被未投保机动车交通事故责任强制保险的其他机动车拖带。"

常某、张某已经被追究了交通肇事罪的刑事责任，在本案刑事附带民事起诉书中，有这样几句话："被告人常某、张某作为交通运输人员，在明知违反道路交通安全法律、法规的情况下，仍驾驶超载、超高的未封盖的机动车，私自加高栏板，逆向行驶，发生一死一伤的恶性交通事故，且未积极施救，逃离现场。"

我们看到，在第六条第（五）项有这样的规定："事故发生后，被保险人或其允许的驾驶人在未依法采取措施的情况下驾驶被保险机动车或者遗弃被保险机动车逃离事故现场，或故意破坏、伪造现场、毁灭证据。"常某、张某是否存在逃逸的行为，在交警部门的事故责任认定书中并未体现。如果法院在刑事审判中认定逃逸的话，就属于第三者责任险不予赔偿的情形。也就是说，保险公司无须进行赔偿，只能由常某、张某个人进行赔偿。如果逃逸行为没有得到法院的认定，那么保险公司仍然要承担第三者责任险的赔偿责任。

车辆被盗未遂，损失谁来赔[①]

案情简介

陈某为爱车向某保险公司投保了车损险和盗抢险。2014 年 12 月 16 日，陈某发现停放在小区楼下的车辆被盗，即向某保险公司及公安机关报案。公安机关给出的勘察意见为：陈某正常停放的车辆被向前移动了十几米，且右后车窗被撬开，车控台严重破坏，以盗窃未遂立案侦查。陈某就车辆的损失向保险公司提出赔付申请遭到拒绝。

保险公司认为，陈某的车辆属于盗窃未遂，依据保险合同约定，非全车遭盗窃，仅车上零部件或附属设施被盗或损坏的，不属于保险公司赔付的范围，故不予赔付。陈某则认为，拒赔理由系保险公司单方制作的格式合同，未尽明确说明义务应当承担赔偿责任，因此请求法院依法判令其支付拖车费、车辆维修费等费用共计 1.3 万元。

某法院一审判决某保险公司给付陈某保险金 1.3 万元。

争议焦点

本案的争议焦点是：全车盗抢险是否以全车盗窃既遂为要件，即全车盗抢险"车辆被盗未遂不赔"免责条款的法律效力如何。

法理评析

如果保险公司对于保险合同的免责条款未履行《保险法》第十七条所规定的提示及明确说明义务，那么保险公司就应当就车辆损失部分作出理赔。假设保险公司已按要求对免责条款的内容作出提示及明确说明，并能举证证明，那么车辆被盗未遂所受的损失，保险公司究竟赔不赔？

[①] 王卫国、郭亚宁：《车辆被盗未遂，损失谁来赔》，发表在《中国保险报》，2015 年 7 月 29 日。

一、车损险和盗抢险的相关规定

（一）车损险免责条款的相关规定

《中国保险行业协会机动车综合商业保险示范条款》（2014版）（以下简称《示范条款》）第一章机动车损失险第十条第（六）项规定："被保险机动车全车被盗窃、被抢劫、被抢夺、下落不明，以及在此期间受到的损坏，或被盗窃、被抢劫、被抢夺未遂受到的损坏，或车上零部件、附属设备丢失"，保险人不负责赔偿。

（二）全车盗抢险保险责任的相关规定

《示范条款》第四章机动车全车盗抢保险第五十一条规定："保险期间内，被保险机动车的下列损失和费用，且不属于免除保险人责任的范围，保险人依照本保险合同的约定负责赔偿：（一）被保险机动车被盗窃、抢劫、抢夺，经出险当地县级以上公安刑侦部门立案证明，满60天未查明下落的全车损失；（二）被保险机动车全车被盗窃、抢劫、抢夺后，受到损坏或车上零部件、附属设备丢失需要修复的合理费用；（三）被保险机动车在被抢劫、抢夺过程中，受到损坏需要修复的合理费用。"据此，投保车辆因被盗未遂而受损，损失发生在保险车辆被盗窃的过程中，据该条款第（三）项的说法被盗未遂的损失也不在盗抢险的赔偿范围之内。

（三）盗抢险免责条款的相关规定

《示范条款》第四章机动车全车盗抢保险第五十三条第五项规定："下列损失和费用，保险人不负责赔偿：（五）非全车遭盗窃，仅车上零部件或附属设备被盗窃或损坏"，保险人不负责赔偿。

对比上述车损险免责条款和全车盗抢险责任范围的规定，可以得出：

（1）被保险机动车全车被盗窃、被抢劫、被抢夺，由全车盗抢险赔付。

（2）被保险机动车全车被盗窃、被抢劫、被抢夺后，所受损坏或车上零部件、附属设备丢失需要修复的合理费用，由全车盗抢险赔付。

（3）被保险机动车在被盗窃过程中，受到的损坏，车损险和盗抢险都不赔。

（4）被保险机动车全车盗窃未遂，车损险及全车盗抢险都不赔。

从保险原理上来讲，车损险和盗抢险在车辆遭受意外损失和他人蓄意盗窃、抢劫、抢夺而受损两类情况下，保险公司予以赔付。而盗抢险对于车辆盗窃未遂不赔的规定实际上缩小了保险人的赔偿范围，同时造成了车辆被盗未遂赔付问题上的法律空白。若投保人同时投保车损险和盗抢险，车辆被盗未遂受损，但车损险和盗抢险都不予理赔，车主损失自担，这显失公平。

二、全车盗抢险是否以全车遭盗抢既遂为要件

由上述可知车损险和盗抢险都将车辆被盗未遂受到的损失列为自己的免责范围，投保车辆在被盗窃过程中受到的损失，如果想让保险公司承担赔偿责任，还必须有一个前提条件：车辆被盗既遂。唯此，全车盗抢险才会予以赔付。如果车主及时发现或者由于其他原因车辆被盗未遂，那么车辆在被盗窃过程中受到的损失保险公司不负责理赔。按此逻辑，就会得出车辆被窃贼盯上时，车主只能祈祷整车被盗走。因为盗窃未遂得不到任何赔偿，整车被盗才可进行赔付。这样的结论令人匪夷所思。

《保险法》第十九条规定："采用保险人提供的格式条款订立的保险合同中的下列条款无效：（一）免除保险人依法应承担的义务或者加重投保人、被保险人责任的；（二）排除投保人、被保险人或者受益人依法享有的权利的。"

在车损险的免责条款中，车辆被盗窃、被抢劫、被抢夺是导致车辆受损的三个效果相同的并列条件，三者具有同等的地位。反观全车盗抢险，其对车辆在被抢劫、被抢夺过程中的损失予以赔付，而对车辆在被盗窃过程中的损失却不予赔付，这显然不合理。无论车辆盗窃未遂、抢劫未遂还是抢夺未遂而受损，所造成的投保人受损的客观结果都是相同的。全车盗抢险无任何理由将此三种情况区别对待。保险人仅将车辆盗窃未遂列为自己的免责条款，是因其考虑到盗窃未遂发生的风险概率相对较高，因此赔付成本较高，这排除了投保人应享有的权利，免除了保险人应承担的义务。我们认为全车盗抢险"车辆被盗未遂不赔"免责条款无效。

结合本案，陈某正常停放的车辆被向前移动了十几米，车辆行窃者偷盗全车的意图明显。其行为的指向就是能够开走车子，而不是车内财物。盗窃的性质已确定。车子因盗窃而受损，保险人有义务承担修车责任，被保险人既已缴纳盗抢险保费，就有权利在车辆被盗窃受损后要求赔偿。

三、如果没有投保盗抢险，车辆被盗未遂的损失车损险赔吗

《示范条款》第一章机动车损失险第十条第（六）项规定："被保险

机动车全车被盗窃、被抢劫、被抢夺、下落不明，以及在此期间受到的损坏，或被盗窃、被抢劫、被抢夺未遂受到的损坏，或车上零部件、附属设备丢失"，保险人不负责赔偿。

车损险条款已经明确了盗窃未遂造成的损失不赔，那么这样规定的目的是什么？是否考虑到这种情况属于盗抢险的责任范围？但是，盗抢险又将这种情况列为免责范围，那么我们会问，这个损失只能由投保人自认倒霉吗？况且，盗抢险不是人人都购买的险种。这样的制度设计有点"坑人"的感觉。

不管车辆损坏是自己过失造成的，还是他人造成的，只要购买了车损险，那么保险公司理应赔偿。从车损险的"免赔率与免赔额"的相关规定中就可以找到答案。第十一条规定："保险人在依据本保险合同约定计算赔款的基础上，按照下列方式免赔：……（二）被保险机动车的损失应当由第三方负责赔偿，无法找到第三方的，实行30%的绝对免赔率"。从该规定可以看出，在无法找到第三方的情况下，保险公司仍然承担赔偿责任。车辆被盗抢，有时能找到肇事者，即第三方。如果保险公司已经进行了赔偿，可以向肇事者追偿，行使代位追偿权；有时公安机关没有破案，无法找到第三方，那么这种情况按照条款规定也应该赔。况且，投保人对损失的发生并不存在过错。甚至，车辆被盗抢往往是车主无法预料的。保险公司不应把自己应当承担的责任转嫁给保险消费者。

四、是全车盗抢险还是盗抢险？

从2015年6月1日起，商业车险费率改革试点的六个地区黑龙江、广东、广西、重庆、陕西、青岛，开始使用新版的《示范条款》其他地区基本上还是使用以前的版本。查阅了几家大公司的盗抢险条款，名称基本上都是"盗抢险"，不是"全车盗抢险"。既然叫全车盗抢险，给人的印象是，全车被盗抢由该险种来赔。如果全车没有被盗抢，只是车上零件的损坏，就不应赔偿，而由车损险来赔。

笔者认为，目前的《示范条款》并没有处理好车损险与盗抢险的关系。从《示范条款》的设计来看，两者同属于主险，应该是并列关系，不是补充关系。按理说，如果没有购买盗抢险，因盗抢发生的任何损失均不予赔偿，不管是盗抢既遂还是未遂。但这样的推理对本文讨论的案例又是不公平的。所以，应该协调好二者的保险责任范围。如果全车被盗抢，适用全车盗抢险条款。如果盗抢未遂，只是部分零件的损失，应由车损险来赔。

五、对保险免责条款的说明义务

《保险法》第十七条规定:"订立保险合同,采用保险人提供的格式条款的,保险人向投保人提供的投保单应当附格式条款,保险人应当向投保人说明合同的内容。对保险合同中免除保险人责任的条款,保险人在订立合同时应当在投保单、保险单或者其他保险凭证上作出足以引起投保人注意的提示,并对该条款的内容以书面或者口头形式向投保人作出明确说明;未作提示或者明确说明的,该条款不产生效力。"

《保险法司法解释》(二)第十条规定:"保险人将法律、行政法规中的禁止性规定情形作为保险合同免责条款的免责事由,保险人对该条款作出提示后,投保人、被保险人或者受益人以保险人未履行明确说明义务为由主张该条款不生效的,人民法院不予支持。"

然而,本案"非全车遭盗窃,仅车上零部件或附属设备被盗窃或损坏"的规定不属于法律、行政法规中禁止性规定情形。如果保险人对该条款作出提示后,没有对免责条款作出明确说明,该条款无效。那么如何判断保险人对保险合同中免除保险人责任的条款,作出足以引起投保人注意的提示,并且作出明确说明了呢?

《保险法司法解释》(二)第十一条规定:"保险合同订立时,保险人在投保单或者保险单等其他保险凭证上,对保险合同中免除保险人责任的条款,以足以引起投保人注意的文字、字体、符号或者其他明显标志作出提示的,人民法院应当认定其履行了《保险法》第十七条第二款规定的提示义务。保险人对保险合同中有关免除保险人责任条款的概念、内容及其法律后果以书面或者口头形式向投保人作出常人能够理解的解释说明的,人民法院应当认定保险人履行了《保险法》第十七条第二款规定的明确说明义务。"

该条规定明确了提示的载体、方式和程度。提示的载体包括投保单或者保险单等其他保险凭证。提示的方式是文字、字体、符号或者其他标志与合同的其他部分明显不同,如采用大字号、特殊字体、加黑加粗、倾斜等方法。提示的程度是足以引起当事人的注意,说明的标准是作为常人(普通人)能够理解即可。同时保险人对说明义务负有举证责任。

《保险法司法解释》(二)第十三条规定:"保险人对其履行了明确说明义务负举证责任。投保人对保险人履行了符合本解释第十一条第二款要求的明确说明义务在相关文书上签字、盖章或者以其他形式予以确认的，应当认定保险人履行了该项义务。但另有证据证明保险人未履行明确说明义务的除外。"

根据民事诉讼谁主张谁举证的规则，如果保险人声称已经履行了明确说明义务，那么应当承担举证责任。如果保险人拿出了已经经过投保人签字或盖章的保险凭证，那么，就应当认定保险人的说明义务履行完毕，保险人可以免责。但本案中保险公司由于未尽到明确说明义务，故无法相应举证，我们认定该免责条款无效。

超出赔偿限额后保险公司还需要承担责任吗

案情简介

2012年5月22日1时35分左右,师某驾驶辽×××××号半挂货车,行驶到京哈高速某路段时,因忽视交通安全,采取措施不当,与车辆发生故障后未按规定在应急车道内停车,且低于规定时速行驶,与魏某驾驶的冀×××××号重型货车相撞,造成辽×××××号半挂货车乘车人图某死亡,两车不同程度损坏的交通事故。此事故交警部门认定,师某、魏某负事故的同等责任,图某无责任。

经查,师某驾驶的半挂货车隶属于沈阳某运输公司,在A保险公司投保了"乘客车上人员责任险",限额为10万元,不计免赔。魏某驾驶的重型货车在B保险公司投保了交强险,限额为12.2万元,商业三者险30万元。

本案虽起因于一场普通的交通事故,但引发了四场官司。

先是死者家属起诉到辽宁省甲县法院,提出了总额为96万余元的赔偿请求。一审法院判决B保险公司赔偿41万元。B保险公司不服,上诉到辽宁省乙市中级人民法院。2013年2月16日,二审法院维持了一审判决。

另一起诉讼的原告是沈阳某运输公司,被告则是冀×××××号重型货车车主以及车辆投保的B保险公司。诉讼请求是要求被告及投保公司赔偿修车费、施救费共计7万多元。辽宁省丙县法院于2012年12月25日作出一审判决,B保险公司在交强险财产损失赔偿限额4000元范围内足额赔偿给原告,在第三者责任险剩余限额范围内赔偿原告经济损失6.8万元。B保险公司不服,提起上诉。辽宁省丁市中级法院审理认为,就一起事故造成多名不同受害人的情况下,B保险公司将赔款全部支付给一方的行为违反了公平原则,判决B保险公司在第三者责任险剩余限额范围内赔偿沈阳某运输公司经济损失6.8万元。

> **争议焦点**
>
> 超出保险限额的赔偿如何处理?

> **法理分析**

一、可类推适用按损失比例确定赔偿数额的做法

《最高人民法院关于审理道路交通事故损害赔偿案件适用法律若干问题的解释》第二十二条规定:"同一交通事故的多个被侵权人同时起诉的,人民法院应当按照各被侵权人的损失比例确定交强险的赔偿数额。"虽然本案争议的问题是商业三者险的赔偿数额,但原理是相同的,完全可以类推适用该规定。

司法解释的该条规定是基于民法的原理。对于多个被侵权人而言,其对保险公司的债权是平等的。按照债权平等的一般原理,在同一标的物上可以同时并存数个债权,而且数个债权人对同一债务人发生数个债权时,其效力一律平等,不因其成立先后、数量多寡而有效力上的优劣;对同一债务人的数个债权,只要已到清偿期,对债务人的一般责任财产都有平等的受偿权。但是,由于在许多案件中,保险赔偿责任限额内的保险金不足以赔偿所有被侵权人的损失,因此,为了保证所有被侵权人公平的获得赔偿,应当将全体债权人作为一个整体看待,由各被侵权人按照损失比例确定在保险中的赔偿数额。

结合本案,B保险公司赔偿的限额为42.2万元,已经赔偿给死者家属41万余元,可以说已经没有剩余款项再去赔偿。但是,丙丁两级法院却认为B保险公司的赔偿存在过错,不应把全部赔款都赔给死者家属一方,而应拿出一部分款项赔偿给运输公司。那么,这种观点能否成立呢?

根据上述民法原理,从实体法上讲,法院的理解是正确的。在本案中,由于存在多个受害方,赔偿数额总和已经超出了保险公司的赔偿限额。那么,在这种情况下,死者家属和运输公司作为债权人,地位是平等的,因为不存在债权先后的问题。既然债权平等,那么保险公司作为债务人(实际是保险公司作为第三人代为清偿),应同时履行受害方的债务,不能有先后之分。

二、法院审理案件是否存在程序上的问题

《最高人民法院关于审理道路交通事故损害赔偿案件适用法律若干问题的解释》第二十二条规定:"同一交通事故的多个被侵权人同时起诉的,

人民法院应当按照各被侵权人的损失比例确定交强险的赔偿数额。"本条司法解释规定了同一交通事故的多个被侵权人同时起诉时,人民法院如何处理的问题。但是,对于多个被侵权人未同时在同一法院起诉的,人民法院如何处理呢?

(一) 多个被侵权人分别在不同法院起诉的问题

对于多个被侵权人分别向不同的法院起诉且均有管辖权的,实践中的一种做法是由最先受理的法院管辖,后受理的法院将案件移交给先受理的法院合并审理。此种做法的理由是,为了实现工作协调和判决的一致性。另一种做法是确定由最先受理的法院管辖,后受理的法院动员当事人撤诉然后到最先受理的法院重新起诉。此种做法的理由是,如果当事人经法院释明后自愿撤诉的,则符合《民事诉讼法》关于共同诉讼的规定。但法院不能强迫当事人撤诉,如果当事人经释明后不撤诉的,不同的法院之间应该加强沟通协调,尽可能同时作出判决。

结合本案,2012年9月27日,甲县人民法院作出一审判决。2013年2月16日,乙市中级人民法院作出二审判决。2012年12月25日,丙县人民法院作出一审判决时,乙市中级人民法院还处在案件审理中,并没有作出二审判决。此时如果彼此能进行沟通,也不会导致2013年5月8日丁市中级人民法院的判决。

无论怎样,B保险公司的确是非常冤枉的。现在,二审判决均已生效。B保险公司下一步只能走申诉之路了。

(二) 多个被侵权人未同时起诉如何处理

实践中,同一起交通事故中存在多名受害人且保险赔偿限额不足以全额赔偿,部分受害人先起诉,此时,法院是否需要通知其他被侵权人参加诉讼,应该如何确定保险责任限额的分配,是否需要预留份额。对此,主要做法有:

1. 应通知其他受害人

对只有部分受害人起诉的,根据交通事故认定书上确定的当事人找出车辆保险赔偿的受害人,由受案法院通知其他未起诉的受害人参加诉讼。当其他受害人明确表示放弃权利的,就不再预留保险赔偿份额,否则就应由其他受害人都参加到诉讼中来一并处理。部分法院的做法是,如果仅有部分赔偿权利人起诉,法院应当通知未起诉的赔偿权利人作为有独立请求权的第三人参加诉讼，一并审理。还有部分法院的做法是，如果只有部分被侵权人起诉的，法院应当通知未起诉的被侵权人在合理的期限内起诉，如果逾期不起诉，在保险责任限额已被分配完毕的情况下，将不能向保险公司主张保险赔偿。

2. 无需通知其他被侵权人参加诉讼

同一起交通事故中存在多名受害人且保险责任赔偿限额不足以全额赔偿，部分受害人先起诉的，人民法院应当在保险赔偿限额内为其他受害人保留必要的赔偿份额。还有部分法院的做法是，部分被侵权人起诉的，法院对于各受损主体的起诉均可以按照单一受害人的案件进行正常审理，并且在无需查明受损总额或比例的情况下作出判决，将清偿的具体数额放到实际履行或执行程序中解决。

以上是实践中法院的做法，可以看出，全国没有统一的做法，各法院的处理方式并不完全一致。但笔者比较后认为，应通知其他受害人参加诉讼比较合理。因为，对法院来说，合并审理可以节约诉讼资源，尽快解决纠纷，提高审判效率。对受害人而言，通知所有人参加诉讼，可以避免诉累，节约诉讼成本，并能充分维护自身的权益。对保险公司而言，既可以节约成本，又可以避免像本案出现的情况，已经全额赔偿了，还需要超额赔偿的尴尬局面。

三、保险公司是否存在工作疏漏

回顾案件的进展，我们发现在甲县人民法院判决之前，保险公司并未提出赔偿范围的问题，也就是说，没有把运输公司的车辆损失考虑进来。在丙县人民法院作出判决后，乙市中级人民法院还没有下判决，此时的保险公司没有申请追加运输公司参加诉讼。特别是缺席丙县人民法院的审理，失去了表达诉求的机会。丁市中级人民法院作出判决后，保险公司又错失了申请再审的时间，使得案件进入到执行程序。所以说，本案中保险公司存在多个失误。既然存在过错，就要为自己的疏忽付出代价了。

厂区卸货出意外，责任属于谁[1]

案情简介

2012年5月26日，原告为其所有的一辆自卸汽车在被告某保险公司处投保了交强险和商业险。保险期间为2012年5月27日零时起到2013年5月26日二十四时止。商业险承保险种有：车辆损失险，保险金额为37.7万元；车上人员责任险，每座5万元；第三者责任险，赔偿限额50万元。2013年3月12日15时许，原告驾驶自卸汽车在某公司院内卸车时（车辆已熄火），在后斗内用铁锹卸料，不慎连料带人滑到地面，后被自卸汽车后斗的后门砸伤头部和肩部。原告要求被告保险公司赔偿治疗费、误工费、伙食补助费、交通费、鉴定费等各项费用共计12万多元。被告保险公司以该事故不属于交通事故为由拒绝理赔。双方发生纠纷，诉至法院。

经核实，车辆的投保人、被保险人和驾驶人均为原告本人。

争议焦点

（1）此次事故是否属于交通事故？
（2）原告是否属于"第三者"？

法理评析

一、厂区内卸货时发生事故，是否属于"交通事故"

（一）"道路"的界定

《中华人民共和国道路交通安全法》第一百一十九条规定，"交通事故"是指车辆在道路上因过错或者意外造成的人身伤亡或者财产损失的事件。"道路"是指公路、城市道路和虽在单位管辖范围但允许社会机动车通行的地方，包括广场、公共停车场等用于公众通行的场所。

---

[1] 凌湄、王卫国：《厂区卸货出意外，责任属谁》，发表在《中国保险报》，2013年9月26日。

根据上述规定，本案发生在公司院内，既不属于道路，也不属于"虽在单位管辖范围但允许社会机动车通行的地方"。一般来说，公司院内是相对封闭的，不对外开放。如果从《道路交通安全法》对"道路"的定义看，确实不属于"道路"。

（二）"交通事故"的界定

《道路交通安全法》第七十七条规定，车辆在道路以外通行时发生的事故，公安机关交通管理部门接到报案的，参照本法有关规定办理。该规定包含两个要素：一是在道路以外的地方，二是通行时。

《机动车交通事故责任强制保险条例》第四十三条规定："机动车在道路以外的地方通行时发生事故，造成人身伤亡、财产损失的赔偿，比照适用本条例。"

结合本案，公司院内属于在道路以外的地方，自卸车卸货时是否属于"通行时"存在很大的争议。

一种观点认为，关于第三者责任保险，其针对的是被保险人或其允许的合法驾驶人在使用保险车辆过程中发生意外事故造成人身伤亡和财产损失的情况。车辆作为一种交通工具，其是否处于使用状态应当结合其是否发挥交通工具的功能予以考察，并非所有事故均与车辆的使用有关。如果车辆处于熄火、静止状态，车辆就不属于使用状态，当然不属于"通行时"。

另一种观点认为，如果车辆并未熄火，虽然处于静止状态，但仍然处于操作状态，那么就应属于使用状态，当然属于"通行时"。

（三）静止车辆发生事故如何认定

交强险中一般把保险事故限定为"使用被保险车辆"过程中发生的保险事故。也就是说，要求车辆发生事故是在车辆行进过程中作为交通主体被使用。静止的车辆能否作为交通主体，能否适用交强险呢？如果静止的车辆发生事故，如本案在卸货过程中发生事故，保险公司应否予以赔偿呢？有观点认为，要看静止的车辆在整个事故中处于何种地位，是否是交通行为的参与者。如果该车是在行进中因为塞车而长时间停滞于某条公路上，很显然该车虽然静止，但是依然参与了交通行为，一旦发生了交通事故，保险公司必须予以赔偿。如果该车是被借用到工地上，作为替代性的装载工具，也就是说，并未参与到公共交通中去，也没有作为交通工具使用的目的，则该车不应该被认为是"使用被保险车辆"。发生事故，应该按照工程事故的处理由责任人承担责任,保险公司不应负责。如果该车就是一个货车,刚刚到达目的地,在卸货的过程中发生了事故。由于货车主要经营的是运输货物业务,装货和卸货系货车的使用方式之一,并不能狭义的认为车辆在行驶中才属于使用车辆。该事故宜认定为是交通行为尚未完成过程中发生的事故,该车应该认为是"使用被保险车辆",发生事故应按照出险赔偿[①]。

我们对上述部分观点持赞同意见,但对货车卸货出险属于保险事故持保留意见。我们不否认货车的功能是运输货物,装货和卸货系货车的使用方式之一。但并不是所有的卸货行为均与"通行"相关。就拿本案来说,自卸车已经熄灭,车辆并未处于通行状态,而是处于作业状态。车主自行卸货,由于操作不慎酿成事故,这是一起安全事故,不是交通事故,受害人本人负有不可推卸的责任。即便车辆没有熄火,车主自行卸货,由于操作不慎酿成事故也不能算作是交通事故。换句话说,静止状态的车辆出现事故是否属于交通事故要结合个案来分析。

故虽然可以认定厂区属于道路以外的地方,但是车辆并非处于"通行时",而是处于作业时。所以,本案不属于交通事故,交强险和商业三者险当然不应赔偿。

二、原告是否属于第三者

这是一个无论在理论界还是实务界都颇具争议的问题。

(一)《交强险条例》对"第三者"范围的界定

《机动车交通事故责任强制保险条例》(以下简称《交强险条例》)第三条规定:"机动车交通事故责任强制保险,是指由保险公司对被保险机动车发生道路交通事故造成本车人员、被保险人以外的受害人的人身伤亡、财产损失,在责任限额内予以赔偿的强制性责任保险。"

《交强险条例》第二十一条规定:"被保险机动车发生道路交通事故造成本车人员、被保险人以外的受害人人身伤亡、财产损失的,由保险公司依法在机动车交通事故责任强制保险责任限额范围内予以赔偿。"根据上述规定,交强险的赔偿对象是除本车人员、被保险人以外的受害人(习惯

---

① 王林清:《保险法理论与司法适用——新保险法实施以来热点问题研究》,法律出版社2013年7月版,第680页。

上称为"第三者"),即被保险人(此处包括投保人)的伤害不属于交强险的赔偿范围。

《交强险条例》第四十二条第(一)、(二)项规定:"投保人,是指与保险公司订立机动车交通事故责任强制保险合同,并按照合同负有支付保险费义务的机动车的所有人、管理人;被保险人,是指投保人及其允许的合法驾驶人。"

从上述规定可以看出,"第三者"不包括投保人。结合本案案情,原告是集投保人、被保险人、驾驶人于一身,依照《交强险条例》上述规定,原告不属于第三者。

(二)《道路交通事故司法解释》对本案的影响

2012年11月27日,最高人民法院发布了《最高人民法院关于审理道路交通事故损害赔偿案件适用法律若干问题的解释》(简称《道路交通事故司法解释》),该司法解释自2012年12月21日起施行。其中第十七条规定:"投保人允许的驾驶人驾驶机动车致使投保人遭受损害,当事人请求承保交强险的保险公司在责任限额范围内予以赔偿的,人民法院应予支持,但投保人为本车上人员的除外。"

《道路交通事故司法解释》第十七条是针对发生交通事故时,本车的实际驾驶人不是投保人,非车上人员的投保人受到本车损害,即投保人与其允许的驾驶人分离的情况下,能否作为"第三者"获得交强险赔偿问题所作出的规定。

但结合本案案情,原告自己驾驶车辆卸货,并没有其他人的出现,显然不能适用该条规定。

(三) 投保人能否成为"第三者"的争议

关于投保人能否转化为"第三者"的问题,主要有三种观点:

第一种观点:否定说。

该说认为,《交强险条例》第四十二条对"被保险人"进行了明确定义,即投保人及其允许的合法驾驶人,既然被保险人包括投保人,而《交强险条例》第三条和第二十一条明确将"被保险人"排除在赔偿范围之外,则投保人不能纳入"第三者"范围。同时,交强险是以被保险人对第三人依法应负的民事赔偿责任为保险标的,被保险人包括投保人,则投保人如果纳入"第三者"范围,就成了自己对自己赔偿,违背了立法本意,容易诱发道德风险。

第二种观点：位置说。

该说认为，实践中发生过很多起投保人（驾驶人）在发生车祸的瞬间被甩出车外而伤亡的案件，此时，投保人位于车外，而非车上，应该认定为"第三者"。这就是位置说的核心内容：在车上就不算第三者，在车外就是第三者。

第三种观点：控制说。

该说认为，应根据发生事故时投保人对车辆是否具有控制力来判断是否属于"第三者"。例如投保人（驾驶员）下车后车辆倒滑致其死亡，再如司机下车修车过程中，车辆后溜导致伤亡的情况。以上情况都是司机暂时离开车辆后发生的事故。此时的车辆并没有离开司机的视线，还是具有一定的控制力的。不宜认定为"第三者"。如果认定这种情况是"第三者"的话，那么就能得出结论，不管什么人，只要在车外受到伤害，都是第三者，都能得到交强险的赔付，这显然违背了第三者责任险的立法宗旨。

我国台湾学者江朝国先生指出："于汽车交通事故中，从事危险活动之驾驶人所受之损害，乃属社会安全立法之领域，或其本身自行投保任意险之问题，故本法所指之受害人应专指责任保险中之第三人而言。""本法所称受害人应不包括自损事故之第一人即驾驶人在内。"① 也就是说，作为驾驶员应该知道自己从事工作的危险性，为了维护自身利益，应该购买意外伤害保险。不购买意外险，而把风险转嫁到第三者责任险上，对真正的第三者而言，是不公平的。当然，对驾驶员而言，还能通过其他的社会保障措施来维护他的权益。

（四）笔者观点

在投保人、被保险人、驾驶人为同一人的前提下，不管发生事故时投保人位于车内还是车外，不管投保人对车辆是否具有控制力，投保人都不能转化为"第三者"。笔者赞同否定说。

三、结论

纵观本案，我们认为，本案不属于交通事故，投保人不是"第三者"，故保险公司拒绝赔付是正确的。

---

① 江朝国编著：《强制汽车责任保险法》，中国政法大学出版社 2006 年 4 月版，第 109 页。

一只轮胎引发的保险纠纷[①]

一、案情

2010年3月29日,在北京磁各庄收费站附近,发生了一起离奇的交通事故,宋某被一只飞来的大货车轮胎当场撞死。交警事后查明,肇事大货车在撞人前刚刚砸了一辆车,跑丢了两只轮胎,至于轮胎何时飞出去的司机并不知情。当大货车司机得知撞死了一个人后颇感意外。经交警部门调查认定,这是一起交通意外事故,双方均无责。

死者家属将大货车车主郝某、大货车投保的保险公司告上法庭,提出了总额70余万元的赔偿,其中精神抚慰金20万元。

经查,肇事车辆已经投保了交强险、商业三者险等险种。其中,主车和挂车各投保了一份交强险。

二、双方对赔偿数额产生争议

(一) 保险公司的观点

保险公司根据交警部门的责任认定书,主张按比例赔偿。即根据交强险的最高限额11万元,由于主车、挂车各投保了一份交强险,故总额为22万元。依据《道路交通安全法》第七十六条的规定,机动车发生交通事故造成人身伤亡、财产损失的,由保险公司在机动车第三者责任强制保险责任限额范围内予以赔偿;不足的部分,按照下列规定承担赔偿责任:……(二)机动车与非机动车驾驶人、行人之间发生交通事故,非机动车驾驶人、行人没有过错的,由机动车一方承担赔偿责任;有证据证明非机动车驾驶人、行人有过错的,根据过错程度适当减轻机动车一方的赔偿责任;机动车一方没有过错的,承担不超过百分之十的赔偿责任。按照上述

[①] 王卫国、凌湄:《一只轮胎引发的保险纠纷》,发表在《中国保险》2011年第6期。

规定，结合交警部门的认定，保险公司只同意承担百分之十的赔偿责任，即2.2万元。

（二）车主（被保险人）的观点

车主（被保险人）认为，由于货车购买了交强险、商业三者险等保险，所以对于死者家属提出的赔偿，应由保险公司全部承担，他本人不应该再承担任何责任。而且认为，交强险应优先支付精神抚慰金，支付完了以后剩余部分再用交强险继续支付，交强险不够的情况下，再由第三者责任险支付。

三、法院判决

2010年10月12日，北京大兴区人民法院对本案作出一审判决：保险公司赔偿死者家属死亡赔偿金共计22万元，车主郝某某赔偿死者家属各种费用共计21万余元，其中精神损害抚慰金4.4万元。

被告保险公司对一审判决不服，准备提起上诉。理由是交警部门的事故责任认定书明确大货车车主没有责任，而法院却判决保险公司承担全部赔偿责任，这是无法接受的。

车主（被保险人）郝某认为，自己不应承担如此巨额的赔偿，应由保险公司承担全部责任。

双方都在等待法院二审的判决。

四、对本案的评析

（一）交通事故责任认定是否正确

交警部门认为，轮胎脱落致人死亡，司机没有明显的过错，属于交通意外。根据《道路交通事故处理程序规定》第四十六条第一款第（三）项规定，各方均无导致道路交通事故的过错，属于交通意外事故的，各方均无责任。

我们认为，交警部门对于事故责任的认定值得商榷。理由是：作为从事长途运输的车主或司机来讲，检查车辆状况是否适合行驶是应尽的义务。车辆的轮胎使用了多长时间，是否应该更换，是否出现事故隐患等等都是车主或司机的责任。在本案中，关于轮胎脱落的原因，大货车车主郝某也承认，轮胎使用时间久了就会磨损严重，磨损严重当然会导致脱落或其他严重事故。我们认为，没有及时检查轮胎的使用状况是导致事故发生的主要原因。进一步讲，车主或司机没有尽到自己应尽的注意义务，是存在明显的过错的，并不是像交警所说的没有明显的过错。

《中华人民共和国侵权责任法》第六条规定："行为人因过错侵害他人民事权益，应当承担侵权责任。根据法律规定推定行为人有过错，行为人不能证明自己没有过错的，应当承担侵权责任。"《中华人民共和国侵权责任法》第四十八条规定："机动车发生交通事故造成损害的，依照道路交通安全法的有关规定承担赔偿责任。"《道路交通安全法》第七十六条规定："机动车发生交通事故造成人身伤亡、财产损失的，由保险公司在机动车第三者责任强制保险责任限额范围内予以赔偿；不足的部分，按照下列规定承担赔偿责任：……（二）机动车与非机动车驾驶人、行人之间发生交通事故，非机动车驾驶人、行人没有过错的，由机动车一方承担赔偿责任；有证据证明非机动车驾驶人、行人有过错的，根据过错程度适当减轻机动车一方的赔偿责任；机动车一方没有过错的，承担不超过百分之十的赔偿责任。"根据上述有关法律规定我们认为，车主（被保险人）存在过错，应当承担赔偿责任。由于车主（被保险人）已经购买了交强险、第三者责任险等保险，所以应由保险公司在机动车第三者责任强制保险责任限额范围内予以赔偿，不足的部分，由第三者责任险进行赔偿，再不足的部分，由车主（被保险人）进行赔偿。

（二）法院一审判决是否正确

一审法院判决保险公司赔偿死者家属死亡赔偿金共计22万元。从中我们可以看出，法院没有根据交警部门的事故认定去判。因为如果采纳交警部门的责任认定的话，该起事故为交通意外事件、车主（被保险人）没有过错的话，应当判决保险公司承担百分之十的赔偿责任，即2.2万元。但是，最终的结果是22万元，不是2.2万元。实际上，法院还是认定车主（被保险人）具有过错的。我们赞同一审法院的判决。这起事件不是意外事故，而是责任事故，车主（被保险人）还是具有过错的。

（三）精神抚慰金是否可以漫天要价

死者家属提出高达20万元的精神抚慰金，我们认为过高。《最高人民法院关于确定民事侵权精神损害赔偿责任若干问题的解释》第十条规定："精神损害的赔偿数额根据以下因素确定：（一）侵权人的过错程度，法律另有规定的除外；（二）侵害的手段、场合、行为方式等具体情节；（三）侵权行为所造成的后果；（四）侵权人的获利情况；（五）侵权人承担责任的经济能力；（六）受诉法院所在地平均生活水平。法律、行政法规对残疾赔偿金、死亡赔偿金等有明确规定的，适用法律、行政法规的规定。"根据上述规定，20万元的精神损害赔偿数额显然过高。一审法院判决车主（被保险人）赔偿死者家属精神损害抚慰金4.4万元是合适的。

（四）商业三者险不赔偿精神抚慰金

在本案中，车主（被保险人）要求在交强险中先赔偿死者家属提出的精神抚慰金是有原因的。因为，商业第三者责任险条款中明确约定不承担"精神损害赔偿"，所以，车主（被保险人）只能寄希望于交强险。《机动车交通事故责任强制保险条款》第八条规定："在中华人民共和国境内（不含港、澳、台地区），被保险人在使用被保险机动车过程中发生交通事故，致使受害人遭受人身伤亡或者财产损失，依法应当由被保险人承担的损害赔偿责任，保险人按照交强险合同的约定对每次事故在下列赔偿限额内负责赔偿：（一）死亡伤残赔偿限额为110000元；（二）医疗费用赔偿限额为10000元；（三）财产损失赔偿限额为2000元；（四）被保险人无责任时，无责任死亡伤残赔偿限额为11000元；无责任医疗费用赔偿限额为1000元；无责任财产损失赔偿限额为100元。死亡伤残赔偿限额和无责任死亡伤残赔偿限额项下负责赔偿丧葬费、死亡补偿费、受害人亲属办理丧葬事宜支出的交通费用、残疾赔偿金、残疾辅助器具费、护理费、康复费、交通费、被扶养人生活费、住宿费、误工费，被保险人依照法院判决或者调解承担的精神损害抚慰金。"可见，精神损害抚慰金可以在交强险中得到赔偿，但法院并没有支持车主（被保险人）的要求。主要是基于本案的特殊性，因为本案是死者家属作为原告提起的诉讼，保险公司和车主（被保险人）都是被告。法院只能根据原告的诉讼请求作出判决，不会考虑车主（被保险人）的想法，在程序上没有错误。

（五）精神抚慰金可否优先赔偿

在交强险的各项赔偿中，精神损害赔偿能否优先于其他赔偿项目是一个有争议的问题。

第一种观点认为，交强险的赔偿项目应当按顺序进行赔偿。即在确定残疾赔偿金、死亡赔偿金等物质损害赔偿金的基础上，再计算赔偿精神损害抚慰金。也即"先物质后精神"。保险公司多坚持这种观点。

第二种观点认为，交强险的被保险人可以主张精神损害抚慰金在交强险内优先赔偿。其理由在于：一是在交强险合同条款中，以及《机动车交通事故责任强制保险条例》中都没有规定交强险中应赔偿项目的赔偿顺序，可以理解为所有项目的顺序是平等的，那么被保险人要求保险公司对其中任何一项赔偿要求进行理赔都具有法律依据。既然交强险合同条款中有赔偿精神损害抚慰金的约定，则被保险人依合同约定要求优先赔付精神损害抚慰金合法有据。二是交强险合同和条款属于保险公司提供的格式条款，当保险人与保险公司因条款内容理解发生争议时，依照《合同法》和《保险法》的规定，应作出有利于保险人和受益人的解释，而不利于保险公司的解释，即精神损害抚慰金可要求优先赔付。

第三种观点认为，对于精神损害抚慰金的诉讼请求，在交强险责任限额内，按照各项诉讼请求在总的诉讼请求中所占的比例予以赔偿，未得到赔偿的人身伤亡和财产损失部分，可在商业三者险中依约予以赔偿，即比例赔偿原则。

最高人民法院2008年10月16日给安徽省高级人民法院《关于机动车交通事故强制责任保险赔偿限额中物质损害赔偿和精神损害赔偿次序问题》的复函（〔2008〕民一他字第25号）中已经明确，精神损害赔偿与物质损害赔偿在强制责任保险限额中的赔偿次序，由请求权人自己选择。请求权人选择优先赔偿精神损害，对物质损害赔偿不足部分由商业第三者责任险赔偿。该复函虽然不是司法解释，但是我们认为，赋予请求权人的选择权能够最大限度地保护被保险人或受害人的利益，是符合立法精神的，应该予以采纳。

"五保户"被撞与交强险赔付[①]

一、案情[②]

2010年10月15日,湖北省石首市的建宁大道发生了一起严重的交通事故。一位70多岁的老人被当场撞死,40分钟后交警将肇事车辆和人员抓获。肇事司机牟某被捕后他承认了开车撞人的事实。被撞身亡的老人叫郑某,71岁,是石首市太平坊社区居委会的一个五保户。

事故发生后,牟某及其家人与太平坊社区居委会就赔偿问题达成协议,向居委会支付郑某的丧葬费11854.5元,死亡赔偿金138145.5元,总计15万元。

经查,牟某的车辆既投保了交强险,也投保了商业险。由于牟某肇事逃逸,按照商业险条款,保险公司不予理赔。但保险公司对交强险部分同样拒赔,理由是死者没有受益人。

二、观点之争

对于保险公司在交强险限额内是否承担赔偿责任,原被告的观点截然相反。

(一)原告的观点

1. 原告(牟某)认为,在交强险理赔范围内,只有四种情况保险公司是不赔的:一是驾驶人未取得驾驶资格的;二是驾驶人醉酒的;三是被保险机动车被盗抢期间肇事的;四是被保险人故意制造交通事故的。本案肇事逃逸并不属于这几种免赔的情况,所以应当赔。

---

① 凌湄、王卫国:《五保户被撞交强险咋赔》,发表在《中国保险报》,2013年1月14日。
② 案例来源于中央电视台《经济与法》栏目"离奇的连环诉讼"。

2. 牟某的交强险保单上面写着死亡伤残赔偿限额为 11 万元，这就意味着牟其松这辆车致人伤残或者死亡后，最多可以得到 11 万元的交强险保险金。因为他撞死郑某后赔给居委会丧葬费和死亡赔偿金一共 15 万元，所以，在这次理赔中，他应该可以按照最高限额，得到 11 万元的保险金。

3. 郑某是一个孤寡老人，居委会作为他的基层组织，对他的监护，对他的扶养，尽到了它的责任。居委会应该是受益人，这符合权利义务相一致的原则。

（二）被告的观点

1. 《中华人民共和国保险法》第六十五条规定："保险人对责任保险的被保险人给第三者造成的损害，可以依照法律的规定或者合同的约定，直接向该第三者赔偿保险金。责任保险的被保险人给第三者造成损害，被保险人对第三者应负的赔偿责任确定的，根据被保险人的请求，保险人应当直接向该第三者赔偿保险金。被保险人怠于请求的，第三者有权就其应获赔偿部分直接向保险人请求赔偿保险金。责任保险的被保险人给第三者造成损害，被保险人未向该第三者赔偿的，保险人不得向被保险人赔偿保险金。责任保险是指以被保险人对第三者依法应负的赔偿责任为保险标的的保险。"根据该规定，在本案中，五保户属于第三者，被保险人是牟某。牟某并没有对第三者及其近亲属履行赔偿责任，所以保险公司无须向牟某赔偿保险金。

2. 被撞身亡的郑某是一个五保户，生前没有任何的直系亲属。而按照《最高人民法院关于审理人身损害赔偿案件适用法律若干问题的解释》规定，赔偿权利人只能是 3 种人：一种是受害人；第二种是依法由受害人承担扶养义务的被扶养人；第三种是死亡受害人的近亲属。保险公司认为太平坊社区居委会不符合这 3 种情况，也就没有领取死亡赔偿金的权利。

三、五保户的遗产继承问题

"五保户"是指农村中既无劳动能力，又无经济来源的老、弱、孤、残的农民，其生活由集体供养，实行保吃、保穿、保住、保医、保葬（孤儿保教），简称"五保"。享受五保待遇的家庭叫"五保户"。

"五保户"遗产的继承问题较为复杂，2006 年 1 月 11 日国务院颁布了新的《农村五保供养工作条例》，自 2006 年 3 月 1 日起施行，新条例删除了有关五保对象死亡后遗产处理的内容。新《农村五保供养工作条例》之所以删除有关遗产处理的规定，主要是认为原《农村五保供养工作条例》有关规定与《中华人民共和国宪法》、《中华人民共和国民法通则》、《中华人民共和国继承法》关于公民合法私有财产受法律保护的精神不尽一致。同时，新条例明确了农村五保供养资金在地方人民政府财政预算中安排，不同于原来的由集体组织负责出资供养，遗产继承问题自然也不应与其他人有不同之处。因此，对五保供养人的遗产继承问题，应当按照继承法规定的原则办理：集体组织与"五保户"签有供养协议的，按协议处理；没有供养协议的，按照遗嘱继承或者法定继承办理。

四、结论

自2012年12月21日起开始施行的《最高人民法院关于审理道路交通事故损害赔偿案件适用法律若干问题的解释》第二十六条规定："被侵权人因道路交通事故死亡，无近亲属或者近亲属不明，未经法律授权的机关或者有关组织向人民法院起诉主张死亡赔偿金的，人民法院不予受理。侵权人以已向未经法律授权的机关或者有关组织支付死亡赔偿金为理由，请求保险公司在交强险责任限额范围内予以赔偿的，人民法院不予支持。被侵权人因道路交通事故死亡，无近亲属或者近亲属不明，支付被侵权人医疗费、丧葬费等合理费用的单位或者个人，请求保险公司在交强险责任限额范围内予以赔偿的，人民法院应予支持。"

根据上述规定，牟某请求保险公司在交强险限额内赔偿的请求得不到法院的支持，但死者的丧葬费可以在交强险限额内得到赔偿。

3.6万元拖车费谁来买单

案情简介

2016年4月2日凌晨2点多钟，朱某驾驶一辆重型半挂牵引车在京港澳高速公路湖南省境内某路段发生侧翻。事故发生地距离某车辆救援站不到20公里，但是救援队却张口要3.6万元的救援费，朱某认为救援费过高并未同意。随后，他的货车还是被拖到了车辆救援站内。4月4日，在缴纳了交警罚款和破损公路赔偿等费用后，朱先生拿着交警开具的车辆放行单来到救援站取车。

朱先生称，3.6万元远远高出了他查询到的施救费价格标准。与救援站协商之后，朱先生决定先缴纳1万元的预付款，收到了救援站开具的两张收据。但是朱先生收到的两张单据竟然是"白条"，没有任何单位的公章，施救队也并没有解释这个收费标准。

经查，朱某的半挂车已投保交强险、车损险和第三者责任险。

争议焦点

天价拖车费保险公司该不该赔？怎么赔？

法理分析

一、关于施救费的相关规定

《保险法》第五十七条规定："保险事故发生时，被保险人应当尽力采取必要的措施，防止或者减少损失。保险事故发生后，被保险人为防止或者减少保险标的的损失所支付的必要的、合理的费用，由保险人承担；保险人所承担的费用数额在保险标的损失赔偿金额以外另行计算，最高不超过保险金额的数额。"

根据《保险法》的规定，结合保险原理，保险公司应当对由保险事故导致的直接损失、合理费用进行赔偿。

二、拖车费的性质

拖车费是否属于施救费？

施救费用是指被保险标的在遭遇承保的灾害事故时，被保险人或其代理人、雇用人为避免、减少损失采取各种抢救、防护措施时所支付的费用。

《最高人民法院关于审理道路交通事故损害赔偿案件适用法律若干问题的解释》第十条规定："因在道路上堆放、倾倒、遗撒物品等妨碍通行的行为，导致交通事故造成损害，当事人请求行为人承担赔偿责任的，人民法院应予支持。道路管理者不能证明已按照法律、法规、规章、国家标准、行业标准或者地方标准尽到清理、防护、警示等义务的，应当承担相应的赔偿责任。"

根据施救费用的概念以及上述司法解释规定，结合本案，朱某车辆在高速公路发生侧翻，已无法正常行驶，已经严重影响了高速公路的正常通行，很可能引发新的交通事故，而由此引发的交通事故，朱某是需要承担责任的，同时，也必然对保险标的物产生新的损失。在这种情况下，朱某找拖车公司将侧翻车辆脱离现场，是为减少损失而采取的抢救措施，而拖车费是采取抢救措施产生的费用。因此拖车费属于施救费，而且是有必要的，对此是不存在争议的。

三、拖车费的合理性

拖车费合理性的判定是本案的关键。合理是指不同的双方彼此认同达成的共识之理。那么我们在判定拖车费合理性的时候关键在于找到共同认可并接受的一个标准，我们认为应当按照以下思路处理：首先看是否有国家规定，其次看是否有地方标准，如果既没有国家统一标准，又没有地方标准，那么应该参照行业标准，也就是人们常说的市场价格。

事实上，在2010年国家发展和改革委员会和交通部就联合下发了《关于规范高速公路车辆救援服务收费有关问题的通知》，其中明确提到，各省、自治区、直辖市价格主管部门应根据本地实际情况，会同交通运输部门对高速公路车辆救援服务实行政府指导价或政府定价。要在充分调研和成本监审的基础上，统一规范收费项目，并按照适当弥补成本原则合理制定收费标准。作为一个原则性的文件，并没有明确规定一个全国性统一的标准，但各省是有符合自身实际情况的标准的，因此，拖车费的合理性并不是没有衡量标准的。

据不完全统计,我国很多省市根据本省的实际情况制定了高速公路救援服务收费标准,这个标准具有法律性质,可以作为评判拖车费是否合理的标准。通常情况下,拖车费用要根据车型确定基价几百元不等,然后根据载货量、里程等加价,各省虽有出入,但上下差价并不大。以本案中朱某的重型半挂牵引车为例,根据《湖南省物价局、湖南省交通运输厅关于进一步规范我省高速公路车辆救援服务收费有关问题的通知》(以下称《通知》)规定,五型车基价580元,每增加一公里增加收费27元,货车车货总重在30吨以上55吨以下的车辆,在基价基础上每吨加收20元,超过55吨的车辆,超过部分每吨加收40元。根据规定计算出朱某需要支付的救援费是14480元,而救援部门开出的3.6万元的天价显然是不合理的。

该通知同时规定:"高速公路经营管理单位在组织实施车辆救援时,救援人员应主动向当事人出示我省高速公路救援服务收费项目和标准,不得自行增加收费项目、扩大收费范围或提高收费标准。"因此在高速公路救援过程中,车辆救援服务公司违反了相关规定。

四、天价拖车费谁来赔

天价拖车费往往超出地方规定标准的几倍之多,不合理的拖车费该如何赔是本案争议的一个焦点。大致有以下几种观点:一种观点认为保险公司应承担全部费用,之后向救援公司追索多收的部分;另一种观点认为保险公司应当承担合理部分,超出部分应当由投保人向救援公司提出抗议,必要时可以起诉。

我们认为,保险公司应该依据事故发生地所属省份的高速公路救援服务费用的相关规定承担《保险法》中规定的"必要的、合理的施救费用",同时不能超过保险金额。保险车辆出险后,失去正常的行驶能力,被保险人雇佣吊车及其他车辆进行抢救的费用以及将出险车辆托运到修理厂的运输费用,保险人应按当地物价部门核准的收费标准予以负责。如果救援公司开出天价,车主被迫交纳天价施救费后,根据《合同法》的相关规定,车主可以以合同显失公平或乘人之危为由,向法院提出诉讼,对超出标准的部分向救援公司进行追索。

天价拖车费的本质是救援公司的违规定价,给社会造成了不良影响,地方监管部门负有不可推卸的责任。我们认为应该由保险公司承担合理的、合法的责任,如果要求保险公司全额承担天价拖车费,是将救援公司的违规成本和监管部门失职强加给了保险公司,这就增加了保险公司的运营成本,对保险公司而言是不公平的。

五、关于天价拖车费的思考

在 2010 年国家发展和改革委员会和交通部联合下发的《关于规范高速公路车辆救援服务收费有关问题的通知》中提到:"在不影响高速公路正常运行的情况下,当事人可以选择社会救援机构实施救助,任何单位和个人不得强制指定救援机构,也不得妨碍和阻止当事人委托的救援机构进场服务。"因此,交警部门是无权指定救援服务公司的,然而现实中这条规定却形同虚设。在封闭的高速公路上,并非每个救援公司都能轻易介入,而驾驶人员也根本无从选择。每段高速公路几乎都有指定的救援公司,社会救援机构在一般公路上还可以救援,而在高速公路就没那么容易了。高速公路救援服务费用虽然在各省都有自己的标准,但在这样一个带有垄断性质的行业中,很多机构都各自定价,往往会超出当地政府定价的十倍,天价拖车费由此而来。天价拖车费的根源在垄断。

高速公路救援服务公司担负着社会公共救援的责任,是具有公益性质的。拖车公司的违规定价严重损害了消费者的利益和行业形象。根除天价拖车费,要么让高速公路救援服务充分市场化,通过竞争让价格回归合理区间,要么将高速公路救援纳入社会公共服务范围,对事故车辆进行免费救援,但这无疑会提高公共管理费用,增加政府的财政负担。

让高速公路救援服务行业充分市场化,首先要加强顶层设计,引入竞争机制,将全国符合救援标准的公司纳入统一的高速公路救援服务体系中,制定明确的收费标准,打破"只此一家别无分店"的局面。其次要建立全国统一的救援服务热线,划清拖车公司与高速公路交警部门和管理部门的关系,避免权责不明和地方保护主义。根据《消费者权益保护法》的规定,消费者享有自主选择商品和服务的权利。在救援热线提供服务过程中应当以就近原则向车主提供两家以上的救援服务公司供消费者选择,不得指定。最后要建立评价机制和退出机制,通过接受人民群众的监督、评价,对违反规定、不符合标准的公司进行处罚直至除名,对监管不力、不作为的政府部门也要进行问责。

"无接触"交通事故如何进行保险赔偿[①]

案情简介

【案例一】[②] 2013年9月15日7时20分许,方先生骑着电瓶车沿着自下而上成一定坡度的公路从坡底往上骑。途中他一直靠着右侧一人多高的石墙(引桥实体)行驶,当骑到三分之二路段时,一辆货车从方先生的身后疾驶过来,并且车身紧挨着方先生的人和电瓶车,可吓坏了方先生,因为右侧是一人多高的石墙,如果向右打方向就会撞到石墙,反弹过来有可能被货车碾压。在夹缝中骑行的方先生极度恐慌,当整个汽车车体超过电瓶车时,方先生由于受惊吓连人带车翻倒在地。当时,货车驾驶员从倒车镜里看到了这个情况,还踩了刹车停了一会儿,之后就开车跑了。

2013年9月29日交警部门查获这辆逃跑的由邱先生驾驶的货车。民警对方先生的电瓶车和邱先生的货车进行勘查对比,没有发现明显的碰撞痕迹,通过对当事人及现场目击者的调查询问,最后交警部门认定方先生与邱先生对本次交通事故负同等责任。对交警部门的责任认定方先生和邱先生均没有异议。邱先生的货车在保险公司投保了机动车交通事故责任强制保险和机动车第三者责任商业保险,并投保了不计免赔特约险。

事故发生后,方先生因翻车导致尾骨骨折并住院治疗。经司法鉴定,方先生的伤情已构成九级伤残。2014年5月7日,方先生向法院提起民事诉讼,要求被告邱先生和被告保险公司赔偿各项损失106545.10元。

【案例二】2012年4月16日16时25分许,杨某某驾驶小型轿车由南向北行驶,从道路中心的绿化带缺口处向左转弯时,靠中心绿化带东侧同向行驶的张某某驾驶的电动三轮车为避险向右侧翻,张某某倒地受伤,肱

[①] 王卫国、王睿:《"无接触"交通事故如何进行保险赔偿》,发表在《中国保险报》,2015年5月6日。

[②] 《一起罕见的无"相撞"交通事故赔偿案件》,《法制日报》,2015年1月12日。

骨发生骨折，发生交通事故。事发后，杨某某未停留驾车离开现场。经司法鉴定，事故发生时，小型轿车与电动三轮车无碰撞痕迹，没有接触。交警部门出具交通事故证明书，因无直接证据证实事故发生成因，对事故责任未认定。张某某以杨某某造成交通事故为由要求杨某某赔偿各项损失98139.6元。被告杨某某辩称所驾车辆与张某某没有接触，自己不承担赔偿责任。

争议焦点

没有碰撞是否构成交通事故？保险公司是否应该承担赔偿责任？

法理评析

一、交通事故的构成要素

《道路交通安全法》第一百一十九条规定："交通事故"是指车辆在道路上因过错或者意外造成的人身伤亡或者财产损失的事件。"道路"是指公路、城市道路和虽在单位管辖范围但允许社会机动车通行的地方，包括广场、公共停车场等用于公众通行的场所。"车辆"是指机动车和非机动车。

从上述规定可以看出，交通事故的构成要素包括以下几个方面：

（1）从主体上说，引起交通事故的必须是道路上的车辆。

（2）从交通事故发生场所看，交通事故发生在道路上。

（3）从交通事故责任人的主观心理状态看，是过错或意外。其中过错指人的主观心理状态包括故意与过失两种表现形式；意外则是指损害后果的发生是由当事人意志以外的原因所造成，如地震、台风、山洪，雷击等不可抗拒的自然灾害或道路本身的通行状况等因素。

（4）从损害结果上看，造成了人身伤亡或财产损失。

（5）从因果关系上看，过错或意外与损害结果之间存在因果关系。

从交通事故的定义看，并没有强调必须"接触"才是交通事故，"接触"不是构成交通事故以及责任承担的前提条件。只要当事人的行为对发生该交通事故有因果关系并起到了作用，就应当承担相应的责任。在上述案例中，车辆虽然与行人未直接接触，但并不代表没有过失。机动车驾驶员在驾驶中，应当谨慎小心，善尽注意义务。而本案例中，驾驶员没有尽到注意义务，导致了事故的发生。

二、无接触交通事故责任承担的判断基准

在案例一中，法官从事故现场和证人证言综合分析后认为，即便是两

车未剐擦碰撞,但被告在超越原告骑的电瓶车过程中距离过近,机动车行驶中所产生的气浪、声音、振动等,均可成为产生事故的原因,客观上给原告造成了危险,导致原告避险措施不力,造成原告骑的电瓶车发生侧翻和原告受伤的后果,故应认定被告邱先生对本次事故的发生负有责任。有一种观点认为,没有碰撞也要承担责任,这不公平。这样下去,驾驶员随时面临被讹诈的危险,不敢开车了。那么,在无碰撞交通事故中,责任划分是否需要把握几个要点是当下司机们最关心的问题。

(一) 对周围环境是否造成高度危险状态

这要从事故发生的时间、场所、车速、天气状况、车辆状况等方面考察。时间指的是白天还是夜里?天气状况指的是晴天还是阴天?可见度达到多少米?主要考虑车辆或行人的可视状况。场所指的是道路及附近的空间状况,如道路的宽窄、是否平坦、是否有障碍物等。车速必须根据具体情况而定,是高速还是一般的道路、乡间小路等。这些道路要求的速度是不一样的。有的有要求,有的则没有具体的规定。车辆状况指的是小汽车、大货车、小货车还是客货车、农用车等,是否存在超高超宽等违法行为等。只有综合以上因素,才能最终确定车辆对周围环境是否构成危险。

(二) 受害人是否存在过错或特殊情况

交通事故责任的认定,要结合当事人的情况。如果受害人存在过错或特殊体质,则相应减轻另一方的责任。如受害人患有严重心脏病,加上车辆的喇叭声音太大,使其受到惊吓,诱发心脏病。这种情况,机动车一方的责任会减轻。另外,如果受害人违章在先,也会减轻对方的责任。由于交通事故案件千差万别,无法列举出各种情形。

(三) 是否具有因果关系

因果关系是认定交通事故责任的重要考量因素。因果关系中的原因,人们习惯上分为直接原因和间接原因。在侵权法上,不管是直接原因还是间接原因,都可能引起责任的承担。但在保险法上,强调直接原因,即近因。间接原因不是近因,保险人不承担责任。

在本案中,车辆与行人没有发生接触。但是,法官认为,机动车行驶中所产生的气浪、声音、振动等,是造成行人受伤的直接原因,因此判司机承担责任,同时判车辆投保的保险公司承担责任。显然,法官认为机动车行驶中所产生的气浪、声音、振动等，构成近因。但是，如果行人之前患有心脏病，由于紧张或惊吓，导致心脏病发作。那么法官又该如何裁判呢？这其中掺杂了行人的个体差异性，情况更复杂了。我们认为，必须结合近因的理论，作出保险公司是否承担责任的决定。这体现了侵权法的因果关系与保险法因果关系的区别。

（四）是否存在紧急避险的情况

在案例二中，张某某驾驶的电动三轮车为避险向右侧翻导致受伤。造成事故的原因有二：一是杨某某在左转弯的情况下，应注意旁边车道的通行情况，为他人预留足够的安全时间和安全空间，以确保安全驾驶，而杨某某也未能举证证明自己已履行了充分的注意义务；二是当小型轿车靠近前，张某某应当提前主动避让，对前方的动态注意不足，没有积极采取措施，贻误了最佳的避险措施，最终导致了事故的发生，故原告张某某也应当承担部分责任。

本案涉及紧急避险的情况。《中华人民共和国侵权责任法》第三十一条规定："因紧急避险造成损害的，由引起险情发生的人承担责任。如果危险是由自然原因引起的，紧急避险人不承担责任或给予适当的补偿。紧急避险采取措施不当或者超过必要限度，造成不应有的损害的，紧急避险人应当承担适当的责任。"我们认为，在案例二中，事故发生的性质应属于紧急避险，杨某某作为引发险情的人，应承担赔偿责任。

三、本案的启示

交通事故一般指车与车、车与人、车与物发生相撞导致的事故，"相撞"通常是交通事故责任认定的前提。但本文讨论的两个案例，都是没有"相撞"的交通事故。在案例一中，媒体对某地法院以"气浪、声音、振动"对该起交通事故确定赔偿责任，并作出一审判决的做法大加褒奖，认为其敢开先河。我们认为，审判需要创新，但也要遵循规律。针对无接触交通事故案件，要从上述四个方面综合考量，作出合情合理合法的裁判。对无接触交通事故的认定，不应任意扩大或泛滥。只有这样，才能消除司机朋友们的顾虑，预防或避免道德危险的发生，促进保险业的健康发展。

保险公司应承担按份责任还是连带责任[①]

案情简介

2015年11月7日,司机莫某开车行驶至非机动车道停车,后排左侧乘客张某开左侧车门下车时致使驾驶电动自行车的黄某摔倒受伤,随后黄某被送往医院抢救,后死亡。交警部门认定,莫某、张某负事故同等责任,受害人黄某没有责任。法院判决莫某与张某承担连带责任,二人之间莫某承担70%的责任,张某承担30%的责任。同时判决保险公司对莫某承担的连带责任在商业三者险限额内进行赔偿。

争议焦点

商业三者险对被保险人的连带责任是否承担赔偿责任

法理分析

一、莫某与张某是否承担连带责任

《中华人民共和国侵权责任法》第八条规定:"二人以上共同实施侵权行为,造成他人损害的,应当承担连带责任。"本案中,就莫某和张某的行为而言,莫某在非机动车道内停车以及张某在未仔细观察的情况下打开后排左侧车门的行为均已违反相关交通安全法规,主观上都未能尽到自己作为交通参与者应尽的注意义务,各自均具有一定的过错。从本案事实来看,不存在故意行为,莫某和张某的共同过失导致黄某受到伤害,直至死亡。故双方主观上具有共同的过错,构成共同侵权,应当承担连带赔偿责任。

[①] 王卫国、刘建:《保险公司应承担按份责任还是连带责任》,发表在《中国保险报》,2017年3月15日。

二、莫某与张某的责任大小如何分担

莫某作为机动车驾驶人，较之于其他车内人员具有更大的注意义务，应当确保车辆的行驶和停靠均符合安全规范。作为驾驶人，对停车位置及乘客下车时机的选择上具有更大的控制能力，故在本案中莫某的过错更大。同时，作为乘客，按照一般的常识，在下车时理应观察车外的情况，确认安全后方可下车。所以本案乘客张某也具有一定的过错。当然，本案中乘客张某的注意义务要小于驾驶人莫某。法院根据本案实际情况确定连带责任内部由莫某承担70%的责任，由张某承担30%的责任是合理的。

三、商业三责险的赔偿范围

由于本案中黄某死亡，所以各项赔偿总额肯定超过12万元，故在交强险赔偿之后，涉及商业三者险的赔偿数额问题，实质是商业三者险是否要承担连带赔偿责任的问题。

（一）相关规定

《保险法》第六十五条第四款对责任保险的概念作出界定：责任保险是指以被保险人对第三者依法应负的赔偿责任为保险标的的保险。然而，从该条款的规定来看，并不能直接推断出对第三者依法应负的赔偿责任是否包含被保险人承担的连带责任，最高人民法院的司法解释未对此作出任何具体规定。

《中国保险行业协会机动车综合商业保险示范条款》（2014版）第二十三条规定："保险人依据被保险机动车一方在事故中所负的事故责任比例，承担相应的赔偿责任。被保险人或被保险机动车一方根据有关法律法规规定选择自行协商或由公安机关交通管理部门处理事故未确定事故责任比例的，按照下列规定确定事故责任比例：被保险机动车一方负主要事故责任的，事故责任比例为70%；被保险机动车一方负同等事故责任的，事故责任比例为50%；被保险机动车一方负次要事故责任的，事故责任比例为30%。涉及司法或仲裁程序的，以法院或仲裁机构最终生效的法律文书为准。"

（二）观点之争

保险人是承担按份责任还是连带责任，有截然不同的两种观点：

1. 赞同保险公司承担全部责任或者连带责任的理由主要包括：

其一，责任保险的保险标的是被保险人对第三者依法应负的赔偿责任。此处的责任，既包括按份责任，也包括连带责任。

其二，商业三者险保险条款中并未明确将被保险人的连带责任排除在外。

其三，商业三者险条款中有"按被保险人的事故责任比例承担责任"的约定，是指被保险人与受害人之间的责任比例，不是指被保险人与其他共同致害人之间的责任比例。

其四，保险公司承担保险赔偿责任之后，享有对其他共同侵权人的追偿权。实际上，连带责任并未真正转嫁给保险人。

2. 主张保险公司承担按份责任即按责任比例承担保险责任的理由主要包括：

其一，保险合同条款已经约定保险人承担的责任范围仅限于被保险人在按照事故责任比例所应承担的赔偿责任，依照合同自由原则，该项约定对当事人均具有拘束力。

其二，保险合同条款中没有约定由保险公司承担被保险人的连带责任。

其三，依据合同对价原则，保险公司不应当承担连带责任。保险合同依据约定的保险事故发生的概率寻求保险费与保险赔偿金的平衡，无视法律与合同条款将保险人的合同义务扩大化，令其承担不应该承担的责任，有违公平原则。

其四，共同侵权人也要对自己的过错付出代价，不应该转嫁给保险人。在实务中，因为各种原因，保险代位权往往很难实现。最后还是由保险公司赔偿，这是不合理的。某种程度上讲，纵容了侵权人的不法行为。强迫保险人承担本不该承担的义务，侵害了其他被保险人的利益。

（三）事故责任是否等同于赔偿责任

在道路交通事故责任里，有事故责任和赔偿责任的两个层次的区分。一般情况下，两者是一致的，即事故责任是赔偿责任的基础。特殊情况下，两者可以不一致，承担赔偿责任的不一定有事故责任。"无责也要赔"最典型的是交强险。

《中华人民共和国道路交通安全法》第七十六条规定："机动车发生交通事故造成人身伤亡、财产损失的，由保险公司在机动车第三者责任强制保险责任限额范围内予以赔偿；不足的部分，按照下列规定承担赔偿责任：（一）机动车之间发生交通事故的，由有过错的一方承担赔偿责任；双方都有过错的，按照各自过错的比例分担责任。（二）机动车与非机动车驾驶人、行人之间发生交通事故，非机动车驾驶人、行人没有过错的，由机动车一方承担赔偿责任；有证据证明非机动车驾驶人、行人有过错的，根据过错程度适当减轻机动车一方的赔偿责任；机动车一方没有过错的，承担不超过百分之十的赔偿责任。"根据该条规定，机动车一方没有过错的，承担不超过百分之十的赔偿责任。也就是说，被保险人一方即使没有事故责任，也要承担一定的赔偿责任。

照此推理，事故责任比例不能等同于赔偿责任比例。所以，保险公司主张的按照事故责任比例赔偿、不承担连带责任的观点是不符合逻辑的。

（四）连带责任是否具有不可保性

有观点认为，连带责任具有不可保性[1]。理由是连带责任使保险人在承保时不能确知哪个行为将会导致损失以及损失将会有多大。而且，连带责任还导致保险人潜在地对没有购买保险和支付保费的人负责。因此，从保险的角度看，连带责任非常危险。承保连带责任将会大大提高保险人的交易成本，压缩保险人的利润空间，甚至导致保险人亏损。我们认为，连带责任是具有可保性的。首先，《保险法》及其相关司法解释并未排除责任保险不可承保连带责任风险。其次，连带责任风险完全符合可保风险的构成要件，即不确定性、偶然性、可测性。再次，截至今日，还没发现哪家保险公司因此破产。换句话讲，保险公司能否举证证明在厘定商业三者险保险费率时已经将连带责任排除在外。

（五）说明义务是否履行

如果主张保险人不应承担被保险人的连带责任的话，那么这应该属于免责条款没有异议。根据《保险法》第十七条之规定，对保险合同中免除保险人责任的条款，保险人在订立合同时应当在投保单、保险单或者其他保险凭证上作出足以引起投保人注意的提示，并对该条款的内容以书面或者口头形式向投保人作出明确说明；未作提示或者明确说明的，该条款不产生效力。实务中根本不存在这样的提示和说明。所以，保险人以此为由

---

[1] 邢海宝：《机动车自愿责任险排除连带赔偿责任》，《中国法学》2016年第3期。

拒绝承担赔偿义务是于法无据的。

（六）不利解释规则的运用

根据《保险法》第三十条的规定，采用保险人提供的格式条款订立的保险合同，保险人与投保人、被保险人或者受益人对合同条款有争议的，应当按照通常理解予以解释。对合同条款有两种以上解释的，人民法院或者仲裁机构应当作出有利于被保险人和受益人的解释。所以保险公司不承担连带责任的观点是不成立的。

另外，根据《中国保险行业协会机动车综合商业保险示范条款》（2014版）第二十三条规定，涉及司法或仲裁程序的，以法院或仲裁机构最终生效的法律文书为准。在本案中，法院判决保险公司对莫某承担的连带责任在商业三者险限额内进行赔偿。故按照双方订立的合同，保险公司也应该承担连带赔偿责任。

（七）合理期待原则的运用

投保人购买第三者责任险的目的是降低和分散风险，如发生损害结果，则期望在保险限额范围内得到赔偿。莫某承担连带责任后，同时获得向张某的追偿权和请求保险公司赔偿的权利。在向其他侵权人的追偿权和向保险公司的索赔权发生竞合时，权利人可以自由选择请求权的行使对象。法律没有对该两项权利如何选择以及选择顺序作出规定。莫某有权选择保险公司进行理赔，保险公司承担第三者责任保险的赔偿责任后，并不导致赔偿义务的扩大，保险公司即取得了向连带责任人张某进行追偿的权利，莫某作为被保险人应当承担相应的协助义务。在本案中，莫某的这种期待是合情合理的。

（八）按事故责任比例赔偿条款是否属于无效条款

有一种观点认为，根据《保险法》第十九条的规定认定商业三者险事故责任比例条款属于无效条款。《保险法》第十九条规定："采用保险人提供的格式条款订立的保险合同中的下列条款无效：（一）免除保险人依法应承担的义务或者加重投保人、被保险人责任的；（二）排除投保人、被保险人或者受益人依法享有的权利的。""按照交通事故责任比例赔偿"的条款属于上述条文规定的无效条款，无论保险公司是否履行了明确说明，该条款均无法律效力，不应适用。机动车商业三者险属于财产保险范畴，以被保险人的责任为保险标的，根据财产保险的填补损失原则，在被保险人责任产生后，保险人应当对被保险人承担责任造成的损失予以赔偿。如果被保险车辆在保险事故中的过错程度与其得到的保险赔偿金成正比，首先会存在争抢事故责任甚至制造虚假事故的道德风险，其次责任越小赔付越少亦有违常理。因此，"按照交通事故责任比例赔偿"的条款免除了保险人依法应承担的义务，不应予以适用[1]。

这种观点混淆了一个概念，即按事故责任比例赔偿的条款原来是车辆损失保险的条款，但现行的车辆损失保险条款已经删除了该规定。针对商业三者险条款而言，按事故责任比例赔偿没有错误。因为是针对第三者的赔偿，被保险人的过错大赔偿就多，过错小赔偿就少，这符合侵权法的原理，也符合保险的原理。保险人是替被保险人承担责任，理应按照事故责任比例履行赔付责任，这怎么会存在争抢事故责任甚至制造虚假事故的道德风险呢？按照新车险条款，在一个保险周期内（车险是一年），如果发生多次理赔，那么下一个周期的保险费要上浮。作为被保险人来讲，不存在争抢事故责任或制造虚假事故的情况。还有，责任越小赔付越少于法于理都没有问题，不可能诱发道德危险。

（九）对《道路交通事故损害赔偿司法解释》第二十一条第三款的解读

《最高人民法院关于审理道路交通事故损害赔偿案件适用法律若干问题的解释》第二十一条第三款规定："多辆机动车发生交通事故造成第三人损害，其中部分机动车未投保交强险，当事人请求先由已承保交强险的保险公司在责任限额范围内予以赔偿的，人民法院应予支持。保险公司就超出其应承担的部分向未投保交强险的投保义务人或者侵权人行使追偿权的，人民法院应予支持。"该条适用的情形是多车发生交通事故致人伤害，而本案是司机和乘客致第三人伤害，从表面看不应该适用。但其中"保险公司就超出其应承担的部分向未投保交强险的投保义务人或者侵权人行使追偿权的，人民法院应予支持"的规定，实际上对本案也是适用的。我们可以将该条文解读为保险公司有义务承担连带责任。

四、结论

保险公司应对被保险人承担的连带责任进行赔付。

---

[1] 龚晔：《机动车商业三者险的事故责任比例条款研究》，南京大学硕士论文，2013年，第13页。

第四部分

保险业法专题

保险业法治建设的科学指南[①]

——《中国保险业发展"十三五"规划纲要》解读

党的十八届四中全会通过的《中共中央关于全面推进依法治国若干重大问题的决定》指出，全面推进依法治国，总目标是建设中国特色社会主义法治体系，建设社会主义法治国家。这就是说，在中国共产党领导下，坚持中国特色社会主义制度，贯彻中国特色社会主义法治理论，形成完备的法律规范体系、高效的法治实施体系、严密的法治监督体系、有力的法治保障体系。

《中国保险业发展"十三五"规划纲要》（以下简称《纲要》）为贯彻党的十八届四中全会精神，提出了法治化水平显著提高的目标。保险业要想健康发展，必须将法治建设作为重要内容，常抓不懈。

一、出台指导性文件，提高法治化水平

《纲要》提出要出台全面推进保险法治建设的指导性文件，提高行业法治化水平。

早在2016年1月18日，中国保监会就发布了《中国保监会关于全面推进保险法治建设的指导意见》，该指导意见对不断完善保险法律制度体系、推进依法监管、加强监督制约、提升保险业依法经营水平、营造良好法治环境等方面作出规定。该指导意见的出台，有利于进一步提升保险工作的法治化水平。

二、加快"废改立"工作，完善保险法律体系

《纲要》提出要推动《保险法》修订，加快保险监管制度的"废改立"工作，完善保险法律体系。

[①] 本文发表在《中国保险报》，2016年10月17日。

保险业的发展离不开法律的规范和保障，要做到有法可依，首先要完善保险法律体系。我国目前已经形成了以《保险法》为核心，3 部行政法规和 50 部行政规章为主体，1000 余件规范性文件为补充的中国特色保险法制体系，奠定和夯实了行业发展的制度基石。

（一）保险法

我国于 1995 年颁布了《保险法》，迄今为止已经作了四次修改。其中 2009 年对《保险法》进行了系统性修订，其余三次修改幅度较小。2015 年 10 月 14 日，国务院法制办公室发布了关于《关于修改〈中华人民共和国保险法〉的决定（征求意见稿）》公开征求意见的通知，征求社会各界意见。本次修订侧重保险业法部分，这意味着，随着经济社会的不断发展，我国《保险法》要与时俱进，不断进行完善。

（二）行政法规

目前我国保险领域的行政法规有：《农业保险条例》、《中华人民共和国外资保险公司管理条例》、《机动车交通事故责任强制保险条例》、《存款保险条例》等，《地震巨灾保险条例》立法已经启动。总体来看，我国保险领域的行政法规较少，下一步可根据社会发展需要，适时开展相关保险领域的专门立法。另外，对现行的行政法规，如《机动车交通事故责任强制保险条例》等进行修改，以适应社会发展的需要。

（三）行政规章

中国保监会发布的规章即属于部门规章。中国保监会自成立以来，陆续发布部门规章几十部，内容涉及商业保险监管的方方面面，对促进保险公司稳健经营、保护保险消费者的利益起到了重要作用。由于行政规章属于中国保监会的立法权限，所以，出台的行政规章较多，针对性更强，修改较容易，较好地适应了保险业发展的需要，是将来重点发展的工作之一。

（四）规范性文件

中国保监会根据国务院授权履行行政管理职能，依照法律、法规统一监督管理全国保险市场，维护保险业的合法、稳健运行。其在依法合规监管我国商业保险的过程中，因为规范性文件具有制定主体法定性、制定方式灵活性、法律效力具有普遍性等特点，主要是依托规范性文件来行使职权。中国保监会规范性文件内容涵盖保险监管的方方面面，主要包括综合类、机构管理类、财产保险类、人身保险类、资金运用类、财会类、统计与信息化类、中介类、稽查类等九大类。

（五）司法解释

严格意义上讲，司法解释不属于我国的法律渊源，但是很难将它排除在法律体系之外。目前的保险法司法解释有三个，即最高人民法院关于适用《中华人民共和国保险法》若干问题的解释（一）、（二）、（三），司法解释（四）正在起草之中。司法解释在我国具有举足轻重的作用，特别在保险领域，对解决保险合同纠纷起到了重要作用。由于我国属于成文法国家，成文法的特点决定了法律条文不可能事无巨细，包打天下，解决所有的问题，所以司法解释就显得尤为必要。最高人民法院在《保险法司法解释》的制定方面作出了巨大贡献，值得肯定。这种做法也会长期坚持下去，因为为了保持《保险法》的稳定性，《保险法》不可能朝令夕改，但可以通过出台司法解释解决这一问题。

三、健全监督机制，完善处罚程序

《纲要》提出要健全依法监管体制机制，进一步完善行政处罚程序，加大行政行为合法性审查，增强复议监督功能，健全完善行政应诉工作机制。

行政处罚是指行政主体为实施有效行政管理，维护社会公共利益和社会秩序，保护公民、法人和其他组织的合法权益，依法对行政相对人违反行政法律规范的行为，给予人身的、财产的、名誉的及其他形式法律制裁的行政行为。行政处罚是法律赋予行政机关的职权，是行使法律监督的手段。行政处罚程序是指行政处罚所必须遵循或者履行的法定步骤和方式，是对行政主体实施行政处罚的规范，是实施行政处罚的合法操作规程。人们常说，只有程序公正，才能实现实体公正。可见，法律程序的重要性。

为进一步完善中国保监会行政处罚程序，2016年9月30日，中国保监会向社会发布了《中国保险监督管理委员会行政处罚程序规定（征求意见稿）》，向社会公开征求意见，这体现了开门立法、民主立法、科学立法的精神，值得推广和肯定。

四、加强立法协调，体现保险业功能

《纲要》提出要加强立法协调，在社会治理、社会保障、财政税收、公共安全等各领域立法中体现保险业功能。

保险业承担着经济补偿、资金融通、社会管理三大功能。发挥保险的社会管理职能要紧紧围绕供给侧结构性改革进行，要丰富保险供给，全方位满足社会多层次保障需求。对关乎国计民生的保险产品，如商业性养老保险、农村小额人身保险、农业保险、巨灾保险等实行财政支持和税收优惠政策。建立健全保险应对公共突发事件应急处理机制，积极与有关部门配合，减少社会公共突发事件造成的损失。大力发展责任保险，可推出系列保险产品，如公众责任险、环境污染责任保险、实施"保险保障民生工程"，实现风险责任的分散。通过保险手段，分散政府的保障压力，发挥保险"社会减震器"的作用。

五、加强与相关部门的沟通，优化保险业发展的法治环境

《纲要》强调加强与公安机关、司法机关、仲裁机构的沟通合作，优化保险业发展的法治环境。

保险业的健康发展离不开良好的法治环境。当前，保险业发展的法治环境存在一些问题。表现在保险法治宣传教育效果不理想、纠纷解决机制不健全、与司法机关的沟通不畅、保险法治理论研究滞后等方面。

针对上述问题，要对症下药。比如针对保险诈骗违法犯罪行为，要建立"政府主导、执法联动、公司为主、行业协作"的反保险工作体系。为了预防和打击保险欺诈犯罪、维护行业长远利益，中国保险行业协会2014年5月发布了2003年以来十起反保险欺诈典型案例。这种做法应该坚持下去，对公民能够起到更为深刻的教育作用，并更为有效的打击此类犯罪行为。

针对保险公司"胜诉少、败诉多"的现象，应反思原因。保险公司与保险消费者处于平等地位，应平等受到法律保护。究其原因，保险公司在履行说明义务方面做得不够，再就是保险条款的设计存在一些问题，使用的语言存在模棱两可的情况。当然，裁判人员过度保护消费者的习惯性做法也是不可避免的。所以，加强沟通是非常必要的。

总之，《纲要》为保险业的法治建设指明了方向，监管部门、保险企业、保险消费者以及行业组织等应认真领会《纲要》精神，并积极推动《纲要》的贯彻实施。我们坚信，中国的保险业必将迎来更加辉煌的明天，保险业在更加广阔的天地中更有作为，保险会让我们的生活更加美好！

论《保险法》的修改与完善[①]

——以"保险合同法"为视角

《保险法》自1995年通过并施行后,对我国保险业的发展起到了巨大的规范和促进作用。随着我国经济社会的快速发展以及加入世界贸易组织,保险业出现了一些新问题,《保险法》的滞后性越来越明显。在社会各界的呼吁下,全国人民代表大会常务委员会在2002年10月28日对《保险法》进行了较大幅度的修改。这次修改主要集中在保险业法部分,对《保险法》总则的修改很小,对实践中最容易出现纠纷的保险合同法部分几乎没有作出修改。为了解决保险纠纷,最高人民法院在2003年12月8日公布了《关于人民法院审理保险纠纷若干问题的解释》(征求意见稿),向社会广泛征求意见,但是直到现在也没有出台这个司法解释。据悉,有关部门已经把保险法的修改提上了日程。本文将围绕保险法中的保险合同法部分展开讨论,以求对保险法的修改建言献策。

一、现行《保险法》在保险合同部分存在的问题

从《保险法》理论研究和保险实务来看,我国《保险法》在保险合同部分存在以下问题:(1)近因原则的缺失;(2)保险利益效力范围的确定;(3)保险合同成立与生效的关系;(4)缴纳或收取保费与保险合同成立的关系;(5)保险人说明义务的标准是什么;(6)告知义务制度的漏洞;(7)人寿保险中告知与体检的关系如何;(8)保险条款不利解释原则的适用条件及标准;(9)关于受益人与被保险人同时死亡,优先保护谁的利益的问题;(10)如何处理年龄误告与保险诈骗罪的关系等等。这些问题如果得不到解决,将严重影响我国保险业的健康发展。

[①] 本文发表在《中国商法年刊》(2007),北京大学出版社2008年5月版。

二、修改建议

针对以上问题，笔者认为应从以下几方面进行修改和完善：

（一）关于近因原则

《保险法》总则部分主要包括保险的概念和《保险法》的基本原则。我国现行《保险法》在总则中只规定了最大诚信原则，在第二章保险合同部分中规定了保险利益原则和损失补偿原则，唯独缺少近因原则，这不能不说是我国保险立法的一大缺憾。

近因原则是《保险法》的基本原则之一，在《保险法》中占有重要地位。不管是英美法系国家的保险法，还是大陆法系国家的保险法，都规定了近因原则。

英国《1906年海上保险法》第55条第1款规定："根据本法规定，除保险单另有约定外，保险人对由其承保危险近因造成的损失，承担赔偿责任；但对非由其承保危险近因造成的损失，概不承担责任。"

日本《商法典》第629条规定："损失保险契约，因当事人约定，一方赔偿他方因偶然事故而发生的损失，他方给予报酬而发生其效力。"另外，韩国《保险法》第665条也有类似的规定。

因此，建议在我国《保险法》第二章第一节的一般规定中增加一条："保险人对由其承保危险近因造成的损失，承担赔偿责任；对非由其承保危险近因造成的损失，不承担责任。但保险合同另有约定的除外。近因是指造成承保损失起决定性、有效性、直接性的原因。"

（二）关于保险利益原则

现行《保险法》只是在第十二条对保险利益做了简单的描述。在保险实务中，出现了许多疑难案例，如果依据《保险法》第十二条，将无法作出判断。如保险利益的效力范围问题。为此，建议对《保险法》第十二条修改如下：

投保人对保险标的应当具有保险利益。投保人对保险标的不具有保险利益的，保险合同无效。保险利益是指投保人对保险标的具有法律上承认的、可确定的经济利益。

除《保险法》第五十三条规定外，投保人对因下列事由产生的经济利益具有保险利益：

（一）物权；
（二）合同；
（三）依法应当承担的民事赔偿责任。

不同投保人对同一保险标的具有保险利益的，可以在各自保险利益范围内投保。

保险标的是指作为保险对象的财产及其有关利益或者人的寿命和身体。

另外，增加一条关于保险利益时效的规定：

财产保险合同订立时被保险人对保险标的具有保险利益但保险事故发生时不具有保险利益的，保险人不承担保险责任；财产保险合同订立时被保险人对保险标的不具有保险利益但发生保险事故时具有保险利益的，保险人应当依法承担保险责任。

人身保险合同订立时投保人对保险标的不具有保险利益的，保险合同无效；人身保险合同订立时投保人对保险标的具有保险利益但是保险事故发生时不具有保险利益的，不因此影响保险合同的效力。

（三）关于保险合同的成立与生效

根据合同法理论，合同的成立与生效是两个不同的概念。一般而言，合同成立即生效，但有的合同需要审批后才生效。《保险法》第十三条规定："投保人提出保险要求，经保险人同意承保，并就合同的条款达成协议，保险合同成立。保险人应当及时向投保人签发保险单或者其他保险凭证，并在保险单或者其他保险凭证中载明当事人双方约定的合同内容。经投保人和保险人协商同意，也可采取前款规定以外的其他书面协议形式订立保险合同。"该条只是规定了保险合同的成立问题，没有涉及生效问题。实践中争议很大，2001年著名的"信诚案"就是一个很好的例证。

为了维护合同双方的利益，建议对第十三条作如下修改："投保人和保险人可以约定合同生效时间和保险人开始承担保险责任的时间。依法成立的保险合同自成立起生效，合同生效时间即保险责任开始时间。保险合同另有约定合同生效条件和保险责任开始条件的，依照其约定。"

（四）关于保费交付与保险责任的关系问题

《保险法》第十四条规定："保险合同成立后，投保人按照约定交付保险费；保险人按照约定的时间开始承担保险责任。"从该条可以看出，交纳保险费不是合同生效（保险责任开始）的前提条件。进一步讲，交了保费，并不等于合同已经生效；不交保费，也不等于合同未生效，关键看双方的约定。"信诚案"也涉及了这个问题，但从法院的终审判决来看，并没有认定交了保费就等于保险合同生效了。

赵中孚教授认为，应明确投保人（被保险人）没有交纳或没有按约定交纳保险费的，保险人可以行使同时履行抗辩权或先履行抗辩权，对保费交纳前风险或损失不予负责。

最高人民法院《关于人民法院审理保险纠纷若干问题的解释》（征求意见稿）第五条规定："根据《保险法》第十四条的规定，保险合同成立后，投保人未按照约定交付保险费，应当承担违约责任；发生保险事故的，保险人应当承担保险责任，但是保险法另有规定或者保险合同另有约定除外。保险合同生效后，投保人未按约定的期限交付保险费，但是约定有交费宽限期的，保险人对在宽限期间内发生的承保损失承担保险责任。保险人因以上两款情形承担保险责任时，可以从保险赔款中扣除未交的保险费及相应的利息。"

该规定明确了保费交付与保险责任的关系，明确了双方的权利和义务，符合合同法的公平原则。建议在《保险法》第十四条中增加上述规定。

（五）关于保险人的说明义务

《保险法》最大诚信原则的内容包括保险人的说明义务、投保人的如实告知义务、保证、弃权、禁反言。我国《保险法》只规定了前两项。

由于我国保险市场的历史较短，大多数投保人对于保险合同条款，特别是一些保险术语不甚了解。因此，法律要求处于优势地位的保险人对此进行说明，这对于投保人做出正确判断，确保其投保行为符合其利益需要具有重要意义。但是《保险法》只是在第十七条第一款原则上规定："保险人应当向投保人说明保险合同的条款内容……"。该规定缺乏可操作性。对保险人的说明义务的判断标准是什么？急需进行细化。

因此，笔者建议对《保险法》第十七条第一款作如下补充："保险人应当本着诚实信用原则，准确、完整、客观、真实地向投保人说明保险合同条款以及与履行各项保险合同义务有关的书面文件的内容，以普通人能够理解的程度为限"。

（六）关于投保人的如实告知义务

我国《保险法》第十七条对投保人的如实告知义务作出了相关规定，

但该条款内容存在缺陷和不足，应加以修改和完善。

1. 关于告知义务主体的范围

告知义务的主体原则上为投保人，因为他是订立保险合同时保险人的相对人，所以我国《保险法》第十七条规定，投保人负有如实告知义务。对这一点无任何疑义。

笔者认为，在保险活动中，对投保人和被保险人均应课以告知义务。首先，就财产保险而言，被保险人为保险事故发生时的受损人及受益人，根据权利和义务一致原则，被保险人负告知义务理所当然。同时，财产保险的被保险人往往最了解保险标的物的状况及危险发生情况，便于告知义务的履行。其次，在人身保险中，被保险人对自己身体状况的了解更为透彻，比投保人负担告知义务的理由更加充分。再次，考虑到投保人和被保险人不是同一人的情形，被保险人对保险标的之危险事项有比投保人更为透彻的了解，特别是有关被保险人的个人或者隐秘事项，除被保险人本人以外，投保人难以知晓。若不使被保险人负担如实告知义务，对于保险人估计危险难免会有所妨碍。既然被保险人是以其财产或者人身受保险合同保障的利害关系人，要求其承担如实告知义务，其妥当性不应受到怀疑。所以，笔者认为保险法告知义务人为投保人和被保险人。

2. 关于告知义务的履行时间

我国《保险法》关于告知义务履行时间的规定则显得较为模糊，但多数学者认为告知义务的履行应于保险合同订立时进行。笔者认为告知义务的履行时间应在保险合同成立前。

3. 关于告知义务的内容

告知的内容，主要是指重要事实的告知。我国《保险法》第十七条第二款规定："投保人故意隐瞒事实，不履行如实告知义务，或者因为过失未履行如实告知义务，足以影响保险人决定是否同意承保或者提高保险费率的，保险人有权解除保险合同。"从该条可以看出，告知的内容包括两种情况：一种是足以影响保险人决定是否同意承保的重要事实；第二种是足以影响保险人决定是否提高保险费率的重要事实。

在保险关系中，保险人居于有利地位，对于那些事项事关保险危险的发生或其程度，在判断上具有丰富的经验，应当由其就这些事项对投保人作出询问也在情理之中。如果其没有就这些事项作出询问，表明此等事项并不重要，或者可以推定保险人已经知道这些情况或者虽不知情但免除了投保人的如实告知义务，投保人自然没有必要主动进行告知。

笔者认为，认定"重要事实"的标准是，凡是保险人在投保单上列明的事项均为重要事实，投保人或被保险人应当如实告知。

4. 关于告知义务的履行方式

建议对《保险法》第十七条第一款作如下修改：保险人应当本着诚实信用原则，准确、完整、客观、真实地向投保人说明保险合同条款以及与履行各项保险合同义务有关的书面文件的内容，以普通人能够理解的程度为限。保险人可以就保险标的或者被保险人的有关情况提出书面询问，投保人应当以书面形式如实告知。

5. 关于违反告知义务的法律后果

笔者认为，应对我国《保险法》第十七条第二款和第四款作如下修改：投保人（或被保险人）故意隐瞒事实，不履行如实告知义务的，或者因过失未履行如实告知义务，足以变更或减少保险人对于危险估计者，保险人可以解除合同，保险事故发生后亦同。但投保人（或被保险人）证明保险事故的发生并非投保人未告知的重大事项引起，可以认定该未告知的事项对保险事故的发生没有"严重影响"，保险人不得以投保人未告知为由解除保险合同或者不承担保险责任。

6. 设立保险人解除权的除斥期间

如果投保人违反了如实告知义务，保险人享有解除合同的权利。但是，对保险人的解除权应该有时间限制，这叫解除权的除斥期间。

我国台湾地区《保险法》对解除权的除斥期间作出了相关规定。其中第六十五条规定，由保险契约所生之权利，自得为请求之日起，经过二年不行使而消灭。

笔者建议对我国《保险法》第十七条第二款作如下修改：投保人（或被保险人）故意隐瞒事实，不履行如实告知义务的，或者因过失未履行如实告知义务，足以变更或减少保险人对于危险估计者，保险人可以解除合同，保险事故发生后亦同。但是自合同生效之日起，逾两年的除外。

（七）关于人寿保险中告知与体检的关系

体检是否免除投保人的如实告知义务，是存在争议的。笔者认为，依据最大诚实信用原则，投保人如果明知自己患有某种疾病，该疾病属于保险人拒绝承保的范围，那么即使医院的体检结果是合格的，仍然不能免除投保人的告知义务。保险人可以拒绝赔付。

但是，如果被保险人应保险人的要求到指定的单位进行体检，保险人知道被保险人的体检结果与投保人的告知不符或者体检单位未将体检结果告知保险人仍然承保的，保险人不得以投保人未如实告知为由拒绝承担保险责任。

（八）保险条款不利解释原则的适用条件及标准

我国《保险法》第三十一条规定："对于保险合同的条款，保险人与投保人、被保险人或者受益人有争议时，人民法院或者仲裁机关应当作有利于被保险人和受益人的解释。"这就是人们常说的"不利解释"原则。在发生保险合同争议或者条款有歧义时，到底该如何运用不利解释原则，成为在审判当中需要解决的一个问题。

最高人民法院《关于人民法院审理保险纠纷若干问题的解释》（征求意见稿）第二十条对保险合同的解释作出了如下规定："在审理保险纠纷案件中，保险人与投保人、被保险人或者受益人对保险合同的条款有争议时，人民法院应当按照通常理解予以解释，即按保险合同的有关词句、有关条款、合同的目的、交易习惯以及诚实信用原则，确定该条款的真实意思，并可以按照下列规则予以认定：

（一）书面约定与口头约定不一致时的，以书面约定为准；

（二）投保单与保险单或者其他保险凭证不一致的，以保险单或者其他保险凭证载明的内容为准；

（三）特约条款与格式条款不一致的，以特约条款为准；

（四）保险合同的条款内容因记载方式或者时间不一致的，按照"批单"优于"正文"、"后批注"优于"前批注"、"加贴批注"优于"正文批注"、"手写"优于"打印"的规则解释。

按照通常理解予以解释，仍然有两种以上理解的，应当根据保险法第三十一条的规定解释，但是投保方拟定保险合同的，应当作有利于接受方的解释。"

保险合同的条款文义不清，应当作有利于被保险人的解释，但不得同解释保险合同的基本原则相冲突，即解释保险合同应当探究当事人的真实意思。不利解释原则仅能适用于保险合同有歧义而致使当事人的意图不明确的场合。若保险单的用语明确、清晰且没有歧义，说明当事人的意图明确，没有解释保险合同条款的余地，不能作不利于保险人的语义解释，不利解释原则更不能被用于曲解保险合同的用语。同样，若保险合同有文义不清的条款，但经当事人的解释而被排除了，也没有适用不利解释原则的余地；再者，若当事人的意图可以通过其他途径予以证实，也不能适用不利解释原则以排除当事人的明示意图。除上述以外，若保险合同的用语经司法解释已经明确而没有歧义的，说明合同条款的用语不存在歧义，作有利于被保险人的解释的原则不能适用；但是，若对于保险合同的用语经不同的法院解释，关于该用语的正确含义、所表达的当事人意图以及由此产生的效果，存在相互冲突的结论，说明保险合同条款的用语存在歧义，应当适用不利解释原则。

（九）关于受益人与被保险人同时死亡，优先保护谁的利益的问题

中央电视台经济频道《经济与法》栏目曾经播出过一个案例，叫"生死恋人的保险纠葛"，陆静和张亮是江苏省太仓市的一对相爱了三年的恋人。2002年2月他们买了一份中国人寿保险公司的重大疾病保险"康宁终身险"，投保人和被保险人是陆静，受益人是张亮。10个月以后他们在一次交通意外中双双死亡。事后，两家人的父母为这笔保险金打起了官司。那么这笔保险金是应该赔给被保险人陆静的父母，还是应该赔给受益人张亮的父母呢？

由于我国现行《保险法》对此没有规定，所以在审判中就会遇到受益人与被保险人同时死亡，优先保护谁的利益的问题。

在美国《统一同时死亡法令》中有这样的规定：当一份人寿保险单或意外伤害保险单的被保险人和受益人同时死亡，保险金应按被保险人比受益人生存更久来给付。该规定的原理是，《保险法》保障的是被保险人的利益，因为被保险人是用自己的身体，用自己的生命来承担承保标的的危险损失，所以被保险人最应该得到优先保障。投保人和被保险人指定的受益人，只能是他本人享受这个受益权，如果他死了，这个受益权只能回归到被保险人而不能作为遗产继承到他的亲属或者他的继承人那里去。

笔者建议在《保险法》中增加一条：受益人与被保险人在同一事件中死亡的，不能确定死亡先后顺序的，推定受益人死亡在先，被保险人死亡在后。

（十）关于年龄误告条款

2003年发生在四川达州的"帅某案"引起了民法学界和刑法学界的极大争议，案情如下：

在四川省某市某县工作的帅某，于1998年、2000年两次为其母亲在中国人寿保险公司渠县分公司投保康宁终身保险。据康宁终身保险条款规定，"凡70周岁以下，身体健康者均可作为被保险人"，"被保险人身故后，保险公司将赔付基本保额3倍的保险金"。也就是说被保险人年龄不得大于70周岁，且必须身体健康，可在1998年投保时帅某母亲就已是77岁高龄。帅某通过修改户口和入党申请书，把她母亲的年龄改为54岁，使其母亲符合了投保条件。

对帅某的行为如何认定？检察院和法院意见不一致。此案最终上报到最高人民法院。

那么，本案是订合同有效还是定保险诈骗罪？的确是一个仁者见仁、智者见智的问题。有一点可以肯定，《保险法》第五十四条从立法角度是存在问题的。

《保险法》第五十四条第一款规定："投保人申报的被保险人年龄不真实，并且其真实年龄不符合合同约定的年龄限制的，保险人可以解除合同，并在扣除手续费后，向投保人退还保险费，但是自合同成立之日起逾二年的除外。"

《中华人民共和国刑法》第一百九十八条规定："有下列情形之一，进行保险诈骗活动，数额较大的，处五年以下有期徒刑或者拘役，并处一万元以上十万元以下罚金；数额巨大或者有其他严重情节的，处五年以上十年以下有期徒刑，并处二万元以上二十万元以下罚金；数额特别巨大或者有其他特别严重情节的，处十年以上有期徒刑，并处二万元以上二十万元以下罚金或者没收财产：（一）投保人故意虚构保险标的，骗取保险金的；……"。

本案的焦点是：应该适用《保险法》，还是适用《中华人民共和国刑法》？年龄是否属于保险标的？

帅某的辩护人认为，按照《保险法》第十二条之规定，保险标的是指人的寿命和身体，年龄不属于保险标的。

抗诉机关则认为，尽管保险标的中没有明示年龄这一项，但年龄与身体、寿命密切相关，年龄应该属于保险标的的范围。

笔者认为，应对《保险法》第五十四条第一款作如下修改：投保人申报的被保险人年龄不真实，并且其真实年龄不符合合同约定的年龄限制的，保险人可以解除合同，并在扣除手续费后，向投保人退还保险费，自合同成立之日起逾二年的，保险人不得解除合同。但是投保人恶意或故意不告知真实年龄的除外。

论保险"霸王条款"的治理[①]

一、"霸王条款"与格式条款

所谓"格式条款"是指当事人为了重复使用而预先拟定并在订立合同时未与对方协商的条款。格式条款的出现是经营者降低交易成本、促进交易发展的结果。所谓"霸王条款"主要是指一些公用企业和依法具有独占地位的经营者单方面制订的逃避法定义务、免除自身责任的格式合同、通知、声明和店堂公告中的不平等的条款或者行业惯例。它主要分为七类：一是排除、剥夺合同相对方权利；二是造成经营者和消费者之间权利义务不对等，任意加重消费者责任；三是违反法律规定，任意扩大经营者权利；四是经营者减免自己责任、逃避应尽义务；五是经营者利用模糊条款，掌握最终解释权；六是限制消费者寻求法律救济；七是其他违背诚实信用原则的不公平条款。

"霸王条款"并非法律概念，而只是凝聚了强烈感情色彩的一种情绪化表述，在法理上与之对应的概念是格式合同。然而并非所有的格式条款都是"霸王条款"，所以消费者不能片面地认为格式合同中都是"霸王条款"，对于法律明确规定的权利经营者再加以限制的就成为"霸王条款"。现实中也存在着特殊情况：即在充分自由竞争领域，经营者为了进行市场细分，实行有差别的服务，针对不同目标客户制定不同的经营策略，在这种情况下，经营者的格式合同不能一概无效。只要经营者满足了公众的知情权，并在提供服务时能平等对待，这种条款就不是"霸王条款"。

二、"霸王条款"存在的根源与危害

"霸王条款"之所以普遍存在，是因为我国尚处于社会主义市场经济

[①] 杨卉青、王卫国：《论保险"霸王条款"的治理》，发表在《河北法学》2007年第10期。

发育的初级阶段，不成熟方面主要体现在：

（1）对于某些经营者而言，仍然习惯于传统计划经济经营模式，没有将消费者看作是平等的主体。

（2）我国仍存在大量的垄断性企业，其利用垄断地位、信息资源不对称等优势，强迫消费者接受不合理的条款。

（3）在某些行业，经营企业的格式合同直接脱胎于行政机关的红头文件，地方保护主义盛行，这是导致"霸王条款"频繁出现的重要原因之一。

（4）缺乏社会消费指导，以及对消费者教育力度不够，导致了消费者的不成熟消费行为，进而导致"霸王条款"的出现。

（5）公众法律意识淡薄，消费者自身维权意识不强，社会普法力度深度不够，法律不健全，在一定程度上催生了"霸王条款"。

"霸王条款"在市场经济运行中普遍化的存在，势必会破坏市场交易的公平规则，导致交易双方权利义务不对等，损害了处于劣势地位的消费者的合法权益，从而破坏了社会诚信建设，扰乱了社会主义市场经济秩序的良性运转，影响了相关行业的长远发展。

上述情况同样存在于保险行业中，而且在保险合同中表现尤其突出。因为保险合同和一般合同相比有明显信息不对称、专业性强的特点。它的条款是专业人员拟定的，其内容往往很复杂并包括诸多保险的专业术语，一般人对保险合同的内容，特别是涉及专业性和技术性问题的条款很难准确理解，使得这一领域的"霸王条款"尤为突出。由中国产业报协会、《经济参考报》等30余家新闻媒体和中国社会调查所联合举办的首届"霸王现象"认知度调查，公众评出的"十大霸王行业"中，保险行业以51.3%的比例位居第三。

三、保险"霸王条款"的表现

在保险业蓬勃发展的同时，一些保险公司制定的"霸王条款"引起了消费者的强烈不满。"签订协议，如履薄冰，一旦签订进入雾中；上当受骗，朦朦胧胧，有苦难言，忍气吞声。"——这是每位受过"霸王现象"侵害的消费者真实的心理感受，公众普遍反映各家保险公司都是"投保容易，理赔难"。自消协"除霸"之剑指向保险领域后，人们对保险合同中的"霸王条款"给予了空前的关注。于是车险条款任意设置免赔率和拒赔条款，寿险公司随心所欲调整费率等问题摆在了人们的面前。

(一) 车险中的"霸王条款"

1. 单方规定先向第三方索赔

典型条款是：保险车辆发生保险责任范围内的损失应当由第三方负责赔偿的，被保险人应当向第三方索赔，如果第三方不予赔付，被保险人应提起诉讼或仲裁。

2. 单方强行设置绝对免赔率

典型条款是：保险车辆因第三方造成损坏应当由第三方负责赔偿的，但确实无法找到第三方的，保险人予以赔偿，但在符合赔偿规定的金额范围内实行绝对免赔率50%。

3. 车辆残余作价归被保险人

典型条款是：保险车辆因保险事故受损，应当尽量修复。不能修复的折价赔偿，残余部分协商作价归被保险人，并在赔款中扣除。

4. 单方规定争议管辖法院

典型条款是：投保人和被保险人对本保险合同内容或理赔与保险人有争议不能协商解决时，可以在合同约定的下列方式中选择一种方式解决：一是提交被告所在地仲裁机构仲裁；二是依法向被告所在地人民法院提起诉讼。

5. 降低施救费用限额标准

典型条款是：经保险人同意的，由被保险人支付第三者的抢救费、施救费、仲裁及诉讼费、律师费，赔偿的总数额在保险单载明的责任限额以外另行计算，最高不超过责任限额的30%。

6. 自设拒赔和合同解除条款

典型条款是：保险车辆发生保险事故后，被保险人应当及时采取合理的保护、施救措施，防止并减少损失，并立即向事故发生地公安交通管理部门报案，同时在48小时内通知保险人；被保险人应当在公安交通管理部门对交通事故处理结案之日起10天内向保险人提交本条款第二十九条规定的或保险人要求能证明事故原因、性质、责任划分和损失确定等各种必要单证。投保人、被保险人不履行上述义务的，保险人有权部分赔偿或全部不予赔偿或解除保险合同且不退还未到期保险费。

7. 汽车要到指定维修厂检查维修

典型条款是："理赔必须到指定的汽车维修厂进行检查维修。"至于赔多少，车修到什么程度由他人操作，车主无权过问。

8. 关于第三者责任险的纠纷

典型条款是:"汽车保险理赔中,造成家庭成员伤亡、财产毁损一律不予以赔偿。"第三者责任险是承担由于被保险人的过失行为,对除保险人或被保险人之外的第三人造成伤害所应承担的损失。保险公司规定如第三者系保险人亲属则不予以赔偿。

(二) 寿险中的"霸王条款"

1. 随心所欲调费率,单方变更不协商条款

典型条款是:"本公司保留提高或降低保险费率之权利。保险费率的调整针对所有被保险人或同一投保年龄的所有被保险人。本公司进行保险费率调整后,投保人须按调整后的保险费率交纳保险费。"

2. 理赔扣除互助款,只讲利益无信誉

典型条款是:"若因意外伤害或疾病所致住院费、住院手术费和医院杂项费可依法律及政府之规定而有所补偿,或从其他福利计划或医疗保险计划(包括社会医疗保险中从个人医疗账户中扣减部分)取得部分或全部补偿,保险人仅负责补偿剩余部分,并以保险金额为限。"

3. 文字口头双限制,住院津贴难补偿

典型条款是:"被保险人每次住院天数须超过十五天者,须事先向保险人提出书面申请,经保险人同意后,保险人方对超过十五天的住院天数部分给付住院医疗津贴,否则,保险人对每次住院的住院医疗津贴给付以十五天为限。"

4. 理赔须知事后出示

典型现象:有的保险公司在签订保单时只提供保险单,对于保险理赔须知、保险公司理赔规定等,却不提供给投保人。

通过以上对车险及寿险中"霸王条款"的描述,认真剖析后我们不难发现,保险中"霸王条款"问题确实是深藏于保险合同当中,而且对被保险人、受益人的利益保障无疑是设置了一层厚厚的屏障。在对消费者权益保护日趋重视的今天,尤其在加入世界贸易组织之后,中国保险市场向世界敞开,保险业竞争愈演愈烈的今天,剔除保险"霸王条款"显得十分紧迫和必要。

四、对保险"霸王条款"的治理

解决"霸王条款"的问题,关键是打破垄断。由于市场垄断使供求不

平衡，买卖双方的信息不对称，从而造成了"店大欺客"的现象，进而产生了保险"霸王条款"问题。剔除"霸王条款"先要削弱"霸王"的势力，引进市场竞争，创造平等的市场竞争环境。充分竞争是彻底根除"霸王条款"的必要条件。

对保险"霸王条款"的治理方式，通常认为主要采取提高投保人或被保险人的"反霸"能力、加强保险行业的自律、强化保监会的行政管理职能、充分发挥媒体及相关部门的监督作用以及利用法律进行规制等措施。

（一）立法方面

1. 进一步修改、完善《合同法》和《保险法》等相关法律

我国《合同法》第三十九、四十、四十一条和《保险法》第十七、十八、三十一条对格式合同的订立、解释和效力作出了规定。

关于格式条款的订立。《合同法》第三十九条第一款规定："采用格式条款订立合同的，提供格式条款的一方应遵循公平原则确定当事人之间的权利和义务，并采取合同的方式提请对方注意免除或者限制其责任的条款，按照对方的要求，对该条款予以说明。"《保险法》第十七条第一款规定："订立保险合同，保险人应当向投保人说明保险合同的条款内容……"。《保险法》第十八条规定："保险合同中规定有关保险人责任免除条款的，保险人在订立保险合同时应当向投保人明确说明……"。以上法律规定在规制保险"霸王条款"方面的意义在于，强调保险人应遵循诚实信用原则和公平原则确定当事人之间的权利和义务，如果违反了该义务，制定的条款就可以认定为在效力上有瑕疵；另外，强调保险人应"采取合理的方式提请对方注意免除或者限制其责任的条款，按照对方的要求，对该条款予以说明。"如果违反了该项规定，订立的条款就可以被认定为"霸王条款"。

关于格式条款的解释。《合同法》第四十一条规定："对格式条款的理解发生争议的，应当按照通常理解予以解释。对格式条款有两种以上解释的，应当作出不利于提供格式条款一方的解释。"《保险法》第三十一条规定："对于保险合同的条款，保险人与投保人、被保险人或者受益人有争议时，人民法院或者仲裁机关应当作有利于被保险人和受益人的解释。"以上法律规定确立了保险法基本的解释原则。首先按通常理解规则，即对保险条款的解释应以普通人的、通常的理解为准，而不应仅以保险人的理解为准。其次确立了不利解释规则，即《保险法》第三十一条的规定。以

上规定为保护投保人或被保险人的合法权益奠定了法律基础，同时也为认定是否构成保险"霸王条款"提供了可行的标准。

关于格式条款的效力。《合同法》第四十条规定："格式条款具有本法第五十二条（合同无效的5种情形）和第五十三条（无效的免责条款）规定情形的，或者提供格式条款一方免除其责任、加重对方责任、排除对方主要权利的，该条款无效。"《保险法》第十八条规定："保险合同中规定有关保险人责任免除条款的，保险人在订立保险合同时应当向投保人明确说明，未明确说明的，该条款不产生效力。"上述规定无疑对保险人订立"霸王条款"的行为进行了否定，即使付出了较高的成本，也收不到预期的利益。

上述法律规定为规制保险合同中的"霸王条款"提供了依据，但也存在者缺陷。由于执法人员和司法人员受自身文化程度、阅历等因素的影响，对保险合同条款的认识是存在差异的，即使是文化程度、阅历相同的人对保险合同条款的认识也可能存在差异，所以对认定是否属于"霸王条款"就会出现因人而异的情况，这不利于根除保险"霸王条款"。我们建议对《合同法》、《保险法》等相关法律进行修改，增加对"霸王条款"的界定以及相应的处罚规定，只有这样才能保证法律适用的统一性、权威性。

2. 抓紧制定"反垄断法"

解决"霸王条款"的问题，关键是打破垄断。《中华人民共和国反垄断法》目前正在制订之中，此法的出台将会对根除"霸王条款"起到关键作用。中国在认定垄断或其他不正当竞争行为时可借鉴美国的认定原则，即本身违法原则和合理原则。如果某行为在形式上违反了反垄断法等相关规定，成为反垄断法的制裁对象，但经过对实际情况的利弊分析后，如果认为这种垄断对经济和社会产生的正面影响大于负面影响时，则不判定该行为违法，否则为违法行为。这样既确保了国家利益，照顾了企业利益，保护了消费者利益，又保证了市场在良性和有效的竞争中健康发展。反垄断法的制订以促进公平和自由竞争为目的，定会为我国建立高效的市场竞争机制创造必要的条件。

3. 修改《中华人民共和国民事诉讼法》，引入"集团诉讼"制度

修改《中华人民共和国民事诉讼法》，建立良好的诉求表达渠道，持久的法律援助途径以及完善的利益救济途径，引入"集团诉讼"，赋予消费者团体提起诉讼的权利，通过公益诉讼维护消费者权益，降低诉讼

成本。

"集团诉讼"形成于美国,是指特定的国家机关、组织和个人根据法律的授权对违反法律侵害国家利益、集体利益或不特定多数人的利益的行为,向法院提起诉讼以追究相对人法律责任的诉讼行为。它是宪法中人民主权原则和法治原则的具体体现,与我国《中华人民共和国民事诉讼法》中的"代表人诉讼制度"相比,虽然都是突破了原告主体资格的严格限制,但在诉讼程序和社会效益上更具有优势和生命力,具体体现在:

首先,诉讼主体更加广泛,简化了选举代表人的程序,拓宽了诉讼渠道。集团诉讼的民事诉讼主体不仅包括案件直接利害关系人而且包括被授权的非利害关系人。这样可以切实保护那些弱势群体和不特定权利主体的合法权益。

其次,节约诉讼成本和司法资源,增强公众维权意识。集团诉讼不仅在程序上简便,只需消费者向相关部门投诉即可,而且不用支付相关诉讼费用,这样就可大大提高消费者维权的积极性。

最后,监督和威慑保险公司。集团诉讼的被告对其侵权行为不仅承担惩罚性赔偿责任,还要承担罚款等其他法律责任。这种经济惩罚形式增加了"霸王条款"的运行风险成本,部分甚至全部折抵了由"霸王条款"带来的经济利润。这样,保险公司必须考虑规范自身行为,诚信经营。

(二) 司法方面

由于各国对格式条款法律性质的认识有一个长期的发展过程,所以人们对格式条款司法控制的态度也逐渐发生了变化。关于这一发展历程,王泽鉴先生总结为:"法院采取何种方法规范不当契约条款,视其对契约自由的立场及认识而定。法院坚持契约自由信念者,其态度较为保守,其所采取的方法亦较间接、隐藏。惟就法院实务而言,法院的态度由保守趋于开明,规范的方法亦由隐藏趋于公开。"

1. 借鉴美国的"合理期望原则"来解释保险条款

要想根除保险"霸王条款",需要借鉴国外相关司法及判例,其中美国的"合理期望原则"是可以有条件适用的。

"合理期望原则"是在处理保险合同解释时所使用的最新原则。它最早为美国保险学者柯顿(Keeton)在1970年提出的。他指出:一般而言法庭应保护投保人、被保险人和预期受益人对有关保险合同所提供的承保范围的合理期望,即使仔细研究保单条款表明这种期望违背了保险人的明显意图。

作为保险合同的一个解释原则,"合理期望原则"的使用并不是无条件的。只有当投保人、被保险人或预期受益人的期望符合一定的条件时,其期望才是合理期望,才适用于"合理期望原则"。

作为这一法律原则应具备以下使用条件:

(1) 投保人之身份和能力。合理期待学说认为应该根据一个未经保险或法律专业培训的人理性的预期来解释保单。所以,合理期待对那些富有专业知识和经验的投保人不适用,尤其是那些内设有专门的保险管理职能机构和聘请保险专业咨询顾问的大型商业公司和实体更是如此。换言之,合理期待原则只对保险上处于劣势地位的群体在通过合理努力后才提供法律救济。

(2) 被保险人的主客观要件。被保险人的期望不仅具有客观合理性,而且必须是被保险人实际主观所期望。这就要求被保险人能令人信服的证明他对所主张承保范围具有实际主观期望。因为作为合同法所广泛确立的一个原则,合同一方实际了解另一方的明示意图,就不能要求另一方进行与此了解不相一致的履行。

(3) 保险人的提前告知义务。保险人应知道一个合理的人本不会预见到存在对承保范围的这种限制,他就应将此承保范围的缺口通知被保险人,这样才能打消存在的合理期待,并提醒被保险人需要采取其他方式保障权利。

该项原则的使用有助于保险人规范自己的市场行为,严格管理保险代理人,使用明确的合同语言,为消费者提供全面准确的保险信息。然而,根据传统的合同解释原则,如果合同用词清晰、明确,法院不能对此类词语进行强制的"合理预期"的解释。由此可以看出,合理预期原则是对传统的合同解释原则的背叛。

2. 应当建立便捷的诉讼通道,为消费者维权提供诉讼便利

目前,中国消费者普遍存在"遇事不愿打官司"的思想观念,中国的"忍"文化助长了"霸王气焰",这也就说明诉讼通道不畅。因此,在中国消费者协会给予广大消费者法律援助和媒体加大对"霸王条款"的舆论压力的同时,司法机关应当建立便捷的诉讼通道,简化诉讼程序,给消费者提供及时的、周到的法律救济。

3. 加强司法队伍建设,提高司法人员整体素质

司法机关应加强自身建设,不断提高司法水平。应进一步加强法官队伍职业化建设，加大教育、培训力度，全面提高法官队伍思想政治素质、审判业务素质和职业道德素质。广大法官应进一步解放思想、转变观念、大胆创新，与时俱进。针对涉及保险"霸王条款"的案例，应当采用新理论、新思路创造性地审理案件。最高人民法院和高级人民法院应加强对下级法院的审判指导，虽然我国不是判例法国家，但是随着两大法系的日益融合，先进的审判理念应当吸收进来，以此促进我国法制建设的快速、健康发展。

（三）行政监管方面

相对于司法保护而言，行政救济具有程序简便、及时、效率、主动的优势，而且强化行政裁决是当今世界的一种普遍趋势，其触角不仅限于公法领域还扩及私法领域，特别是在消费者保护和反不正当竞争及反垄断等领域强化行政救济是极为必要的，并且是非常可行的。

"霸王条款"的横行有着一定的"政府背景"，有的行业长期受政府的特殊倾斜照顾，以老大自居；有一些"霸王条款"直接就是行政机关制定并认可的结果。仅凭中国消费者协会点评"霸王条款"是不够的，行政机关应该担当起市场经济游戏的"裁判"，加大监控力度，充分运用行政权力来规范市场经济秩序，维护公平的市场环境。

《保险法》第九条规定："国务院保险监督管理机构依照本法负责对保险业实施监督管理。"中国保监会作为保险业行政监督管理职能部门，应充分担当起对保险业的监管职责。《保险法》第一百零七条规定："关系社会公众利益的保险险种、依法实行强制保险的险种和新开发的人寿保险险种等的保险条款和保险费率，应当报保险监督管理机构审批。保险监督管理机构审批时，遵循保护社会公众利益和防止不正当竞争的原则。审批的范围和具体办法，由保险监督管理机构制定。其他保险险种的保险条款和保险费率，应当报保险监督管理机构备案。"根据《保险法》第一百四十五条的规定，如果保险公司没有按照规定将应当报送审批的险种的保险条款和保险费率报送审批的，由保险监督管理机构责令改正，并处以5万元以上30万元以下的罚款；情节严重的，可以限制业务范围、责令停止接受新业务或者吊销经营保险业务许可证。以上规定说明中国保监会对有些保险条款具有审批权，可以进行有效地管理和监控。

由此可见，从中国保监会各项职能来看，保险"霸王条款"理应无生存的土壤，那么为何自中国消费者协会这个非监管性的社会组织点评之后,保险"霸王条款"案件还是屡见不鲜,并没有丝毫减弱之势呢?深究其根源在于保监会自身职能存在缺陷。为此,我们对于完善保监会的相关职能提出了如下建议:

其一,充分发挥听证会的作用。召开听证会,将其制定的条款、费率以及保险公司报备的条款、费率还有具体由此所引发的典型性案例向社会公示,充分征集社会各界的意见和建议,以达到公正、公平的目的。对于听证会的具体程序、规则,我们可借鉴英美法系国家的做法,采取"混合听证"。(它是20世纪70年代以来美国对联邦行政程序进行改革的一种产物,即听证可以由行政机关主动召集,也可以由当事人申请开始。在听证过程中,当事人既可以书面提出意见,也可以口头表达意见,听证主持官员可以向当事人提出问题,当事人也可以向主持听证的官员了解有关情况。如果条件允许,主持听证的官员还可以给当事人互相辩论的机会。)

其二,中国保监会要建立消费者投诉解决机制和机构,将保护投保人或被保险人利益的政策目标具体化。

其三,加强对保险公司偿付能力、违规行为等方面的监管。监管重点应放在执行报备的条款、费率是否存在违规行为,手续费支付是否存在超标行为,公司对外宣传和执业人员是否存在误导、诋毁其他公司行为,以及是否与不法中介勾结的行为等等。

其四,成立专门的核保核赔小组,推动行业出台标准的核保核赔制度,出台各大险种的具体核保核赔管理办法。

其五,推动保单标准化、规范化。将构成要件、要件的内容要素、有关条款内容要素,以及保险合同的制作规格等均应给予详尽指导。

其六,完善产品的审批和备案制度,并邀请相关背景的专家参加。例如,医学专家、法律专家、资产评估专家等。

(四)其他方面

1. 行业自律

中国保险行业协会作为保险业的自律组织,制定了诸如《保险经纪从业人员执业行为守则》、《保险代理从业人员执业行为守则》、《保险公估从业人员执业行为守则》、《中国保险行业公约》、《中国财产保险业自律协定》、《中国保险行业协会保险中介机构自律公约》、《机动车辆保险行业自律协定》、《团体年金(分红型万能型)保险产品销售的自律公约》和《健康保险业务自律公约》等一系列的行为守则和自律公约,但这些守则和公约只是一些原则性的规定，缺乏可操作性，实施起来极为困难。我们希望中国保险行业协会能够进一步完善行为守则和自律规则，促使各保险公司充分尊重消费者的利益。

2. 消费者保护组织的监督

根据我国《中华人民共和国消费者权益保护法》第三十二条的规定，消费者协会可以就有关消费者合法权益的问题，向有关行政部门反映、查询，提出建议。因此，当格式条款中存在侵害消费者权益的内容时，中国消费者协会可以依法行使其职能，促使企业修改不公平的格式条款。

近年来，由于企业滥用格式条款损害消费者权益的事件屡有发生，且有愈演愈烈之势，中国消费者协会及各地消费者协会开始采取积极的行动，其中最为突出的是推出不平等格式条款点评活动。例如，中国消费者协会于2004年12月4日，联合浙江省消费者协会公布了保险领域不平等格式条款点评意见。这项活动对于促使企业尽快修改不公平的格式条款，提高消费者对"霸王条款"的认识，改善整个消费市场的交易环境，都起到了积极作用。

但是，由于中国消费者协会只不过是对商品和服务进行社会监督的社会团体，无权直接修改或要求企业修改其使用的不公平格式条款，再加上其经济力量非常有限，所以我们不可能寄予中国消费者协会以更大的希望。尤其是在我国尚未赋予中国消费者协会以诉权的情况下，中国消费者协会的工作与其说是对企业施加压力，更不如说是提高了广大消费者对不公平格式条款的辨别能力及自我保护能力。我们建议赋予中国消费者协会以诉权，有权以自己的名义向法院起诉，请求法院判决保险"霸王条款"无效，或者请求法院禁止保险公司继续使用此类条款。

3. 新闻监督

作为一种重要的社会监督方式，新闻媒体的报道具有其他监督方式所不具有的优势，即传播的广泛性。《中华人民共和国消费者权益保护法》规定，保护消费者的合法权益是全社会的共同责任。大众传播媒介应当做好维护消费者合法权益的宣传，对损害消费者合法权益的行为进行舆论监督。该法第三十二条也鼓励各级消费者协会对损害消费者合法权益的行为，通过大众传播媒介予以揭露、批评。一些保险公司为了避免因媒体曝光而恶名远扬，或者尽量减少其行为因被媒体披露而造成的不利影响，会主动或被动地修改或废除保险"霸王条款"。所以必须继续加大对保险"霸王条款"进行社会监督和舆论监督的力度。

4. 提高消费者维权的意识

消费者本身应当转变消费观念，适应自由竞争状态下经营者新的经营方式，增强法律意识。据《2004年中国"霸王现象"认知度调查报告》调查显示，关于"霸王条款"的存在原因，公众选择消费者自身维权意识不强的占16%，同时"霸王条款"在我国目前状况下，不可能在短时期内消灭。因此，消费者不应"能忍则忍"，而应该对《中华人民共和国消费者权益保护法》等法律要有更进一步的了解，掌握一些法律常识。例如：

（1）消费者在投保时要货比三家，与信誉好的保险公司订立合同。签订合同时一定要认真研究投保单，尤其对免除保险人责任的条款更要慎之又慎，必要时可以咨询有关的专家，并保管好相关证据。一旦因"霸王条款"发生合同纠纷，要积极地寻求法律救济。

（2）消费者在与保险公司签约时一定要注意约定的内容是否符合法规规定？保险人是否依据公平、诚信、利益和风险共担、权利和义务对等的原则制定条款？保险人有没有使用国家相关部门为保护消费者合法权益推荐使用的规范性合同文本等。

（3）投保人在发生事故后，应注意取证，保护现场，并委托具有相应资质的权威机构进行检验，以确保理赔的公平合理。

总之，消费者只有利用法律武器与"霸王条款"抗争到底，才能最终维护自己的权利。

5. 保险公司应诚信经营

诚信是企业经营之本，为此保险公司应做好以下几方面的工作：

（1）保险公司自身应当建立内控机制，明确各级责任，以此来保障投保人理赔时不会被各部门相互"传球"。应吸收国外保险公司先进经验，在理赔理念上实现从"尽可能不赔"到"尽可能赔"的转变，取得消费者的认可。

（2）建立保险公估机构和资信评级制度。保险公司在理赔中应该引入独立第三方，以具有评估资质认定的专业单位确定的实际损价为准，以法院判决的损价为准。

（3）拓宽保险范围，制定适合中国国情的险种，通过诚信服务赢利而非靠文字游戏。比如，在国家提出建设社会主义新农村的战略决策下，保险对农村问题的解决能起到很好的作用，巨大的农村市场期待着保险业的进入，农业保险、农村医疗保险、养老保险等有待开发完善。保险公司若做好这块蛋糕，相信不仅能为国家减轻负担，而且自身也会获利丰厚。

五起反保险欺诈案例点评[①]

6 篡改检查报告，夸大损伤程度，骗取高额赔付

- ◆ 报送公司：某健康保险股份有限公司
- ◆ 承保单位：涉及 6 家保险公司
- ◆ 承保险种：意外险附加住院医疗津贴
- ◆ 涉案金额：74 万元
- ◆ 入选理由：多家投保、保额高

案情回顾

2012 年 11 月 15 日至 2013 年 1 月 16 日期间，王某以其本人或者妻子薛某为投保人，先后向 6 家保险公司投保人身意外伤害险，购买了 9 份保单，保额共计人民币 570 万元。

2013 年 2 月 17 日，120 接到报警，王某因一氧化碳中毒昏迷被送至医院抢救，次日，王某向 6 家保险公司报案。王某分别从 2 家保险公司获赔意外伤害医疗费和住院津贴费共计 11000 元。

2013 年 8 月 5 日，王某到宁波市医疗中心医院检查，为了使检测结果达到司法鉴定的伤残要求和理赔标准，王某采用 Photoshop 软件修改检测报告。宁波市某司法鉴定中心依据错误的检测报告出具了"损伤程度已构成五级伤残"的司法鉴定意见，后王某以此向 6 家保险公司申请意外残疾理赔，以期获得人民币 74 万元。

判决结果

被告人王某犯保险诈骗罪，判处有期徒刑六年，并处罚金人民币五万元。

[①] 《十起反保险欺诈案例点评》发表在《中国保险》2015 年第 8 期。前五个案例是吉林大学法学院高宇教授点评。

王卫国点评

《中华人民共和国刑法》第一百九十八条规定了保险诈骗罪。其中第（二）项规定，投保人、被保险人或者受益人对发生的保险事故编造虚假的原因或者夸大损失的程度，骗取保险金。本案就属于这种情形。王某曾因一氧化碳中毒，但由于未达到司法鉴定的伤残要求和理赔标准，王某采用 Photoshop 软件修改检测报告。某司法鉴定中心依据错误的检测报告出具了"损伤程度已构成五级伤残"的司法鉴定意见，王某的目的得逞。该案警示那些通过不法手段谋取非法利益的人，其后果是非常严重的。另外，鉴定机构、评估机构等中介组织也要增强责任心，如果因为自己的疏忽造成错误的结论，也应该承担相应的责任。

7 高空坠楼致死，伪造交通事故骗保

- ◆ 报送公司：某财产保险股份有限公司
- ◆ 承保单位：宿迁市泗洪支公司
- ◆ 承保险种：车险
- ◆ 涉案金额：40 万元
- ◆ 入选理由：手段恶劣、数罪并罚

案情回顾

2013 年 3 月 14 日，乔某向宿迁市分公司报案称：张某驾驶丰田牌轿车，在泗洪县太阳城十字路口将骑车人徐某撞伤。宿迁市分公司现场查勘时发现徐某已经死亡，根据当地交通事故死亡赔偿标准计算，宿迁市分公司应赔付 40 余万元。

同日，泗洪县交警大队处理事故时，发现徐某死前做过手术，经讯问，乔某、张某承认徐某系在拆迁过程中从厂房四楼坠楼重伤，于 3 月 14 日凌晨 1 时经医院救治无效死亡。在徐某抢救期间，其家属与乔某达成赔偿 45 万元的协议。为减少损失，乔某伙同张某、钱某编造了上述交通事故，企图骗取保险赔款。

判决结果

乔某犯重大劳动安全事故罪、保险诈骗罪，决定执行有期徒刑 1 年，并处罚金 1 万元；张某犯重大劳动安全事故罪、保险诈骗罪，决定执行有期徒刑 7 个月，并处罚金 3000 元；钱某犯保险诈骗罪，判处拘役 3 个月，缓刑 6 个月，并处罚金 2000 元。

王卫国点评

《中华人民共和国刑法》第一百三十四条规定了重大责任事故罪，即在生产、作业中违反有关安全管理的规定，因而发生重大伤亡事故或者造成其他严重后果的，处三年以下有期徒刑或者拘役；情节特别恶劣的，处三年以上七年以下有期徒刑。《刑法》第一百九十八条规定了保险诈骗罪。其中第（三）项规定，投保人、被保险人或者受益人编造未曾发生的保险事故，骗取保险金的。本案中乔某和张某构成了上述两种罪名，应当数罪并罚，钱某犯保险诈骗罪。

本案中，徐某死于坠楼，不是交通事故，也就是说不能通过交通事故保险来赔偿。但乔某、张某、钱某却编造徐某的死亡原因，企图蒙混过关，进而骗取保险金。由于交警部门的细致严谨的调查，使他们的发财梦破灭。俗话说得好：君子爱财，取之有道。这是本案给大家的启示。

8 医护人员利用职务之便，虚构住院事实进行保险欺诈

- ◆ 报送公司：某人寿保险股份有限公司
- ◆ 承保单位：涉及 5 家保险公司
- ◆ 承保险种：住院医疗及津贴险
- ◆ 涉案金额：19 万元
- ◆ 入选理由：多家投保、手段专业、方式隐蔽

案情回顾

2006 年 12 月至 2011 年 8 月，上海市崇明区某医院陈某以自己的名义，在 5 家公司投保多种住院医药费补助险和每日住院津贴险，随后在其本人并未实际接受治疗的情形下，通过取得虚假的门诊病历、出院小结及住院医药费收据等方式，虚构其本人先后七次入住上述医院接受治疗的事实，随后以其个人名义向 5 家保险公司申请理赔。

2008 年 12 月至 2012 年 9 月，陈某冒用他人名义，在 3 家公司投保前述相同险种，采用前述相同方式，虚构他人先后 14 次住院接受治疗的事实，随后以被冒用人的名义向 3 家保险公司申请理赔。

判决结果

陈某犯诈骗罪，判处有期徒刑 3 年另 2 个月，并处罚金人民币 1 万元；犯保险诈骗罪，判处有期徒刑 1 年，并处罚金人民币 1 万元，决定执行有期徒刑 3 年另 2 个月，并处罚金人民币 2 万元。

王卫国点评

《中华人民共和国刑法》第二百六十六条规定,诈骗罪是指以非法占有为目的,用虚构事实或者隐瞒真相的方法,骗取数额较大的公私财物的行为。本案中陈某冒用他人名义骗取保险金的行为,构成诈骗罪。陈某以自己的名义骗取保险金的行为,构成保险诈骗罪。

医护人员利用职务之便,虚构住院事实进行保险欺诈,具有很大的隐蔽性,很难被保险公司发现。这也说明,反保险欺诈是一项系统工程,需要全社会共同配合。另一方面,从医院角度讲,要加强各种票证的管理。必要时,保险公司与医院建立良性的沟通机制。甚至将来由国家有关部门指导,所有医院建立信息共享机制,同时对每个患者建立终生的健康记录。只有多方参与,才能避免欺诈的发生。

9 多人团伙分工合作骗保

- ◆ 报送公司:某财产保险股份有限公司
- ◆ 承保单位:涉及 3 家保险公司
- ◆ 承保险种:车险
- ◆ 涉案金额:18.83 万元
- ◆ 入选理由:涉案人员多、手段多样化

案情回顾

在 2009 年初到 2011 年 4 月期间,陈某、姜某等 9 人,分工合作,采取单独或交叉结伙,用撞树、撞石墩、追尾、相互碰擦等方式故意制造保险事故 11 起,诈骗 3 家保险公司保险赔款 18.83 万元。

判决结果

陈某等 9 人分别犯保险诈骗罪,判处有期徒刑分别为 7 年 6 个月至有期徒刑 1 年缓刑 1 年不等,并责令退还赔款。

王卫国点评

《中华人民共和国刑法》第一百九十八条规定了保险诈骗罪。其中第(四)项规定,投保人、被保险人故意造成财产损失的保险事故,骗取保险金的。陈某、姜某等人,采用各种方式故意制造保险事故,骗取保险金的行为构成了保险诈骗罪。本案的特点是团伙作案、分工协作,破案难度加大。本案涉及 3 家保险公司,这就提出一个保险公司之间理赔信息共享

的话题。投保信息被各家保险公司认为是商业秘密，理赔信息有时也被认为是商业秘密。那么这种情况下，监管部门有必要建立理赔信息全国数据库。把可疑信息对相关的保险公司及时公布，引起重视。另外，侦办保险诈骗案件是公安部门的职责，保险公司应与公安机关建立顺畅的沟通机制。

10　酒后驾车互撞，合谋顶包骗保

- ◆ 报送公司：某财产保险股份有限公司
- ◆ 承保单位：金华中支
- ◆ 承保险种：车险
- ◆ 涉案金额：3.6 万元
- ◆ 入选理由：双方酒驾、合谋骗保

案情回顾

2012 年 4 月 12 日晚，张某酒后驾驶车主廖某的丰田轿车与蒋某酒后驾驶其本人的奥迪轿车在金华市双龙南街与双溪西路十字路口附近发生追尾事故，两车受损。事后，两位驾驶员未报案即驶离现场。当晚，经张某等人商量后，于某顶替张某、卢某顶替蒋某，将涉案车辆开回事发地点，伪造追尾事故现场，由于某向交警和保险公司报案，廖某在明知案情的情况下积极参与虚构事故，欲骗取保险公司 3.6 万元保险金。

判决结果

张某犯保险诈骗罪，判处有期徒刑 10 个月，并处罚金人民币 4.5 万元；蒋某犯保险诈骗罪，判处有期徒刑 9 个月，缓刑 1 年 6 个月，并处罚金人民币 4 万元；于某犯保险诈骗罪，判处有期徒刑 9 个月，缓刑 1 年 6 个月，并处罚金人民币 4 万元；卢某犯保险诈骗罪，判处有期徒刑 8 个月，缓刑 1 年 6 个月，并处罚金人民币 3.5 万元；廖某犯保险诈骗罪，判处有期徒刑 8 个月，缓刑 1 年 6 个月，并处罚金人民币 3.5 万元。

（本版案例由中国保险行业协会提供）

王卫国点评

根据《中华人民共和国刑法修正案八》第二十二条、《中华人民共和国刑法》第一百三十三条之一："在道路上驾驶机动车追逐竞驶，情节恶劣的，或者在道路上醉酒驾驶机动车的，处拘役，并处罚金。有前款行为，同时构成其他犯罪的，依照处罚较重的规定定罪处罚。"所以，酒后驾驶根据不同情况，可能构成危险驾驶罪或交通肇事罪。

另外，酒驾是各家保险公司车险条款列明的免责情形之一。所以，保险公司对酒驾造成的损失是拒赔的。

《中华人民共和国刑法》第二十五条规定："共同犯罪是指二人以上共同故意犯罪。"合谋顶包骗保构成共同犯罪，以保险诈骗罪定罪量刑。

合谋骗保比较常见，破案难度较大。保险公司要练就一双火眼金睛，识破骗保的阴谋。当然，有关部门之间的合作也是必需的。

论我国保险资金运用法律监管的缺陷及完善[①]

搞好保险资金运用有利于增强保险业的盈利能力和偿付能力,有利于促进金融市场协调发展。加强保险资金运用监管有利于促进保险业又好又快发展。本文将对我国保险资金运用的法律监管问题进行探讨。

一、我国保险资金运用监管的法律依据

按照法律效力划分,目前我国保险资金运用监管的法律制度由三个层次构成:

(一) 法律

我国保险资金运用监管的法律依据是《保险法》一百零五条第三款:"保险公司的资金运用必须稳健,遵循安全性原则,并保证资产的保值增值。保险公司的资金运用,限于在银行存款、买卖政府债券、金融债券和国务院规定的其他资金运用形式。保险公司的资金不得用于设立证券经营机构,不得用于设立保险业以外的企业。保险公司的资金和具体项目的资金占其资金总额的具体比例,由保险监督管理机构规定。"

(二) 行政法规

由国务院公布或由国务院授权颁布的行政法规有:《外资保险公司管理条例》、《中华人民共和国营业税暂行条例》、《中华人民共和国企业所得税暂行条例》等有关保险资金运用的行政法规。

---

① 本文发表在《中国商法年刊》(2008),北京大学出版社 2009 年 7 月版。

(三) 部门规章

2004年以来，中国保险监管委员会陆续颁布《保险公司管理规定》、《保险公司投资企业债券管理暂行办法》、《保险资产管理公司暂行规定》、《保险资金运用风险控制指引（试行）》、《保险外汇资金境外运用管理暂行办法》、《保险机构投资者股票投资管理暂行办法》和《保险公司股票资产托管指引（试行）》等行政规章对保险资金运用行为进行监管。

二、我国保险资金运用法律监管存在的缺陷

(一) 保险资金运用监管过严，保险资金投资领域过窄

承保业务和保险资金投资是保险业发展的两个轮子。我国目前的情况是两个轮子一大一小，难于齐头并进。根据我们目前的相关法律规定，保险公司的投资一般只运用于银行存款、国债以及有关政策规定的证券投资基金等领域上，投资结构比较单一。这样的投资结构会导致保险资金得不到充分利用，收益低下，从而会从根本上阻碍保险业的发展。2006年发布的《国务院关于保险业改革发展的若干意见》进一步要求："不断拓宽保险资金运用的渠道和范围。"

(二) 保险资金运用监管的专业化水平不高，缺乏现代化的监控体系

保险资金的运用监管具有很强的技术性，所以对其进行监管需要一支专业化的队伍，监管人员的数量和素质还跟不上快速发展的保险业的要求。我国目前的监管更多注重的是行政命令，带有很浓重的计划经济的色彩。更多的监管措施停留在条款费率的审批、手续费标准的管理等表层控制，对与关系行业稳定的以偿付能力为核心的动态监管指标体系及信用评价体系都没有建立。

(三) 监管法规滞后，欠缺系统性、科学性

目前我国并没有根据现阶段保险市场的实际需要制定与《保险法》配套的实施细则，缺少能有效运作的保险单行法律细则如《保险投资法》等，不利于保险投资市场公平秩序的建立；同时，我国对保险资金运用监管法规主要是《保险法》和《保险公司管理规定》等，此外还包括中国保监会对管理资金运用所发布的一些管理办法，如《保险外汇资金境外运用管理暂行办法》、《保险机构股票投资管理暂行办法》、《保险机构投资者债

券投资管理暂行办法》等。现行管理主要由金融监督管理部门作出的行政规章和规范性文件所构成，在法律效力上层次过低，透明度不够，不利于对保险资金运用进行监管。另外，我国政府对内外资保险公司在保险资金运用监管上适用不同法律，对中资保险机构实行歧视待遇。

（四）监管缺乏严格的责任追究制度

目前我国保险公司的资金运用主要依靠其内设的投资部门或资金运用部门进行经营，操作上公司管理层的部分人员和具体执行部门的相关人员负责投资决策和投资实务。内设投资部门模式最大的弊病是资金运用程序简单，资金运用往往由领导意志决定，容易出现暗箱操作。并且《保险法》对相关责任人的责任追究规定不够完善，依据《保险法》，违法运用保险公司资金的，对相关责任人可以处以行政和民事处罚。我国《保险法》并无关于承担刑事责任的规定，与 2006 年 6 月颁布的《中华人民共和国刑法修正案（六）》相关规定不一致。《保险公司管理规定》第九章罚则中也缺乏对保险投资违规操作相关责任人的处罚规定，对保险公司的资金运用拥有管理权、决策权的相关责任人的责任追究欠缺，这样不能有效地规范相关人员的保险资金运用行为，不能合理高效地利用保险资金。

保险资金监管中存在的上述问题和我国的具体国情，特别是市场经济的发展历程有着密切的联系。为了更好地与市场经济接轨，需要借鉴有关国家或地区保险资金运用监管的成熟做法。

三、有关国家或地区保险资金运用监管方式

对保险资金运用的监管可采取多种方式，如限制投资领域、投资比例和规定资本充足率等。当前多数国家对保险公司资金运用采取以保险偿付能力为核心的监管模式。为了便于对我国的保险资金监管有一个更加充分的认识，在了解中国保险业发展历程的前提下，有必要对有关国家或地区的保险业监管法律做一个梳理。

（一）英国

英国保险业的历史非常悠久，也是世界上保险业发展得比较完善的国家。英国的保险市场具有健全的行业自我管理能力，保险市场偏于自我管理，反对政府过多的干预。英国政府对保险市场的监督一直比较宽松，对资金运用的监管也是如此。因此，英国属于高度自律的监管模式。

英国保监局主要通过严格监管保险公司的偿付能力来保证保险资金运用的安全与效率。保险公司可根据业务经营状况自主地决定保险资金的投资方式与投资比例。根据英国《1994年保险公司条例》规定，保险公司对一公司的证券投资不得超过保险公司总资产的5%；特定条件下为10%；在同一单位信托的资金不得超过保险公司总资产的5%；对同一公司的上市股票不得超过保险公司总资产的2.5%；对同一公司的上市股票以及上市公司的抵押债券不得超过保险公司总资产的5%；对同一公司的未上市股票投资不得超过保险公司总资产1%；对所有未上市的股票和公司债券的投资不得超过保险公司总资产的10%；对土地的投资不得超过保险公司总资产的5%；对同一公司的抵押贷款不得超过保险公司总资产的5%；对公司或个人的其他放款不得超过保险公司总资产的1%；现金不得超过保险公司总资产的5%；其他办公设备不得超过保险公司总资产的2.5%。

同时，英国保监局对寿险和非寿险的最低偿付能力有不同的规定。保险公司每年需要向保监局提交财务报告，保监局也定期到保险公司现场检查。如果发现公司的偿付能力低于规定的标准，则被禁止从事投资活动，并受到其他处罚。

英国还有一种特殊的精算师监管制度。所有经营长期业务的保险公司都必须有一个指定的精算师，每个指定的精算师都应是精算协会的成员，同时对监管当局和保险公司双方负责。这一机制更有力地保证了监管的准确到位和持续有效，是一种比较优越的监管方式。

（二）美国

美国对保险资金的监管经历了一个由宽松到严格的过程。早期的美国对保险资金的监管很宽松，但随着保险业出现了越来越多的问题，美国的法律对保险业开始了严格的监管。

美国的投资方式多样，目前美国的保险投资方式一般为：债券、股票、抵押贷款、不动产投资。

美国对寿险和产险分别适用不同的监管方法。1996年采用的《保险公司的投资示范法（规定限制版）》详细地规定了对10种不同投资形式的质量和数量的限制，这十种投资形式包括债务证券、投资组合、股本投资、动产、抵押贷款、不动产、对外投资以及人寿保险公司的保单贷款。这些被称为投资监管的"鸽笼式"方法——即规定了细分的投资类别的投资质量，为保持一定的灵活性，也允许有限的多种投资形式，适用于财产和责任保险公司。而 1997 年采用的《保险公司的投资示范法（规定标准版）》规定，如投资金额的价值等于或者超过保险公司的负债与最低资本金和盈余的总额时，则必须投资于某些指定的允许投资的领域，但是超过最低额的投资金额可依据"谨慎"标准和禁止投资项目表进行投资，适用于人寿保险公司。

美国通过立法对保险投资实行比例管理。根据 1945 年的 McCarran - Ferguson 法案，为了保证保险资金的安全性，各州根据具体情况对保险公司的各种投资方式设定了严格的投资比例。美国保险公司在股票上的投资最低。

在美国寿险资金运用结构中，债券所占资产的比重最大，一般在 50% 左右。贷款的比重逐步下降，取而代之的是股票投资比例稳步上升，而不动产和其他资产的投资则一直比较稳定。

（三）日本

日本是保险业发达国家之一，其对保险资金的运用监管的严格程度仅次于美国，而同时它却被认为是世界上保险监管最具行政色彩的国家，属于在严格监管模式下的高度集中、统一监管型。日本的保险业基本属于垄断企业。日本政府对保险资金的运用比较严格，目前的日本保险法对保险资金运用的对象及各类投资对象允许占的比例都有明确的规定。1996 年实施的日本新保险法规定保险公司的股票投资不得超过总资产的 30%，保险公司购买同一公司的债券和股票不得超过总产的 10%。

总体来看，日本 20 世纪 80 年代后，有价证券和存款的比例呈上升趋势，贷款和不动产投资的比例呈下降趋势。由于地理和文化的相近，我国的保险监管在一定程度上受到了日本模式的影响。

（四）德国

德国保险监管法律制度相对严格，监管内容较为广泛，这一点与美国相似。它的最大特点是事先审批式监管，除个别险种外，都执行事先经保险监督机构审批的统一保险条款和费率以及各项保险准备金的提留，国家监管保险资金运用的方向和比例，监管公司的法人代表和高级管理人员。一般认为，"德国型"保险监管是成功的。因欧盟统一进程在一定程度上对保险的监管起到了软化作用，德国、比利时等实施严格管理的国家也开始逐渐放松监管，由事先监督向事后监管过渡。1999 年 1 月 1 日开始启用的欧洲货币"欧元"降低了保险企业内部行政管理费用，拓宽了保险资金的投资市场，使投资渠道和投资管理更加灵活，更加多样化。

（五）我国台湾地区

我国台湾地区对保险投资从投资形式到比例都加以规定，并且为了完善投资监管相继以制定细则和条例等形式对保险投资方式加以较为详细的规定，制定了《保险法实施细则》、《保险业管理办法》、《保险业办理国外投资范围及其内容》、《保险业资金专案运用及公共投资审核要点》等，细化补充了《保险法》，形成了非常完备的立法体制。我国大陆地区的立法受到台湾地区的影响。

通过以上发达国家和地区的保险资金运用监管的分析，可以看出其显著特点：一是整个监管模式趋向松散与严格的折中模式；二是承认和保护投资方式的多元性；三是保险投资比例的先定性；四是区分产险与寿险的差异；五是保险资金运用规范的细化。

四、完善我国保险资金运用法律监管的思考

基于现行保险资金运用监管制度的缺陷，为了更快地促进我国保险业的发展，立足于我国的具体国情，同时借鉴国外先进经验的基础上，本书提出以下思考：

（一）拓宽渠道、区分结构、控制比例

第一，国内不少学者对于我国保险资金运用的渠道一直主张扩大范围。

大多数学者主张我国保险资金的运用在现行的基础上应增加不动产投资、股权投资、抵押贷款、设立企业等方式，从而最大限度地与国际接轨，促进中国保险业的快速发展。

时任中国保监会主席的吴定富于2008年8月25日在十一届全国人民代表大会常务委员会第四次会议上对《保险法》修订草案作说明时表示，考虑到保险资金运用既要满足行业和经济发展的需要，又应兼顾安全和稳健原则，修订草案适当拓宽了保险资金的运用渠道。可以想见，在不久的将来，我国保险资金运用渠道将逐步拓宽。

第二，产险与寿险特点迥异。产险的资金流动性强，业务的保险期短，事故发生具有随机性，对于闲置资金不易过多进行如不动产等长期性

的投资，因此，应该更注重短期投资及其收益。而寿险是长期保险，带有储蓄性质，具有稳定性，一旦入保，赔付具有确定的数额，因此，寿险适合进行长期投资。

第三，不同的投资方式决定不同的收益，不同的投资方式也存在着不同的风险。资本运用注重的是盈利，但高盈利往往伴随的是高风险。对于保险资金来说，需要的不是具有高风险的高盈利，而是在稳健、安全的基础上实现最大限度的盈利。为避免投资主体将资金全部投向高风险、盈利高的领域，一般而言，各国法律均规定保险公司投资风险比较大的投资方式占总投资的比例。这样，通过投资比例限制，调整高风险和低风险投资结构，控制每一筹资主体给保险公司带来的风险，选择盈利性大、流动性强和安全性高的不同投资方式进行组合，使投资组合更趋优化。

（二）加强监管队伍建设

1. 加强监管队伍建设，着力提高监管者素质

保险资金运用与国内外金融市场密不可分，监管人员必须既懂金融、保险又懂法律。所以，监管人员要更新监管理念、提高业务技能。

2. 健全精算师制度，充分发挥精算师的监管作用

对于保险行业来说，精算师的工作，就是将风险数量化。依据经济学的基本原理，对保险活动中未来不确定的事件（风险）产生的影响，特别是对于财务的影响，进行分析、评估和管理。精算师更被国际社会形象地比喻为协调和平衡社会经济运作的"第一小提琴手"。为了更好地促进保险业的发展，同时也为了更好地对保险资金运用进行监管，我国必须健全精算师制度，使精算从业人员规范化，成为保险监管部门可以依靠的一支重要的监管力量，保持监管的持续性。

（三）加强监管制度建设

完善的内部风险管理是保险公司审慎经营的关键，也是促进保险业稳健发展的基础。建立完善的保险公司内部投资监控体系首先应建立科学的投资决策制度，一方面是使投资决策程序化和规范化，每一项新的投资业务的开展都须经公司董事会审批同意；另一方面是规定投资决策的工作范围，投资决策应当建立在专家和专业机构确定的投资风险评估和现金流量的基础之上，在监管框架内制定投资组合战略和选择投资工具，确定投资目标、投资政策。同时健全保险资金评估制度和风险预警体系。

(四) 加强监管信息化建设

由于保险资金运用的规模不断扩大,运用领域不断拓宽,单纯依靠人盯人的人海战术是行不通的。必须依靠监管手段的创新,加强监管信息化建设,最终实现全天候、零距离的在线实时监管。

(五) 修改《保险法》中关于保险资金运用的相关规定

保监会组织制定了《保险法修订草案》送审稿,对一些已不能满足经济发展的条款进行了修改增减。对于"保险公司资金运用方式的规范"问题,修改较为明显的是以下三条:

第一,将《保险法》第一百零五条中"保险公司的资金运用限于买卖政府债券和金融债券"修改为"买卖有价证券"。

第二,将《保险法》第一百零五条第三款规定"保险公司的资金不得用于设立证券经营机构,不得用于设立保险业以外的企业"修改为"经国务院保险监督机构会同国务院证券监督机构批准,保险公司可以设立保险资产管理公司。"

第三,增加一条即第一百一十三条,保险公司按照国务院保险监督管理机构的规定,建立对关联交易的管理和信息披露制度。

上述修改完善了保险资金运用及监管方面的法律规定。

结　语

保险资金运用监管是一项系统工程,对于保险资金的运用方式一定要与我国的经济发展水平和具体国情相结合,不能一味地学习西方国家的管理方式。保险监管部门要加强保险资金运用的监管力度,端正科学态度,在具体运行的过程中应该采取逐步前进的方式,有计划、有步骤地实施。在适当放宽投资领域的基础上,通过限制比例,建立内控制度和精算制度等措施,对保险资金的运用进行全面而科学的监管,进而促进我国保险业的健康发展。

后　　记

这本书是我多年来研究成果的汇编。之所以将书名定为《保险合同前沿问题研究》，是因为这些研究成果都与当年发生的热点、疑难保险案件有关。今天看来，有些问题已经得到解决了，有的问题依然没有解决。主要原因是保险法理论研究以及保险立法是一个不断渐进的过程，许多问题还没有研究清楚，加之实务中各种新型的保险案件层出不穷。这些都促使理论和实务工作者勇于担当，知难而进，拿出解决对策，以促进保险业的健康发展。

本书由保险合同总则、人身保险合同、财产保险合同、保险业法等四个部分组成。车辆保险文章占很大篇幅，归入财产保险中。这些成果来源于本人发表在《保险研究》、《中国保险》、《上海保险》、《中国保险报》等保险专业报刊上的文章。

虽然从事保险法的教学和研究将近20年了，但是，由于本人水平有限，对一些问题的研究不够深入，提出的意见或建议存在这样或那样的问题。您的鞭策是我前进的动力，欢迎各位专家、读者批评指正。

感谢河北农业大学及经贸学院领导、同事、同学们的支持和帮助！

感谢中国财政经济出版社刘五书博士给予的支持和帮助！

王卫国

2017年9月1日